**Gewidmet dem
„Internationalen Jahr der Geschädigten" 1981**

Das Vorurteil ist von der
Wahrheit weiter entfernt als
die Unkenntnis
                    LENIN

Über das Buch:

Acht Mütter und drei Väter geistig bzw. körperlich behinderter Kinder erzählen von ihren Erfahrungen mit sich selbst, mit der Umwelt und von Problemen des Zusammenlebens in der Familie. Sie sprechen über ihre Wünsche und Hoffnungen. Hoffnungen, die u. a. zum Ausdruck bringen, daß an die Stelle noch vorhandener Vorurteile gegenüber Behinderten und ihren Familien mehr und mehr Verständnis, Toleranz und Hilfe treten.
Die für das Buch gewählte Form des persönlichen Berichtes und ergänzender fachärztlicher Erläuterungen berührt zum einen die emotionale Seite des Lesers und kommt zum anderen seinem Bedürfnis nach Sachinformation entgegen. Darin liegt der besondere Wert dieses Buches, das den Leser zum Mitdenken und – vor allem – auch Mithandeln anregen will.

Über den Autor:

MR Dr. med. Gerda JUN –
1935 im ehemaligen Westpreußen geboren;
1953 Abitur an der ABF Rostock,
anschließend Studium der Humanmedizin an der
Humboldt-Universität Berlin,
1958 Staatsexamen.
- Fachärztin für Psychiatrie/Neurologie,
  einschließlich Kinderneuropsychiatrie;
- Fachärztin für Psychotherapie;
- 1970 bis 1984 Abgeordnete im Stadtbezirk;
- Vorstandsmitglied der „Sektion Kinder- und
  Jugendpsychotherapie" der Gesellschaft für
  ärztliche Psychotherapie der DDR;
- Vorstandsmitglied der „Sektion Neuropsychiatrie
  im Kindes- und Jugendalter" der Gesellschaft für
  Psychiatrie und Neurologie der DDR.

MR Dr. med. Gerda JUN

Kinder,
die anders sind

Ein Elternreport

VEB Verlag Volk und Gesundheit Berlin 1989

Jun, Gerda
Kinder, die anders sind. Elternreport / Gerda Jun. — 6. Aufl. —
Berlin: Verl. Volk u. Gesundheit, 1989. — 184 S.

ISBN 3-333-00439-9

1. Auflage 1981
2. Auflage 1983
3. Auflage 1984
4. Auflage 1986
5. Auflage 1987

6., überarbeitete Auflage
Alle Rechte vorbehalten
© VEB Verlag Volk und Gesundheit Berlin 1989
Lizenz-Nr. 210 (700/274/89)
LSV 2279
Lektor: Marina Krüger
Hersteller: Margit Neumann
Printed in the German Democratic Republic
Druck und buchbinderische Weiterverarbeitung:
(140) Druckerei Neues Deutschland, Berlin
Einbandgestaltung: Anke Baltzer
Bestell-Nr. 534 794 8
00600

Inhaltsverzeichnis

Vorwort 6
1. **Elternreport** 9
    Norbert 9
    Mirjam I 24
    Manuela 31
    Gabi 41
    Martin 50
    Mirjam II 65
    Alexander 77
    Hiltrud 89
    Matthias 105
    Annett 113
    Uwe 127

2. **Allgemeiner Teil** 135
2.1. Frühkindliche Hirnschädigung 136
2.1.1. Ursachen früher Hirnschädigung 137
2.1.2. Folgen einer frühen Hirnschädigung 137
2.1.3. Häufigkeit der Hirnschädigung 138
2.2. Ist Schädigung gleich Behinderung? 139
2.3. Behandlung/Rehabilitation 142
2.4. Einige Sondergruppen behinderter Kinder 143
2.4.1. Das Langdon-Down-Syndrom 143
2.4.2. Autismus 145
2.4.3. Cerebrale Anfallsleiden (Epilepsie) 147
2.4.4. Unruhig-aggressive (erethische) Kinder 148
2.4.5. Kinder mit cerebralen Bewegungsstörungen, insbesondere mit Spastik und Athetose 149
2.4.6. Nicht förderungsfähige Kinder („Pflegefälle") 150
2.4.7. Hirngeschädigte normal intelligente Kinder mit Lern- und Verhaltensstörungen 152
2.5. Allgemeines zur Situation der Familien mit geschädigten, insbesondere mit geistig behinderten Kindern 156

3. **Gesetzliche Grundlagen** 178
Literatur 184

Vorwort zur 1. Auflage

Was in diesem Buch mitgeteilt wird, geht eigentlich alle an. Einige aber ganz besonders: zunächst Eltern, die selbst ein behindertes Kind haben. Sie können erfahren, wie es in ähnlicher Weise Betroffenen ergeht, wie sie das Leben mit ihrem Problemkind bewältigen.

Dann geht dieses Buch aber besonders diejenigen an, die bisher noch gar nicht bemerkt haben, daß auch in unserem Land, in unserer Gesellschaft Behinderte leben; diejenigen, die meinen, diese Probleme gäbe es nur woanders.

Der Elternreport ist weiterhin für all diejenigen geschrieben worden, die in ihrem Beruf entweder mit Kindern im allgemeinen oder auch direkt mit Behinderten zu tun haben (Fürsorgerinnen, Krankenschwestern, Ärzte, Psychologen, Pädagogen und Mitarbeiter verschiedener Sozialberufe).

Potentiell nützlich könnte das Buch vor allem aber auch für junge Menschen sein, die sich noch in der Ausbildung befinden, die aber später in ihrem Beruf mit Kindern und mit Sozialproblemen zu tun haben werden: Studenten der Medizin, der Psychologie, der Soziologie und der Pädagogik (einschließlich Kindergärtner/innen).

Ich denke mir, daß die Angehörigen eines behinderten Kindes dieses Buch vielleicht auch als Vermittler verwenden werden. Sie können es denen zu lesen geben, denen sie gern das eigene Problem mitteilen möchten. Manchmal fällt es ja schwer, für sich selbst zu sprechen, besonders, wenn man im Problem befangen ist und noch nicht darübersteht.

Ich habe diese Form des Elternreports einer rein fachärztlichen Darstellung vorgezogen, weil ich meine, daß die einzelnen Erlebnisberichte – jeder in seiner Besonderheit – am ehesten emotionale Identifikation und soziales Lernen ermöglichen.

Natürlich war es nicht zu verwirklichen, die ganze Vielfalt des Behindertenproblems zum Ausdruck zu bringen, auch wenn sich ein allgemein-sachlicher Teil anschließt. Es kommt jedoch auf das Wesentliche an: Haltungen und Einstellungen zu Behinderten im Hier und Jetzt darzustellen, durch Positives zu ermuntern und durch negative Beispiele Nachdenken und Verantwortungsbewußtsein zu wecken.

Gelegentlich haben mehrere Eltern – und das ja völlig unabhängig voneinander – zum gleichen Problem ähnliche Erfahrungen und Gefühle geäußert. Ich habe diese Wiederholungen nicht immer gestrichen. Verallgemeinerungswürdige Gedanken, die manchmal auch Hoffnungen und Wünsche sind, sollen dadurch besonders erkennbar werden.

Das Durchschnittsalter der Kinder aus dem Elternreport beträgt 13 Jahre. Die 1979/1980 von den Eltern berichteten Erlebnisse liegen also meist doch schon mehrere Jahre zurück. So kommt eins ganz deutlich zum Ausdruck: In den letzten zehn Jahren ist in unserem Land sehr viel für die Rehabilitation psychisch und physisch Geschädigter getan worden. Wesentliche Grundlagen für die bisherigen Erfolge waren an herausragender Stelle die problembezogenen Empfehlungen unserer Volkskammer aus dem Jahre 1968 und insbesondere das sozialpolitische Programm des IX. Parteitages der SED aus dem Jahre 1976. Darin heißt es: „Die Eingliederung physisch und psychisch geschädigter Bürger in das gesellschaftliche Leben wird vor allem durch geeignete Bildungs- und Arbeitsmöglichkeiten, durch komplexe Maßnahmen der Rehabilitation sowie durch medizinische und soziale Betreuung gefördert."

Im Rahmen der Bemühungen um die Realisierung dieser den Humanismus unserer Gesellschaft besonders deutlich ausweisenden Zielstellung wurden allein für schulbildungsunfähige Kinder und Jugendliche bisher 344 Einrichtungen (vor allem Tagesstätten) des Gesundheits- und Sozialwesens mit fast 13 000 Plätzen geschaffen. Das ist eine sehr beachtliche Zahl.

Aber organisatorische Hilfen und die materielle Sicherung der Lebensbedingungen für Behinderte verändern noch nicht automatisch gesellschaftlich überholte Einstellungen und Verhaltensweisen. Ein bestimmtes Grundwissen über diese Probleme sollte jedoch zur staatsbürgerlichen Allgemeinbildung sozialistischer Persönlichkeiten gehören. Dazu verpflichtet uns vor allem auch die jüngste deutsche Geschichte, die Geschichte des sogenannten „werten und unwerten Lebens" in der Zeit des deutschen Faschismus.

In unserer Gesellschaft haben wir alle Möglichkeiten einer optimalen sozialen Betreuung und Rehabilitation. Wir sollten uns gemeinsam über alles bisher Erreichte freuen, uns aber auch gemeinsam verantwortlich fühlen für alles, was noch getan und verändert werden muß, – materiell und ideell.

So möchte ich meinen Dank all denen aussprechen, die am Zustandekommen dieses Elternreports mitgewirkt haben: Eltern behinderter Kinder (Tonbandinterviews), Herrn Professor Dr. F. K. KAUL als juristischem Berater und Förderer der gesamten Arbeit, fünf fleißigen Sekretärinnen, Ärzten, Psychologen, Pädagogen, Fürsorgerinnen und Eltern, deren Rat und Anregungen mit eingearbeitet wurden. Insgesamt danke ich allen Menschen, die Behinderten und ihren Angehörigen echte Freunde und Helfer sind.

Gerda Jun

Vorwort zur 6. Auflage

Beim Schreiben des Elternreports war ich mir eigentlich ganz sicher, daß dieses Buch einem vorhandenen gesellschaftlichen Bedürfnis entgegenkommen würde. Diese Annahme hat sich nach seinem Erscheinen durchaus bestätigt. Allen, die mir ihr persönliches Leseerlebnis in Briefen mitgeteilt haben, möchte ich herzlich danken. Und das waren keineswegs nur direkt Betroffene, also Eltern behinderter Kinder, sondern u. a. auch Leser, denen die Lebensprobleme von Familien mit behinderten Angehörigen bis zum Bekanntwerden mit dem Elternreport doch recht fern und fremd gewesen sind. Und gerade diese Menschen wollten wir ja auch unbedingt erreichen.

In der Zeit nach dem „Internationalen Jahr der Geschädigten" 1981 sind in unserem Lande weitere Rehabilitationseinrichtungen entstanden: Tagesstätten für nicht schulbildungsfähige förderungsfähige Kinder und Jugendliche; Sonderschulen mit verschiedenen rehabilitationspädagogischen Fachrichtungen; Rehabilitations-Werkstätten für Jugendliche/Erwachsene; anteilmäßig auch Heimplätze für geschädigte Bürger. Die Förderung und Betreuung nicht schulbildungsfähiger Kinder und Jugendlicher erfolgt zu etwa 80 Prozent in staatlichen und zu ca. 20 Prozent in konfessionellen Einrichtungen. Das sind im staatlichen Bereich z. Z. ca. 18 500 Plätze.

Die Frage einer Mutter aus dem Elternreport „Wo ist der, der die Gesetze und die Menschen zusammenbringt?" können wir heute ganz gezielt beantworten: zuständig sind wir alle, aber in ganz besonderer Weise und ganz konkret: die örtlichen Räte der Kreise und Bezirke. In der Praxis sind zwischenzeitlich zur Erfüllung dieser Aufgabe in den einzelnen Territorien koordinierende Abteilungen für Rehabilitation institutionalisiert worden.

Von den im Elternreport vorgestellten 11 „Kindern, die anders sind" (Interviews: 1979/80), sind einige inzwischen über 18 Jahre alt, also erwachsen, formaljuristisch jedenfalls. Das bedeutet für sie jedoch keineswegs die Fähigkeit zum sozialen Selbständigsein, denn aufgrund ihrer Behinderung bleiben sie ja in den meisten Fällen – wenn auch unterschiedlichen Grades – zeitlebens auf unsere Hilfe und Einfühlung, unser Verständnis und unser Akzeptieren ihres Andersseins im sozialgesellschaftlichen Zusammenleben angewiesen.

So möchte ich durch die konkreten Lebensgeschichten aus dem Elternreport auch die allgemeine Bewußtmachung fördern, daß unsere Solidarität mit Behinderten sich nicht nur auf eine bestimmte Altersgruppe beziehen darf. Ein großer Teil der „Kinder, die anders sind", brauchen uns für ihr ganzes Leben.

Gerda Jun

1. Elternreport

Norbert

Die Straßenbahn 17 war früher die 69. Und als solche hatte sie einen bestimmten Ruf. Der bezog sich darauf, daß die Bahn auf jeder Tour an zwei Nervenkliniken vorbeikam. Daran denke ich gerade, als die beiden Wagen die Herzbergstraße entlangzuckeln.
Vor mir sitzt ein akkurater Mensch, gerade Haltung, sehr gepflegt. Ein Mann so etwa Ende der Vierzig. Jetzt beobachtet er mit angespannter Miene irgend etwas, was ihm mißfällt.
Das ist es wohl: Viele Leute strömen herein, die Bahn wird voller. Plötzlich donnert er los: So steigen Sie endlich aus mit ihrem großen Jungen, wenn Sie ihn schon nicht richtig erziehen können. Es ist ja widerwärtig anzusehen, wie er sich benimmt! Ich sehe hin. Ein kräftiger, etwa achtjähriger Junge hebt die Arme seiner Mutter entgegen und stößt jetzt unartikulierte Laute aus; offenbar kann er nicht sprechen. Er fühlt sich von den vielen Leuten eingeengt und erdrückt. Er will von seiner Mutter hochgenommen werden ... Andere Fahrgäste gucken jetzt auch. Die Mutter des Jungen hält meinem Gegenüber einen Ausweis hin und bittet für ihr Kind um den Sitzplatz. Soweit kommt es noch! Sich nicht benehmen können und dann noch sitzen wollen! – Ehe ich mich erheben kann, sehe ich kurz das Gesicht der Frau: hilflos-bestürzt und traurig. Sie wischt sich von beiden Wangen die Tränen ab und sagt verbittert: Ach, was wißt ihr eigentlich alle ... vom Leben und von Kindern; von Kindern, die ... anders sind?!
Wer und wie ist dieses Kind?

Norbert: 8 Jahre, Fördertagesstätte
Mutter: 33 Jahre, Chemielaborantin
Vater: 35 Jahre, Kraftfahrer
Schwester: 12 Jahre, 6. Klasse OS, gesund entwickelt

Lesen wir, was die Mutter berichtet:

Ich bin früher gern arbeiten gegangen. Als ich meine Zusatzausbildung beendet hatte, kam Norbert zur Welt. Er war unser zweites Kind, das wir uns sehr gewünscht hatten. Ich bin dann zu Hause geblieben, und wir zogen bald um nach B. Unsere Constanze bekamen wir 1967. Schon unser erstes Kind war eine große Freude. Trotzdem stand es für uns fest, daß wir noch ein zweites haben wollten, ... zumal Männer ja doch noch meistens auf einen Jungen besonders stolz sind. Als Constanze vier Jahre alt war, da konnte ich meinem Mann glücklich berichten, daß es wirklich geklappt hatte. Wir waren froh!
In der Schwangerschaft verlief alles soweit normal – bis auf das Ende des zweiten Monats. Da bekam ich einen Hautausschlag. Später wurde dann rückblickend diagnostiziert, daß es die Röteln waren. Im weiteren Verlauf ging es mir in der Schwangerschaft gut. Und dann kam endlich die Entbindung! Es ging alles glatt. Später fiel mir auf, daß der kleine Norbert die Augen ganz fest, na, so wie ein kleiner Frosch, so ganz fest geschlossen hatte. Während der ganzen sieben Tage in der Klinik hat er sie nicht einmal aufgemacht. Da war ich doch schon stutzig geworden. Ich verglich das mit unserer Tochter. Als ich die das erste Mal bekam, hatte sie die Augen auf und guckte gleich so munter. Und das fehlte mir bei Norbert. Ich habe gefragt. Nein, nein, sagte die Schwester, das ist ganz normal, das machen andere Kinder auch. Aber mit mir lagen mehrere junge Mütter im Zimmer, da habe ich die Kinder verglichen, und beim Stillen wurde ich immer wieder stutzig, daß der Junge die Augen nicht einmal öffnete ... Er wirkte irgendwie anders. Als ich entlassen worden bin, nach sieben Tagen, wurde noch eine Mutti mit Kind entlassen ... und den Blick der Schwester, die uns beide verabschiedete, habe ich bis heute nicht vergessen ... das ging mir so durch und durch. Der anderen gab sie das Baby so freudestrahlend in die Arme und sagte: Frau Sch., ich wünsche Ihnen alles Gute. Und mich guckte sie so durchdringend an und sagte recht leise: Frau K., alles Gute für Sie und für Ihr Kind. Da dachte ich, na, da muß doch irgendwas nicht stimmen, und bin dann auch gleich mit dem Jungen zur Mütterberatung gegangen. Die Ärztin, die den Kleinen untersucht hat, meinte, daß er ungleiche Hüften hätte, ein Spreizhöschen wurde verordnet. Und auch das Herz sei nicht normal. Ich sollte mit ihm zum Augenarzt und zur Kardiologie gehen. Da ich den Norbert in B. entbunden hatte und wußte, daß da auch eine Spezialklinik für herzkranke Kinder ist, bin ich mit ihm dorthin gefahren. Da sagte man uns, es sei wirklich ein starkes Herzrauschen, es könnte sogar ein Loch im Herzen sein, und es wäre am besten, wir würden den Jungen stationär untersuchen lassen, ganz gründlich. Ich habe ihn aber erst mal wieder mit nach Hause bekommen. Wir sollten benachrichtigt werden durch

ein Telegramm. Und eines Tages, Norbert war vielleicht so zehn bis zwölf Tage alt, da öffnete er beim Baden zum ersten Mal die Augen, und ich guckte und sehe auf dem linken Auge eine weiße Trübung der Pupille. Das sah ganz unheimlich aus. Da ist mir ein kalter Schauer den Rücken runtergelaufen ... Ich dachte, das kann doch nicht wahr sein, du hast dich bestimmt verguckt. Ich habe meinem Mann den Sohn in den Arm gelegt und gesagt: Halte ihn mal! Das war aber nur ein Vorwand. Ich hab den Kinderwagen inzwischen fertiggemacht, da ruft er plötzlich: Du, Moni, hast du irgendwas gesehen bei Norbert am Auge, da ist doch was nicht in Ordnung, da ist irgendwas an der Pupille, eine trübe Stelle. Und da war mir klar, daß ich es mir nicht eingebildet hatte. Wir sind dann gleich zur Augenklinik gefahren. Da wurde festgestellt, daß unser Sohn auf dem linken Auge den grauen Star hat und auf dem rechten Auge sehr wahrscheinlich kurzsichtig ist. Da es ja noch ein Neugeborenes war, konnte man das nicht so hundertprozentig feststellen, aber der graue Star war eindeutig.

Und dann kam auch bald das Telegramm, wir sollten Norbert zur Kardiologischen Abteilung bringen. Dort haben wir den Augenbefund mitgeteilt, und da wurde uns gesagt: Er kommt zu sämtlichen Spezialisten, es wird eine ganze Untersuchungsreihe. Ich mußte auch mit nach B., und wir sind beide zuerst dem Internisten vorgestellt worden. Von uns wurde eine Blutprobe entnommen. Ergebnis: Wir beide hatten diese Rötelnerreger im Blut! Es wurde uns dann auch bestätigt, daß tatsächlich aufgrund der Röteln in der Schwangerschaft mehrere Schädigungen vorhanden sein können, welche im einzelnen, das müsse man erst durch den Krankenhausaufenthalt feststellen. Ich dachte, die Welt stürzt ein. Hatten wir nun doch keinen Sohn? Was soll nur werden? Wie geht es ihm? Hat er Schmerzen? Vor Sehnsucht nach dem Kind – aber auch wegen der Sorgen um die Zukunft – konnten wir nicht gut schlafen. Ich habe täglich geweint, aber dann sagten wir uns: Vielleicht kann die Entwicklung alles ausgleichen. Und tatsächlich, allgemein körperlich machte der Junge sich gut raus. Wir haben ihn häufig besucht und die Muttermilch immer für ihn hingebracht. Nach vier Wochen, es war kurz vor Weihnachten, wollte man plötzlich nicht mehr das schon angekündigte Untersuchungsgespräch mit uns führen; wir sind dann erst im Januar hinbestellt worden. Da sagte man uns, daß unser Sohn einen Herzscheidewanddefekt und auf dem linken Auge den grauen Star hat, auf dem rechten sei er sehr kurzsichtig, es bestehe außerdem ein Hodenbruch und daß wahrscheinlich mit dem Gehör irgendwas nicht stimmt. Aber das müsse noch beobachtet werden. Da sei man sich nicht so sicher. Wir sollten es doch mal mit Türenknallen versuchen oder mit Radio-ganz-laut-Stellen ...

Zu Hause war unser Baby eigentlich sehr lieb, es hat gut geschlafen und gegessen, hat mir überhaupt keine Pflegeschwierigkeiten gemacht. Aber die Vergleiche mit unserer Tochter! Norbert hätte mit einem halben Jahr mal anfangen müssen, Sitzversuche zu machen, und da kam nichts. Ich habe ihn dann auch nicht gezwungen, ihm aber immer meine Finger hingehalten, doch da hat er gar nicht darauf reagiert. Er hat überhaupt nach nichts gegriffen. Oft glaubten wir schon, er sei ganz blind. Aber dann endlich, so im Alter von acht bis neun Monaten, zeigte er Interesse für alles Farbkräftige und Bunte. Und das Gehör? – Auf ein Knistern mit Pergamentpapier oder andere Geräusche zeigte er überhaupt keine Reaktion – die Tochter, die war damals sofort da ... Ich konnte ja immer gut vergleichen. Auch wenn ich Norbert nach dem Baden aufs Badetuch setzte, klappte er wie ein Schnappmesser nach vorne zusammen. Ich habe ihn dann wieder in der Mütterberatung vorgestellt und gesagt, daß mich das stutzig macht. Normalerweise müßte er sich doch jetzt schon von alleine hochziehen oder es jedenfalls versuchen. Da wurde mir gesagt, ich soll abwarten, bis das Kind selbst den Mut hat und sich hinsetzen will. Na ja, er war ja auch erst knapp neun Monate alt, und ein Kind ist nicht wie das andere ... Aber die Umwelt hat er nicht so wahrgenommen wie unsere Tochter. Der graue Star und die Kurzsichtigkeit – damit hing alles zusammen. Der Kleine nahm sich auch alles Bunte sehr dicht vor die Augen, z. B. Bilderbücher, wenn sie leuchtende Farben hatten. So waren wir dann doch sehr glücklich, daß er wenigstens etwas sieht. Vielleicht eine Brille? Man sagte uns, dafür sei es noch zu früh. Vielleicht ist es entscheidend, daß er eine Brille trägt, wenn er läuft. Dafür zeigte sich im Babyalter aber nichts. ... Und so verging das erste Jahr. Wir haben uns natürlich gefragt, ist denn das nun alles, was er an Schädigungen hat? Wir waren natürlich sehr ... wie soll ich sagen, es war ein Wunschkind, und wir waren unendlich traurig, daß nun gerade (Weinen) ... unser Kind so krank sein sollte ... das konnten wir überhaupt nicht fassen ... Ich habe damals sehr viel geweint. Und mein Mann? Ich konnte sehr schlecht mit ihm über Norbert sprechen. Ich spürte, daß er das eigentlich kaum verkraften konnte. Es war ein Sohn, alles was er haben wollte!! Und er hatte sich schon vorgestellt, wie er später mit ihm Fußball spielen wird und wie er ihm das Autofahren beibringt, und dieser Traum sollte ja nun eigentlich zu Ende sein ... Wir sind regelmäßig weiter in Behandlung geblieben und haben dann auch den Hörtest machen lassen. Bei Norbert wurde festgestellt, daß er sogar in sehr hohen Lautstärken überhaupt nicht reagiert und daß da auch mit einem Hörgerät kaum etwas zu machen sei. Nicht hören! Wie sollte sich unser Norbert entwickeln, wenn er uns gar nicht verstand?!

Mit zwei Jahren fing er dann doch an zu laufen. Vorher klappten ihm bei unseren Versuchen die Beinchen immer wieder weg. Als er Anfang August von alleine stehen konnte, da war die Freude groß. Trotzdem kamen mir zu dieser Zeit noch andere Ahnungen. Ich habe sie aber immer von mir gestoßen und gedacht, es kann doch einfach nicht so schlimm sein, daß unser Sohn nun auch noch hirngeschädigt ist, zumal mir das nie ein Arzt gesagt hatte. Daß da auch irgendwelche geistigen Schädigungen vorhanden sind, dachte ich, ach, das bildest du dir ein, du siehst schon wieder zuviel. So habe ich diese Gedanken wieder weggeschoben. Es wird schon alles werden. Die Psychologin meinte auch, daß Norbert die Möglichkeit haben wird, in den Gehörlosenkindergarten zu gehen, und dann wird schon alles kommen ... Wir sollten nur nicht so enttäuscht sein. In ganz jungen Jahren ist ja wohl auch noch nichts Endgültiges festzustellen. Ja, wir haben unserem Jungen viel Liebe und Zuwendung gegeben. Und erstaunlicherweise hat sich auch die Constanze von vornherein so lieb auf das Brüderchen eingestellt, das hätten wir eigentlich gar nicht erwartet. Sie mußte ja, als der Norbert mit dem Laufen anfing, hin und wieder auf das Spielen verzichten und mal mit aufpassen. Weil er dann doch sehr viel Unfug angestellt hat und sehr flink war; man mußte laufend hinter ihm her sein. Aber sie hat nicht einmal eine negative Äußerung gemacht. Sie hat von Anfang an sehr viel Verständnis für den Norbert gehabt, obwohl wir das nie direkt von ihr gefordert haben. Norbert hat Schokolade leidenschaftlich gern gegessen, so eine ganze Tafel wie eine Stulle, das hat ihm gar nichts ausgemacht. Und wenn jeder eine Tafel bekam, hat sie von ihrer Tafel noch die Hälfte für ihn abgegeben, bis wir gesagt haben, das ist deine Schokolade, laß es sein. Diese Haltung von dem Kind wollte ich Ihnen mitteilen ...
Es war für uns inzwischen klargeworden, daß wir mit Norbert ein bleibend hörbehindertes Kind hatten.
Aber wie würden wir uns später mit ihm unterhalten? Der Gedanke, daß Norbert vielleicht nie richtig „Vati" oder „Mutti" sagen würde, der war uns dann doch schon sehr schmerzlich bewußt. Ich glaube, seine Hilflosigkeit hat unsere Liebe noch bestärkt, und trotz aller Mühen ist er uns genauso ans Herz gewachsen wie unsere Constanze. Eigentlich noch mehr, weil man immer das Gefühl hat, ihn muß man ja besonders schützen. Die Constanze, die kann sehen, die kann hören, sie ist intelligent, sie kann sich verständlich machen, aber dieses Kind, das nicht hören und nicht sprechen und nur schlecht sehen kann, das muß man ganz besonders schützen. Ich weiß nicht, ob das ein Fehler war, aber das war für mich immer so: Beide Hände über ihn halten ... In unserem Haus haben wir sehr verständnisvolle Menschen gefunden,

13

die sich überhaupt noch nicht abwertend über unseren Jungen geäußert haben, obwohl Norbert am Anfang lange Schlafstörungen hatte und nachts sehr unruhig war. Er selbst konnte ja sein eigenes Geschrei nicht hören. Neubau, na Sie wissen ja, wie hellhörig es da ist, und wenn da ein Kind bis nachts um 12 Uhr rumkrakeelt, dann ist es schon allerhand, wenn sich die Leute über uns und unter uns nicht aufregen. Die Kinderzimmer liegen ja alle übereinander, und die anderen mußten ja auch schlafen. Direkt gefragt hat uns niemand, obwohl sich Norbert ja auch draußen abnorm benommen hat. Was ist denn mit Ihrem Kind los? – habe ich niemals gehört. Es hat sich von ganz allein ergeben, daß alle gesehen haben: ach, da stimmt was nicht. Beim gemeinsamen Einkaufen oder wenn ich mit dem Jungen auf dem Spielplatz war, dann hat mal jemand gefragt, Sie können wohl nicht arbeiten gehen und so. Ich habe dann von meinen Sorgen erzählt. Negative Sachen haben wir im Haus nie erlebt.

Und in der Verwandtschaft? ... Derjenige, der eigentlich das meiste Verständnis für unseren Sohn hatte und hat, ist mein Vater. Er hat sich auch nie geschämt, mit dem Norbert spazierenzugehen, wenn die Großeltern uns besucht haben. Am Wochenende ist er mit ihm bei uns auf der Oderbruchkippe berghoch, bergrunter gelaufen, obwohl er auch sehr viel scheele Blicke von den Leuten aufgefangen hat. Aber er ist eben ein stolzer Opa. Meine Mutter hat immer noch daran zu „knabbern", daß nun ein Enkelkind von ihren sechs so anders ist. Mein Schwiegervater ist leider verstorben, aber meine Schwiegermutter hat zehn Enkel. Sie wird auch recht gut mit der Situation fertig. Sie hat es uns nie spüren lassen, daß unser Junge behindert ist, im Gegenteil, sie wird sogar zuerst immer an unseren Norbert denken, wenn sie Schokolade hat oder was anderes.

Ja und mein Mann? Ich möchte sagen, der hat heute noch mit dem Gedanken zu tun, daß sein Sohn so ist ...

Das Programm im Gehörlosen-Kindergarten hat Norbert leider nicht geschafft. Keine Hoffnung. Ich hatte vorübergehend dort auch mitgearbeitet. Das war eine schöne Zeit für mich. Aber Norbert wurde dort entlassen, weil seine Intelligenz nicht ausreicht. Da mußte ich also meine Arbeit, die ich wirklich geliebt hatte, wieder aufgeben und mit dem Jungen zu Hause bleiben. Ich habe weiter systematisch mit ihm geübt. Als Norbert dann allein und sicher die Farben zuordnen konnte, war das für mich doch ein sehr schöner Erfolg. Aber dafür hatte ich auch ein Jahr intensiv mit ihm gearbeitet. Rot zu Rot, Gelb zu Gelb, Grün zu Grün, und es kam zunächst nichts. Manchmal hatte ich sogar das Gefühl, er spielt mit mir, er will meine Geduld erproben, wie lange ich dieses Spielchen mit ihm aushalte. Aber eines Tages hat er mitgemacht. Ich habe dann diese Lehr-Spiele gesteigert. Erst nur einfache Klötze, dann verschiedene Formen, Kreise, Quadrate und Dreiecke und die mit unterschiedlichen Farben. Ich habe dann mit ihm verschiedene Zuordnungsspiele gemacht: so mit den Tafeln, Puppen, mit mehreren Gegenständen. Das ganze Bilderlotto konnte er richtig ordnen. Dann haben wir Perlen gefädelt, auch das hat er ohne Schwierigkeiten schnell gelernt. Und immer wieder Versuche mit der Fingersprache, wie im Gehörlosenkindergarten. Er hat sich aber nur amüsiert, wenn ich angefangen habe. Verstanden hat er nichts. Seine Stimmung war und ist meistens gut. Seine Freude drückt er mit seinem ganzen Körper aus. Wenn er über irgend etwas froh ist, dann hopst er immer rundherum um den Gegenstand, z.B. ein Geschenk. Einmal hat er sich so ulkig die Hand ans Ohr gehalten und gejuckt. Mein Mann sagte, das ist nicht normal, so dürfte er sich nicht verhalten. Ich wußte durch meine frühere Arbeit, das ist für Norbert normal, so haben sich die anderen Kinder auch benommen.

Aber Norbert müßte doch eigentlich wieder in eine Kindergemeinschaft! Nicht daß er uns zu Hause zuviel geworden wäre, das nicht. Aber ich habe gemerkt, es ist gut, wenn er mit anderen Kindern zusammen ist. Nur nicht mit so vielen. So zehn bis zwölf verkraftet er nicht, das ist ihm zuviel, da wird er furchtbar unruhig. Aber es muß doch eine Möglichkeit geben, den Jungen mit einigen Kindern, vielleicht mit drei oder vier, zusammenzubringen.

Und da bekamen wir damals den Hinweis, zur Kinderpsychiatrie unseres Stadtbezirkes zu gehen und unseren Sohn dort vorzustellen. Wir wurden überwiesen und erhielten einen Termin. Mein Mann war zu diesem Gespräch mitgekommen. Da wurde nun das erste Mal davon gesprochen, daß die Möglichkeit besteht, daß unser Sohn geistig behindert ist. Mein Mann regte sich furchtbar auf: Nein, das hätte man uns doch früher gesagt, jetzt ist das Kind fast fünf Jahre alt, das kann doch nicht möglich sein. Das ist nicht wahr, daß unser Sohn so ist. Er sagte dann in seiner Erregung wortwörtlich: Zu diesen Idioten gehen wir nicht mehr! Und damit war dann sein Faden gerissen. Mir standen die Tränen näher als die Worte, und ich mußte erst mal schnell weggehen. Ich mußte mich nun wirklich auch selbst erst einmal fangen ... wegen dieser offiziellen Mitteilung, daß eine geistige Behinderung anzunehmen ist. Am Abend haben wir uns dann zu Hause nochmals ausgesprochen, daß es doch wohl nicht der richtige Weg war. Mein Mann: Jetzt bist du auch noch der Meinung, daß der Junge hirngeschädigt ist, du siehst doch, was er alles macht, das und das, und er fängt an, sich alleine anzuziehen, und das kann doch nicht wahr sein, daß unser Kind geistig nicht normal sein soll.

Von der ambulanten Kinderpsychiatrie wurde Norbert in eine Fachklinik überwiesen. Hier hat man seine Hirnschädigung genau untersucht. Anschließend kam er auf eine Tagesstation. Wir konnten unseren Jungen also jeden Nachmittag nach Hause holen. In dieser Zeit wurde uns verbindlich erklärt, daß Norbert nie ein Schulkind wird. Auch mein Mann mußte dies nun schlucken. Da fällt mir ein ganz besonderes Erlebnis ein. Es war wohl etwa vor zwei Jahren, da war ich mit Norbert in unserer Kaufhalle, und es gab das erste Mal Weintrauben. Unser Sohn ist nicht nur ein starker Schokoladenesser, er mag auch Obst riesig gern. Und als wir da beide anstanden und ich das Angebot überschaue, da sehe ich nicht, daß Norbert schon nach den Weintrauben angelt. Aber da merke ich, wie ein Mann in der Schlange sich aufregte und sagte: Wirst du mal die Finger davon lassen! Und zu mir: Junge Frau, können Sie den nicht mal richtig erziehen, so was macht man doch nicht, wollen Sie ihm nicht mal ein paar auf die Finger hauen? Ich entschuldigte mich mit der Erklärung, das von meinem Kind angefaßte Obst zu kaufen. Ich sagte dann auch noch etwas von Norberts Behinderung. Und dann fielen die schlimmen Worte: Ach noch eener, den man vergessen hat zu vergasen. Erst mal ist mir schlecht geworden, ich habe gedacht, ich kippe um... So was kann doch nicht möglich sein! Ich habe dagestanden wie angewurzelt. Und dann war da nur noch ein Gedanke: meinen Sohn schnappen und diesem Mann nach; der hatte sich nämlich plötzlich entfernt. Das konnte ich doch nicht durchgehen lassen, vor so etwas würde mich unser Staat schon schützen! Aber als der Mann das ausgesprochen hatte und von anderen Leuten zurechtgewiesen wurde, muß er sich wohl überlegt haben, was er da eigentlich gesagt hatte, und war in der Kaufhalle nicht mehr zu finden. Ich war entsetzlich bedrückt. Trotzdem konnte ich meinem Mann davon nicht gleich etwas sagen. Können Sie sich mein inneres Elend vorstellen? Ein Gefühl... wie wund in der Brust.
Auch wenn der Norbert in der Straßenbahn unruhig war – wenn es so voll ist, kriegt er manchmal panikartige Zustände – und die Leute sich taktlos und unverständig verhielten, dann konnte ich meinem Mann meist nichts davon erzählen. Er ärgert sich dann so doll darüber, daß seine Verstimmung tagelang anhält. Und das möchte ich ja nun auch wieder nicht! Ich muß dann einfach selbst damit fertig werden. Da wohnt aber die Familie B. in unserem Haus, die Frau arbeitet als Musiktherapeutin bei verhaltensgestörten Kindern, zu der kann ich mit solchen Sorgen gehen, die hört mich an, und wir sprechen dann gemeinsam darüber. Norbert leidet selber ja nicht unter den verächtlichen Äußerungen. Er hört sie ja nicht, und wenn man es so will, ist es

eigentlich ein Glück, daß er das nicht versteht. Es wäre noch schmerzlicher, wenn er das auch noch mitkriegen würde...
Mir kommen immer wieder solche Gedanken, daß die Sorge um unser behindertes Kind nur das eine Unglück ist, das wir zu verkraften haben; aber dann gibt es da noch eins: Das sind die anderen Menschen, diejenigen, die uns nicht verstehen, die uns nicht helfen, sondern noch zusätzlich mit ihren bösen – oder doch wohl mehr dummen – Bemerkungen kränken und beleidigen. Es muß noch sehr viel geschehen, daß sich das ändert... Sicher haben wir da bei uns auch eine historische Belastung. Ich habe mal gelesen, daß das nicht in allen Ländern auf der Welt so ist. Es soll Kulturen geben, wo die Behinderten ganz natürlich angenommen und eingegliedert werden.
Wenn ich dann aber Hilfe und Verständnis von Menschen erlebe, die mich achten und sich in mich einfühlen können, wie zum Beispiel die Frau B., dann richtet mich das immer wieder auf.
Soll ich noch erzählen, wie es unserer Constanze mit den Schulkameraden erging? – Sie brachte mal mit Tränen in den Augen den Norbert vom Spielplatz hoch und druckste herum. Ich bekam schon so eine Ahnung und bin der nachgegangen. Constanze fuhr ja wieder runter. Ich unbemerkt hinterher. Und richtig, da waren Schulkameraden aus ihrer Klasse, und ich hörte gerade, wie gerufen wurde: Da ist ja wieder die Constanze, die den doofen Bruder hat! – Dem mußte schon allerhand vorausgegangen sein. Früher wäre mir nie der Gedanke gekommen, daß man sich über unseren Norbert lustig machen könnte. Constanze fing auch an, plötzlich nicht mehr gerne zur Schule zu gehen. Sie nahm nicht mehr an außerschulischen Veranstaltungen teil. Sie hatte immer irgendwelche Vorwände. Entweder sie hatte gerade Zahnschmerzen oder der Bauch tat weh, oder es war der Kopf. Als sie dann nicht mal an der Weihnachtsfeier teilnehmen wollte, da bin ich stutzig geworden. Es sollte eine besonders schöne Feier werden, und Constanze verspürte keine Lust mitzumachen. Auch an ihren Zensuren war zu spüren, daß da irgend etwas mit ihr nicht in Ordnung war. Auf meine vorsichtigen Fragen sagte sie mir dann sinngemäß, daß keiner in der Klasse mehr mit ihr spielen will, daß sie sich ausgestoßen fühlt, weil sie den kranken Bruder hat. Man machte sich lustig über sie. Da habe ich mir die Namen von einigen Kindern geben lassen und bin zu den Eltern nach Hause gegangen. Ich habe ihnen von unserem Norbert erzählt, wie alles gekommen ist und wie nun sogar unsere Constanze in der Schule darunter leiden muß... Die Leute waren sehr schockiert, daß ihre Kinder sich so benehmen, wußten davon gar nichts und hatten mir fest zugesagt, in der Familie über Norbert zu sprechen. Und von da an ging es besser. Ich bin auch zu der Klassenlehrerin gegangen und

habe ihr gesagt, daß ich das für sehr verhängnisvoll halte, wenn Constanze wegen ihres Bruders vom Klassenverband isoliert wird. Die Klassenleiterin wußte das auch nicht. Eines Tages hat sie mich gefragt, ob ich mit zum Wandertag kommen möchte. Und da ich ja nicht berufstätig und der Norbert auch zu Hause war, habe ich ihn angezogen und bin mit ihm zum Wandertag gegangen. Ich hatte das zur Bedingung gemacht. Mit einem positiven Hintergedanken wollte ich gleich mal alle Kinder zusammenhaben. Die sollten alle Constanzes kranken Bruder kennenlernen. Ich war gefaßt darauf, daß hin und wieder negative Bemerkungen kommen, und ich hätte dann gleich an Ort und Stelle und in Gegenwart der Lehrerin reagieren können; aber siehe da, nicht ein einziges Kind hat sich verächtlich geäußert – im Gegenteil, die haben den Norbert mit angefaßt, als wir zum Müggelturm raufwanderten. Die waren auf einmal ganz anders zu ihm und auch zur Constanze, und von da an war eigentlich endgültig das Eis gebrochen. Ich hatte auch das Gefühl, daß die Lehrerin vorher nichts über behinderte Kinder wußte oder nur kaum etwas... Das hat sie erst durch mich erfahren. Sie war vollkommen erschlagen, als sie mich zuerst mit dem Norbert sah. Sie hatte sich wohl gedacht, na, behindert vielleicht, ich weiß nicht, was sie sich vorgestellt hat, aber daß er so behindert ist, damit hatte sie nicht gerechnet. Und es war ihrem Gesicht anzumerken, daß sie schockiert war. Sie war nachher im Gespräch sehr nett und hat sich auch um den Norbert gekümmert. Ich habe ihr erklärt, wie es kam, daß er so geworden ist, auch daß ich daraus kein Hehl mache und ihn nicht verstecke. Wer mich haben will, der muß eben auch mein Kind akzeptieren, anders geht es nicht. Wenn er stillsteht, sieht man dem Norbert die Behinderung ja nicht gleich an..., rein anatomisch kaum, er ist ja auch gut gewachsen, aber wenn er diese stereotypen Bewegungen macht, die doch nicht so harmonisch sind, dann merkt man das Anderssein. Das Kreischen unterläßt er ja jetzt, was früher seine Hauptbeschäftigung war.
Als wir merkten, daß wir auch nicht bei allen Verwandten und Bekannten mit unserem Sohn gern gesehen waren – und auch auf den Wochenendgrundstücken sah man uns mit ihm lieber gehen als kommen – da stand für uns fest: Wer ihn nicht haben will, der kann auch uns vergessen. So haben wir uns wohl auch von selbst ein bißchen abgekapselt. Einige Bekannte und Verwandte haben sich automatisch zurückgezogen. Vielleicht weil sie einfach nicht wußten, wie sie sich uns gegenüber benehmen sollten, aus Unsicherheit. Sie wußten nicht, sollen wir den Leuten nun Mitleid entgegenbringen oder wie sollen wir uns überhaupt verhalten. Aber das habe ich sehr schnell klargestellt und gesagt, wißt ihr, mit Mitleid hilft mir niemand. Man kann sehr ein-

fach helfen, indem man uns mit dem Sohn akzeptiert, wenn wir kommen. Ich passe schon auf, daß er nicht sehr stört. Ich will einfach nicht, daß man ihn wie ein Schreckgespenst abstempelt und sagt: um Gottes willen. So ist es nun eigentlich auch bei dem einen Ehepaar geblieben, das wir jetzt noch aus unserem Bekanntenkreis haben. Aber da mein Mann mehrere Geschwister hat, die hier in Berlin wohnen, machen wir gelegentlich abends Besuche, wenn unser Sohn im Bett ist. Durch Medikamente schläft er jetzt auch abends ein bißchen besser ein. Wir haben seit Norberts Geburt auch keine Urlaubsreise mehr machen können. Wie würde man uns in einem Ferienheim aufnehmen? Sie meinen, für unsere Ehe wäre es gut, wenn wir mal ohne Sorgen verreisen könnten? – Ja, wohl auch zum Batterieaufladen... vielleicht ein Kompromiß: die halbe Zeit mit beiden Kindern und die halbe Zeit ohne. Ich müßte aber wissen, daß der Norbert in dieser Zeit gut betreut wird. Vielleicht ergibt sich in Zukunft mal was... Überhaupt unsere Ehe! Da haben wir doch ernsthafte Krisen durchgemacht, die auch irgendwie mit dem Jungen zusammenhingen. Zwischen Norbert und meinem Mann hat sich eigentlich erst in den letzten zwei Jahren eine innige Beziehung ergeben. Vorher hat der Junge kaum auf seinen Vater reagiert. Wahrscheinlich, weil der doch tagsüber, und manchmal auch länger, immer weg war. Aber eines Tages wollte Norbert, wenn er einen großen Lkw auf der Straße sah, sofort hin und dachte, es wäre der Papa, der da ankam. Oftmals war es auch der Papa, und das war der Grund für unseren Sohn, weiterhin auf Lkws zu achten. Und da, als mein Mann spürte, daß der Junge jetzt nicht nur zu mir kam, wenn er was haben wollte, daß er auch ihn mal an die Hand nahm, da wurde es ganz anders.
Pünktlich um 17 Uhr wird unser Norbert gebadet. Er hängt sehr an seinen Gewohnheiten. Erst versucht er es bei der Mutti, wenn die nicht reagiert, nimmt er die Schwester an die Hand, und wenn die auch nicht reagiert, dann macht er sich an Vater ran. Und das ist für meinen Mann sehr wichtig, daß er sich jetzt auch mit einbezogen fühlt. Jetzt ist es sogar soweit, daß Norbert häufig von sich aus zuerst zu seinem Papa geht, mit ihm herumtobt und albert oder ihm einen Kuß gibt, und nicht nur dann, wenn er was will. Daß er ihn mal umfaßt und über die Haare streicht, so wie er das mit uns beiden, der Tochter und mir, schon lange getan hat. Er spürt ganz genau, daß wir drei für ihn ganz wichtige Personen sind. Auf meinen Mann „hört" er jetzt viel besser als auf mich. Der braucht nur einmal zu zeigen, wenn Norbert sich am Fernseher seine Programme selbst einstellt: Du!!, das bleibt!! – Dann bleibt der Junge auch sitzen und stellt nichts um. Ich kann das zehnmal machen: Du!, das bleibt! – Da knipst er eben dann trotzdem solange, bis er ir-

19

gendwo Fußball oder Wasser oder irgendeinen Zeichentrickfilm erhascht hat.
In unserer Ehe ging es rauf und runter. Es bleibt ja wohl auch nicht aus, wenn man mit solchen Problemen fertig werden muß. Ich weiß nicht, ob es ein Nichtwahrhabenwollen oder ein Nichtfertigwerden meines Mannes war, daß wir zeitweise über so viele Dinge nicht reden konnten, daß vieles unausgesprochen blieb. Wobei es doch so wichtig gewesen wäre, sich gerade mit dem engsten Vertrauten, mit dem eigenen Mann, darüber auszutauschen. Mit so vielen Sorgen mußte ich zunächst allein fertig werden. Natürlich haben sich dann auch daraus sehr viele andere Probleme ergeben ... mein Mann hat auch anfangs versucht, seine eigenen Wege zu gehen, unabhängig davon was wir zu Hause machen. Er hat sich eben mit seinen Kollegen getroffen und ... wie soll ich sagen, er ist zum Fußballspielen gegangen, hat sich überhaupt nicht darum gekümmert, wie es zu Hause geht. Hat uns praktisch allein leben lassen. Bloß daß er dann merkte, daß ich mein Leben eigentlich mit den Kindern lebe und nicht mit ihm. Das hat ihm auch wieder nicht gefallen. Dann gab es mal eine sehr harte Auseinandersetzung. Da kam dann alles zur Sprache, und er meinte, du lebst ja nicht mit mir, du lebst ja mit deinen Kindern. Dann habe ich ihn konfrontiert mit meiner Einsamkeit und habe gesagt: Ja, wer ist denn derjenige, der sich uns selbst überläßt, das bist doch du, du gehst doch deiner Wege, du setzt dich ins Auto und fährst weg. Wir? Wir können nur spazierengehen. Dann sind wir drei eben alleine, und was verlangst du denn da noch? Natürlich hat sich das alles auch auf unser Intimleben ausgewirkt, ... daß ich dann eben nicht so die Frau sein konnte, die er sich wünschte. Ist ja ganz klar. War ja doch mehr oder weniger mit meinem Sohn beschäftigt und mit meiner Tochter, und ich habe mich da auch ein bißchen von ihm zurückgezogen, weil ich eben oft auf so viel Unverständnis gestoßen bin, daß ich nicht mehr so nett zu ihm sein konnte. Man hat ja schon genug mit der Außenwelt zu tun. Und dann noch Belastungen in der Ehe, das ist sehr, sehr traurig... Trotz seines sonst so gesunden Menschenverstandes konnte mein Mann das mit dem Jungen seelisch alles viel schwerer verkraften.
Aber wie sich das so bei unserer letzten Auseinandersetzung ergeben hat, die liegt noch gar nicht so lange zurück, da gab er mir dann zu, daß er einfach das Gefühl hatte, es will ihn niemand. Der Norbert, den er im Innersten doch sehr liebt hat, daß der ihn nicht haben will. Na, wer ist denn am Anfang für das Kind da, wer legt es denn trocken? Das ist ja nun mal die Mutter. Da stellt sich der erste Kontakt her. Es war auch ein Fehler seinerseits, daß er sich gleich wieder von dem Jungen abgewendet hat, wenn der nicht gleich ankam und seinen Papa umarmt hat.

Er mußte ja erst mal mitkriegen, die drei Figuren haben für mich was zu bedeuten. Es ist doch enorm schwierig gewesen für das Kind, das erst mal zu begreifen. Klar, manche Tage hat er ja seinen Vater auch nicht gesehen, wenn der auf Fernfahrt war und zwei Tage nicht nach Hause kam. Mich sah er täglich und auch die Constanze. Mit uns war er viele Stunden zusammen. Bis das dann eben zur Sprache kam... Seitdem der Norbert auch zu meinem Mann kommt, ist es doch alles wieder ein ganz anderes Familienleben geworden. Bei unserer großen Aussprache – da kam es deutlich zum Ausdruck, daß es eigentlich an dem zuerst so – wie sagt man? – gestörten Vater-Sohn-Verhältnis lag, weil Norbert meinen Mann so wenig beachtet hat. Und daß er ihn als Vater, wie sonst ein Sohn, eben gar nicht richtig akzeptiert hat. Aber das ist jetzt wirklich Vergangenheit – kann man sagen. Ich bin doch sehr froh, daß unsere Familie zusammenbleibt... Denn ich liebe ja meinen Mann.

Die Kinderpsychiatrie in unserem Stadtbezirk hat erst mal veranlaßt, daß Norbert von Frau D., der dortigen Pädagogin, ambulant gefördert wird, mit Hinweisen für zu Hause. Einmal in der Woche ging ich mit ihm hin. Das war eine wichtige Strecke. Dann haben sie den Jungen in der Fördertagesstätte V. vorgestellt, vor der Aufnahmekommission. Glücklicherweise hatten auch die dort Verständnis und waren bereit, den Norbert, wenn auch erst mal versuchsweise, in die Tagesstätte aufzunehmen. Eigentlich ist das ja keine Einrichtung speziell für gehörlose Kinder, sondern für „nur" geistig Behinderte. Aber unser Junge hat doch nun mal nicht nur ein Handicap! Da müssen wir doch auch irgendwo hingehören! Ich habe dann erlebt, daß die Erzieherinnen und auch die Kinder den Norbert sehr lieb aufgenommen haben. Er findet morgens sofort seinen Gruppenraum und setzt sich auf seinen Platz. Das ist für mich ein schönes mütterliches Gefühl, daß er da gerne hingeht. Er freut sich aber auch, wenn ich ihn abhole! Er springt dann gleich auf. An den ausgestellten Arbeiten sehe ich, daß der Norbert sehr, sehr schön mitmacht und daß er auch selbst mit Farbe und Papier umgeht. Natürlich braucht er dafür wohl ein bißchen Extraanleitung, aber Frau Sch. und Frau P. haben auch schon bemerkt, daß der Norbert in seinem Wesen eigentlich ganz ordentlich und genau ist... Er hat nicht gern schmutzige oder klebrige Finger, so daß er sich beim Essen oft nach jedem Bissen den Mund abwischt. Und wenn er sich ein Buch aus dem Schrank nimmt, dann sucht er sich genau die Stelle, wo er es rausgenommen hat, und da muß es wieder hin. Es muß genau so stehen, wie es gestanden hat. Oder... er hat so bestimmte Pullover, die er besonders gern anzieht. Wenn ich ihm dann früh einen rauslege, den er anziehen soll, und der gefällt ihm nicht, dann nimmt er den Pullover

und legt ihn auch wieder dahin, wo ich ihn hergenommen habe, und er guckt ganz genau. Wenn der unter zwei anderen Pullovern gelegen hatte, dann hebt er die beiden Pullover hoch und schiebt den nicht gewollten wieder rein und sucht sich dann den, den er gerne möchte, raus. Das sind wieder Sachen, wo ich ... wo wir eigentlich der Meinung sind, da muß er doch überlegen! Wenn er nun so sehr behindert ist, wäre ihm das doch alles egal, ob er einen grünen oder einen roten Pullover anzieht.
Es ist jedenfalls erfreulich, daß wir eine deutliche Weiterentwicklung sehen. Hoffentlich darf er in der Tagesstätte bleiben! Er kann jetzt schon alleine seine Stullen schmieren und – wenn er will! – auch den Familientisch decken.
Ich könnte ja jetzt auch wieder arbeiten gehen. Aber erst will ich mich mal besonders der Constanze widmen. Sie soll später nicht das Gefühl haben, daß sie zu kurz gekommen ist.
Was ich mir für die Zukunft wünsche? Daß in der Öffentlichkeit das Bewußtsein für die behinderten Mitglieder unserer Gesellschaft geweckt und gefördert wird. Die Leute müssen wissen, daß es keine Selbstverständlichkeit ... und auch kein persönliches Verdienst ist, gesund zu sein. Und daß es nicht reicht, denen, die chronisch krank oder behindert sind, nur materielle Dinge und Mitleid entgegenzubringen. Man müßte die Menschen wachrütteln ... Schaut euch mal um, wo könnt ihr helfen? Man müßte die richtige Einstellung auch schon in der Schule und im Kindergarten wecken. Kinder sind ja noch sehr gut zu begeistern! Damit sollte man wirklich anfangen. Wie viele gesellschaftliche Organisationen und Kommissionen – und es gibt ja nicht wenige! – haben sich noch nicht einmal mit dem Behindertenproblem beschäftigt! Schon eine gelegentliche Abendaufsicht könnte den Eltern eines behinderten Kindes sehr viel bedeuten. Es wird ja schon sehr viel getan. Es ist aber eben noch lange nicht genug, ich möchte sagen, vor allem ideell ... Und wer nicht selbst von diesem Schicksal betroffen ist, wie soll er von dem Problem erfahren?

Diagnose: *Rötelnembryopathie (Schädigung des Embryos durch eine Rötelnerkrankung der Mutter in der Frühschwangerschaft)*
Folgezustand:
– *schwere Hörschädigung: Gehörlosigkeit mit mangelndem Sprachverständnis und fehlendem Sprachvermögen*
– *Herzfehler*
– *Hirnschädigung mit schwerer geistiger Behinderung (ohne Schulbildungsfähigkeit) und Verhaltenslabilität*

Der Junge ist lebenspraktisch förderungsfähig, auch wenn dieser Prozeß durch die Mehrfachbehinderung kompliziert ist. Norbert besucht weiterhin die Fördertagesstätte.

1980 konnten die Eltern auch endlich eine gemeinsame Urlaubsreise erhalten, die ganze Familie war im Sommer in einem Ferienheim in landschaftlich schöner Gegend. Unser Gesundheits- und Sozialwesen hatte diese Möglichkeit – auch für andere Familien mit einem geschädigten Kind – organisiert.

Es ist zu hoffen, daß sich die Familienbeziehungen, insbesondere die Ehe der Eltern, zwischenzeitlich weiter stabilisiert haben.

Norberts Mutter ist jetzt auch wieder berufstätig.

Mirjam I

„Morbus Langdon-Down ... mongoloider Schwachsinn ... manchmal Idiotie ..." Das las die junge Krankenschwester in Fachbüchern. Sie hatte diese Stellen extra herausgesucht. Aber das konnte doch nicht möglich sein! Ihre niedliche, kleine Tochter wird als schwachsinnig oder gar als idiotisch bezeichnet? Was sind denn das für Ausdrücke? Und diese Ausdrücke sind sogar Diagnosen.
Sie brauchte einen Stuhl. Was kam da auf sie zu?

Mirjam I: 7 Jahre, Fördertagesstätte
Sie selbst: 27 Jahre Krankenschwester
Ihr Ehemann: 34 Jahre, Ingenieur

Lesen wir, was der Vater der kleinen Mirjam aus dem Leben der jungen Familie berichtet:

Ich war 26 Jahre alt, hatte Examen gemacht und kam nach Berlin zurück. Ein Studienkamerad heiratete, und ich war eingeladen. Auf der Hochzeitsfeier, da ist es dann auch bei mir passiert ..., da habe ich mich in Carola verliebt. Es kam eine schöne Zeit für uns. Sie wohnte mit ihren Eltern in R.; ich bin jedes Wochenende hingefahren. Wir wußten, daß es nicht nur Verliebtheit war, sondern daß wir zusammenbleiben. Ich habe mich sehr gefreut, als Carola mir sagte, daß ein Baby kommt. Wir haben geheiratet und glücklich unser Kind erwartet. Ihren Schwangerschaftsurlaub hat meine Frau bei mir in B. verlebt, bis vorm Weihnachtsfest, das haben wir bei ihren Eltern in R. verbracht. Sie ist dann dageblieben, wir wußten ja, daß die Entbindung bevorstand. Die Nachricht von der Geburt habe ich übers Telefon erhalten. War das eine Freude! Ich bin sofort nach R. gefahren. Natürlich wollte ich unsere Kleine auch sehen. Und als ich das Kind das erste Mal gesehen habe – meine Schwiegermutter war mit dabei –, da habe ich gesagt: Es hat doch irgendwie ein anderes Aussehen ... so wie ein kleiner Boxer. ... Später erfuhr ich, daß man es meiner Frau einen Tag nach der Geburt gesagt hat. Da hat sie erfahren, daß es ein Langdon-Down-Kind ist. Sie selber hat aber wohl auch nicht richtig gewußt, was das ist. Als ich dann wieder bei ihr am Wochenbett stand, war sie doch recht de-

primiert. Sie wußte wahrscheinlich auch noch nicht genau, warum. Carola hat mir erst mal nur Andeutungen gemacht. Dann kam Mirjam nach Hause. Wir haben sie zusammen abgeholt. Unsere erste Nacht zu dritt! Daran kann ich mich noch genau erinnern. Wir haben alle drei zusammen in einem Zimmer geschlafen. Und man ist in der ersten Nacht wahrscheinlich doch sehr aufgeregt. Wir haben öfter nachgesehen, ob sie überhaupt noch atmet. Es war für uns etwas Wunderschönes mit dem Kind. Auch in den nächsten Tagen hatte ich einen ganz prima Eindruck von der Kleinen. Mirjam war quicklebendig, ganz normal, und ich bin auch nicht irgendwie darauf gekommen, daß da etwas Anormales ist ... Es ging auch eine ganze Weile so unbeschwert weiter, und Mirjam war auch nicht irgendwie krank. Sie war die ganze Zeit mit meiner Frau in R., bis Carola dann eben mal sagte, daß es nicht nur die Gelbsucht war, sondern daß es auch ein genetisch geschädigtes Kind ist ..., eben ein Langdon-Down-Kind. Ich muß sagen, mir war das überhaupt kein Begriff. Das Kind lächelte und wirkte gar nicht so ... ja, überhaupt nicht krank ... oder irgendwie anders. Wir hatten das Wochenende wieder gemeinsam verbracht. Wir betrachteten unser schönes Baby auf dem Tisch und waren alle glücklich zusammen. Ich habe da nichts Unnormales gesehen und die ganze Familie nicht, keiner hat etwas gemerkt ... Ja, und sie ist eigentlich auch immer ein ruhiges Kind gewesen, hat nicht viel geschrien, keiner hatte Ärger mit ihr, sie war zufrieden und nahm gut zu. Aber meine Frau hatte sich belesen, was Langdon-Down eigentlich ist. Das, was sie in den Büchern fand, muß sie ganz schlimm bedrückt haben. Da steht was drin von „schwer schwachsinnig" und „Idioten", die diese Kinder sein sollen. Und das unsere Mirjam? – Ich dachte, die Bezeichnung „Idiot" gäbe es gar nicht als Diagnose, sondern nur als Schimpfwort. Was soll man bei dieser Bezeichnung eigentlich erwarten? Es war verständlich, daß meine Frau diese schlimmen Bücherweisheiten erst mal für sich behielt und uns nur erklärte, daß das Kind eine Entwicklungsstörung haben wird. Aber auch daran konnten wir nur schwer glauben. Vorher wußten wir auch gar nicht, daß es so was überhaupt gibt ... Langdon-Down. Es war ja auch im Prinzip für uns nichts hundertprozentig Bewiesenes, es war auch noch keine genetische Untersuchung gemacht worden. Vielleicht hatte man sich mit der Diagnose geirrt? Dann haben wir Überlegungen angestellt, ob es einen Sauerstoffmangel gegeben hatte, daß da vielleicht die Gehirnzellen gelitten haben; so etwas hatten wir schon mal gehört, daß dann die Kleine doch vielleicht in dieser Richtung behindert ist. Es war eigentlich alles nur Spekulation. Unsere niedliche Mirjam wirkte ganz normal, wenn auch die Augen ...
Ein paar Monate später bemerkten wir aber doch, daß sie nicht so rich-

tig stehen wollte, die ganze Krabbelstufe und auch das mit dem Hochrecken oder so, ja, da kam nichts. Ansonsten war aber alles weiterhin ganz friedlich. Mirjam blieb ein gesundes Kind, immer proper und zufrieden. Die Gewißheit, daß es doch ein behindertes Kind ist, kam erst allmählich. Man mußte es uns eigentlich erst geduldig einreden; wir haben immer gesagt: Na, das kann gar nicht sein, das ist übertrieben; da hat nun mal einer zum Anfang so was gesagt, und wer weiß es genau? Mir ist natürlich heute klar, daß Fachleute das an der Augenstellung und anderen Körperzeichen sofort sehen können. Aber wir doch nicht! Dann mit der Krippenzeit, da ging es eigentlich für uns erst richtig los; meine Frau wollte wieder arbeiten gehen. Im Zusammenhang mit der Tagesunterbringung wurde es für uns dann doch deutlich, daß Mirjam ein behindertes Kind ist. Man hatte uns gesagt, daß es für sie eine besondere Krippe gäbe, eine Tagesstätte für Behinderte, und daß für unsere Tochter dort der richtige Platz sei. Na ja, und mit der Fördertagesstätte war es dann eigentlich irgendwie klar, wir haben es dann angenommen und uns darauf eingestellt. Wir konnten jetzt auch vergleichen, dort waren ja auch andere geschädigte Kinder, und wir mußten uns erst mal auf die spezielle Langdon-Down-Art einstellen, so daß wir dafür einen Blick bekamen. Dann habe ich auch mal größere Langdon-Down-Kinder beobachtet und dabei festgestellt, daß sie gar nicht so sehr behindert sind. Ihr etwas anderes Aussehen und der schwere Gang, aber sie waren weder traurig noch leidend. Ich denke da an einen Jungen von damals, er war vielleicht 14 bis 15 Jahre, der ging ohne Eltern relativ selbständig auf der Straße spazieren, vielleicht auch einkaufen. Ich habe dadurch dann auch wieder einen positiven Blick für die Zukunft bekommen.

Ob wir ein zweites Kind planen? Ja, wieviel Kinder habe ich mir eigentlich früher gewünscht? Da muß ich ehrlich sagen: doch zwei. Denn ich hatte mich in meiner Kindheit immer nach einem größeren Bruder gesehnt, den hatte ich nicht. Ich hätte eben doch ganz gern einen Sohn, weil man doch als Vater sicher viel mit einem Sohn anfangen kann. Das Vater-Sohn-Verhältnis kann ich mir sehr gut vorstellen. Das hätte ich gerne nachgeholt aus meiner Kindheit ... Aber jetzt habe ich Bedenken, das ist etwas kompliziert. Bei Mirjam wurde eine genetische Untersuchung gemacht. Die Ärztin hat uns gefragt, ob wir ein weiteres Kind wünschen. Sie hat uns auch darüber aufgeklärt. Wenn wir ein weiteres Kind bekommen, daß das dann allerhöchstwahrscheinlich gesund sei. Bei Mirjam sei das nur ein Zufallstreffer gewesen. Außerdem könnte man vorher zur Sicherheit Fruchtwasser entnehmen und genau feststellen, ob es ein gesundes Kind ist. Aber wir möchten gar nicht neben Mirjam ein ganz normales Kind, das wir dann vielleicht lieber hätten, sondern wir möchten ganz zu Mirjam halten, so wie sie ist... Wir haben uns zugunsten Mirjams gesagt, wir möchten kein zweites Kind. Die Liebe zu beiden würde uns in Konflikte bringen. Meine jetzigen Gefühle zu ihr, zu meinem behinderten Kind, sind eigentlich so..., ich kann mir keine anderen vorstellen als bei einem normalen Kind. Ich liebe meine Tochter, wir beide lieben sie und freuen uns über jeden Fortschritt in ihrer Entwicklung, auch wenn nicht alles so schnell ist wie bei anderen Kindern. Aber wir sind begeistert von ihrem Charme. Ich kann nicht sagen, daß ich wegen Mirjam besonders deprimiert bin. Sie ist ja auch sehr angschmiegsam und liebebedürftig, das sind ja diese Kinder wahrscheinlich allgemein. Und ich bin auch derjenige, der ihr noch lieber ist, meine Frau ist etwas strenger als ich! Und wenn ich sie abhole, kann sie im Auto mitfahren, bei meiner Frau muß sie laufen. Das sind schon so Kleinigkeiten im Alltag, auf die sie reagiert! Jedenfalls, wenn ich sie abhole, springt sie freudig vom Tisch auf, das Spielzeug interessiert sie nicht mehr. Mein Vati! Mein Vati! Sie kommt angerannt, und dann fahren wir nach Hause. Sonntags kommt sie zu uns ins Bett, und auch in der Woche öfter. Es gab auch mal eine Phase, wo sie jede Nacht in unser Bett kam, sie legt sich in die Mitte und kuschelte sich bei uns ein. Wir sind jetzt gerade dabei, ihr anzugewöhnen, daß sie abends auch allein bleibt, wenn wir mal weggehen. Heute haben wir ihr auch erzählt, daß wir zu Ihnen kommen. Wir gehen nicht heimlich weg. Ich sehe da auch gar keinen Unterschied zu einem anderen Kind.

Enttäuschungen von anderen Menschen in bezug auf Mirjam haben wir eigentlich nicht erlebt. Alle Bekannten haben sich positiv auf sie eingestellt und freuen sich auch über ihre Entwicklung. Wir machen es auch so, daß wir sie mal bei Freunden abgeben, wenn wir wegfahren oder mal woanders feiern. Übers Wochenende oder auch länger können wir die Mirjam immer zur Oma geben, die freut sich dann sehr. Aber wir holen uns auch von Verwandten oder Bekannten mal die Kinder ins Haus, die dann bei uns spielen, essen und schlafen. Für Mirjam ist das alles ganz unkompliziert, und bisher hat jeder über sie gesagt, daß er sich ein lieberes Kind nicht vorstellen könne. Sie ist überhaupt nicht schwer erziehbar. Sie benimmt sich anständig am Tisch, sie ißt zwar manchmal etwas unsauber, aber was macht das schon. Sie ist so ein richtig liebes Kind und so natürlich. Wenn jemand zu Besuch kommt, dann ist sie so begeistert. Ach, der Peter! oder so. Eben sehr kontaktfreudig. Mirjam kann auch ganz gut sprechen, wenn auch nicht mit richtiger Grammatik. Wir selbst verstehen es vielleicht besser als andere. Zu Hause plappert sie eigentlich unermüdlich, zum Teil macht sie Sprechspiele mit verteilten Rollen.

Den Wechsel in die andere Fördertagesstätte – durch unseren Umzug bedingt – hat sie völlig unproblematisch verkraftet.

Was wissen meine Kollegen über behinderte Kinder, über diese Kinder allgemein ...? Die unmittelbaren Kollegen von mir wissen über Mirjam Bescheid, mit einigen, zu denen ich engeren Kontakt habe, spreche ich darüber. Und mein Vorgesetzter, dessen Bruder hat auch ein behindertes Kind, so daß da auch viel Verständnis ist. Es gibt ja auch zeitliche Probleme, z. B. wenn meine Frau im Spätdienst ist, so daß ich Mirjam dann – wie auch sonst oft – abhole und mit ihr den ganzen Abend gestalte. Wenn meine Frau später heimkommt, ist alles schon geschehen, so daß Carola ein ganz normales Berufsleben hat – wie jede andere Mutter. Dafür habe ich das Verständnis meiner Kollegen. Aber ich glaube doch, daß die Menschen im Prinzip über solche Entwicklungsstörungen nicht ausreichend informiert sind. Man müßte doch mehr an die Allgemeinheit herantragen. Ich meine in Zeitschriften und so. Es genügt da auch nicht ein Artikel, immer wieder muß etwas kommen.

Unsere Hausgemeinschaft? Wir wohnen in einem Hochhaus, da hat man relativ wenig Kontakt. Wenn wir im Fahrstuhl fahren und es sind mehrere Leute drin, sind wir nicht sicher, daß die anderen überhaupt merken, daß Mirjam ein behindertes Kind ist. Zum Teil vielleicht ja ..., ich meine, wenn man ganz genau guckt! Ja, man guckt, wie der guckt, und ist gespannt, wie nehmen die anderen das auf ... Frech ist sie eigentlich nicht. Ich sage ihr aber öfter, daß sie aufpassen muß, daß sie nicht mal von anderen Kindern eine gelangt kriegt, weil sie gerne alle irgendwie anspricht und sich einmischt. Zu fremden Erwachsenen verhält sie sich immer sehr höflich. Sie ist bestimmt als sehr freundliches Kind bekannt, sie grüßt immer alle und sagt Guten Tag. Jeder, der die Treppe hochkommt, wird begrüßt. Sicherlich wundern sich alle, daß es solche höflichen Kinder gibt. Sie ist die Freundlichkeit in Person. Wir haben ihr jetzt auch ein Fahrrad mit Stützrädern gekauft, voriges Jahr schon. Im Sommer sind wir viel draußen im Garten, das ist günstiger, weil man dort nicht so eingeengt ist. Dort sind auch Kinder, die sie kennt und die dann auch mal rüberkommen und mit ihr spielen. Wir machen auch jedes Jahr eine gemeinsame Urlaubsreise. Das Restaurantessen mit Mirjam klappt sehr gut.

Durch die Tagesstätte haben wir auch andere Eltern mit behinderten Kindern kennengelernt, die haben zum Teil doch größere Sorgen als wir. Ich bin ja auch im Elternaktiv tätig. Da hört man viel ... Ich denke da an eine Familie, da hat das behinderte Kind schwere Verhaltensstörungen. Da gibt es doch eher Auswirkungen auf die Partnerschaft und die allgemeine Familiensituation. Unsere Ehe wird durch Mirjam

nicht gestört, im Gegenteil! Denn wenn wir mal einen Streit haben, dann kommen wir da wahrscheinlich eher heraus, weil sich wohl jeder von uns sagt: Wo wäre ein anderer Partner, der für dieses Kind wieder soviel Verständnis zeigt? Weil wir ja wissen, das ist unser Kind ... unser gemeinsames Kind ... unser behindertes Kind ...!
Eins ist vielleicht noch interessant: ein Schritt, den wir damals bei der genetischen Untersuchung nicht gemacht haben. Als man uns fragte, ob weiter untersucht werden soll, vielleicht kann man feststellen, ob einer von uns beiden den Langdon-Down-Erbfaktor hat, da sagten wir „nein". Wir wollten nicht, daß vielleicht einmal in einem Streit es der eine dem anderen vorhält ... auch wenn es gar keine Schuldfrage ist. Wir wollten es nicht wissen.
Für Mirjams Zukunft wünsche ich mir, daß sie noch weitere Fortschritte macht, auch wenn sie nicht lesen und schreiben lernen kann. Natürlich in der Hoffnung, daß sie später trotzdem tätig sein kann, irgendeine Arbeit, nichts Großes, aber so, daß sie ein kleines, aber sinnvolles Leben in einer guten Gemeinschaft hat. Und so muß es eine Forderung an die Gesellschaft sein, dafür Sorge zu tragen, daß es für später ausreichende geschützte Wohn- und Werkstätten gibt. Und dann nicht auf dem Gelände einer Nervenklinik, sondern im echten Sinne eingegliedert in unsere Gesellschaft, wie auch andere Betriebe und Wohnheime.
Die Eltern behinderter Kinder sollten ohne Zukunftsangst alt werden können. Das müßte eigentlich unserem Bürgermeister und auch den Abgeordneten so richtig klar sein.

Diagnose: *Langdon-Down-Syndrom als chromosomal-genetisch bedingte Entwicklungsstörung mit geistiger Behinderung.*
Nähere Einzelheiten über diese Kinder sind in dem allgemeinen Teil dieses Buches nachzulesen, in dem ein Kapitel über Langdon-Down-Kinder enthalten ist (2.4.1).

Der Erlebnisbericht dieses Vaters erscheint aus mancher Sicht wichtig für andere Eltern, die ein kleines Langdon-Down-Kind haben und evtl. in ihrer Umgebung nur negative Hinweise auf alle Fragen ihres zukünftig gemeinsamen Lebens mit einem solchen Kind erhalten.
Gerade die speziellen Vorurteile gegenüber Langdon-Down-Kindern sind noch sehr verbreitet. Sie reichen bis in unsere Gegenwartsliteratur hinein.
Die von dem Vater geäußerten Bedenken bezüglich der Familienpla-

*nung (ein zweites Kind?) sind objektiv nicht zu unterstützen. Bei einer Schwangerschaft könnte durch eine Fruchtwasseruntersuchung rechtzeitig eine Diagnose gestellt werden. Weiterhin scheinen bei den Eltern Mißverständnisse nach der genetischen Beratung vorzuliegen.
Bei den meisten Langdon-Down-Kindern ist die abnorme Genkonstellation durch einen „Zufallstreffer" bei der Zeugung (wie es der Vater auch bezeichnet) zustande gekommen, so daß mit sehr hoher Wahrscheinlichkeit die weiteren Geschwister keine Langdon-Down-Kinder sind. Diese Bedingung ist auch bei Mirjams Eltern anzunehmen (2.4.1). Ich möchte die sehr verständlichen und berechtigten Zukunftsgedanken des Vaters besonders hervorheben und hierzu auf S. 160 verweisen. Insgesamt geht aber wohl deutlich aus dem Bericht des Vaters hervor, daß die jungen Eltern auch mit ihrem Langdon-Down-Kind eine glückliche Familie sind.*

Manuela

„Sagen Sie mal, sind Sie die Mutter? Das ist ja furchtbar mit dem Kind!" – Dieser Satz zerstörte mir den ganzen Nachmittag. Und dabei waren wir beide so guter Stimmung gewesen, Manuela in ihrem neuen Rollstuhl zusammen mit mir auf der Wiese... Sie können es wohl verstehen, daß ich gegenüber solchen aufdringlich-taktlosen Menschen eine heftige Abneigung entwickelt habe.

Manuela: 17 Jahre, zur Zeit Krankenpflegeheim B.
Mutter: 38 Jahre, Filmkopier-Facharbeiter und Industriekaufmann, geschieden

Frau R. berichtet:

Schon in meiner Kindheit wußte ich: Wenn ich später Kinder habe, ich werde sie lieben und immer für sie da sein. Ich habe eigentlich doch darunter gelitten, daß ich keine Geschwister hatte. Als kleines Mädchen wünschte ich mir zu Weihnachten einen Bruder oder eine Schwester. Aber meine Eltern waren wohl zu materiell eingestellt. Meine Mutter hing sehr an Vater, aber er war ein Lebemann und hielt viel von seiner „Freiheit". Mutter hatte natürlich Kummer deswegen. Und darum hatte sie wohl auch für mich nicht die Gefühle, die ich eigentlich erwartete. Ich wurde formal in allem gut versorgt, aber seelisch fehlte mir oft die richtige Wärme. Vielleicht ist es auch kein Zufall, daß ich mich relativ früh an meinen Mann gebunden habe.
Ich bemerkte Anfang des zweiten Monats, daß ich schwanger war. Da waren wir noch nicht verheiratet. Da war erst mal nur die Angst, wie bringe ich es meinen Eltern bei. Aber der Gedanke, da irgend etwas zu unternehmen, das Kind wegbringen zu lassen, den hatte ich nicht. Ich war nur etwas ungnädig wegen des Zeitpunktes. Es war mir einfach zwei Jahre zu früh, zumal ich vorher sehr schwer krank war. Ich liebte das Kind aber schon, als ich seine Bewegungen in mir noch gar nicht spürte. Und wenn ich jetzt zurückdenke: Die Schwangerschaft war eigentlich die Zeit, in der wir am schönsten zusammengelebt haben. Denn als die Fragen hinsichtlich der Eltern beiderseits geklärt waren und wir dann auch ein gemeinsames Zimmer hatten, waren ja die Last

und die Angst von uns genommen, und wir konnten uns gemeinsam auf das Kind freuen. Aber so im fünften Monat machte mich der Test etwas unruhig.

Man hatte mir gesagt, nicht in den Büchern rumkramen, was ja so meine Art ist, immer irgendwo suchen, wo finde ich was... Ich mußte zur Blutuntersuchung, und da hatte ich Angst.

Aber dann war die Geburt selbst ganz unkompliziert, keine Probleme – jedenfalls habe ich es so erlebt. Manuela war nach der Geburt auch nicht besonders gelb. Ich habe mich unendlich über mein Kind gefreut. Manuela war ein sehr niedliches Baby! Und dann – in der 13. Lebenswoche fing sie an zu krampfen; die ersten Anzeichen! Bis zu elf Anfälle am Tag. Ich brachte sie dann zum Kinderkrankenhaus, und da haben sie mich mit Fieberkrämpfen vertröstet. Mein Mann war auch sehr besorgt.

Nach sechs Wochen kam die Kleine das erste Mal aus dem Krankenhaus, und da sah ich, daß es keine harmlosen Krämpfe waren: Ich habe das wohl mehr gefühlt als gesehen. Ich dachte, die Krämpfe müssen doch irgendwie vom Gehirn ausgehen... Sie bekam auch solche Medikamente. Und dann bekam ich im Krankenhaus entgegengeschmettert, daß es eine Hirnschädigung ist, daß das Kind keine normale Entwicklung haben wird... Mit fünfeinhalb Monaten ist bei Manuela also ein Hirnschaden festgestellt worden. Dahinter stehen aber auch meine Aktivitäten. Ich habe keine Ruhe gelassen und war mitunter bis zu dreimal am Tage im Krankenhaus.

Welche Gedanken und Gefühle hatte ich damals nach dieser ersten Information? Zu Hause habe ich so etwas wie einen Nervenzusammenbruch bekommen. Und dann stand ich oft vor dem Bett und starrte auf das krampfende Kind und habe das Empfinden gehabt, nein, so was willste nicht, das kann doch nicht so bleiben, du bist ja so hilflos, was kann man denn bloß tun, um das abzuändern, wie soll das weitergehen?! Wird es nur bei den Krämpfen bleiben? Ich habe ja gar keine Vorstellung gehabt, in welchem Umfang Hirnschäden auftreten können. Auch im Krankenhaus konnte man mir keine genaue Auskunft geben, wie umfangreich die Hirnschädigung für später sein würde, es war noch viel zu früh, um Festlegungen für die Zukunft zu treffen. Meine Fragen waren ja auch so attackierend für die Ärzte, sie hatten zu tun, mich selbst zu beruhigen, ich war äußerst aufgeregt und brauchte selber Medikamente.

Meine Konzentration galt jetzt ganz dem Kind, und da habe ich mich in allererster Linie auf meine Mutterrolle gestürzt. Da wurde auch am liebsten alles steril gehalten, sauber und blitzblank. Bei den Ärzten hatte ich aufgeschnappt, „fragliche Toxoplasmose". Natürlich sammelten sich die Bücher bei mir. Toxoplasmose steht unter „Seuchen", und gegen Seuchen muß alles saubergehalten werden. Es war, als ob ich durch das viele Waschen und Putzen die Krankheit meines Kindes aufhalten wollte. Vielleicht war es auch eine Beschäftigungstherapie gegen meinen Kummer. Jedenfalls war Manuela immer wie aus dem Ei gepellt. Ich habe aber wohl keine Ruhe ausgestrahlt, war immer unruhig, hatte Schlafstörungen, und dann die vielen Tränen... Mein Mann war wohl auch eifersüchtig, daß ich mich so viel mit dem Kind beschäftigt habe. Aber zum Anfang noch nicht. Da hielt er es auch für erforderlich. Es war sogar so, wenn ich die Flasche machte, stand er daneben und fing selber an zu rühren und zu kochen. Er hat das Badewasser ausgeschippt und Windeln aufgehängt. Es war für uns beide eben ein großes Ereignis, daß wir ein Kind hatten, wir hatten uns ja auch mächtig darauf gefreut. Zu dem Zeitpunkt war doch auch noch gar nichts Anomales zu sehen. Manuela hatte doch keine Merkmale wie ein Mongo-Kind. Nur eben die Krämpfe. Und die spitzen Schreie, die haben uns nachts geweckt. Die Sorge um die Zukunft war wohl auch schon da, aber alles noch so dumpf im Hintergrund. Ich war anfangs so naiv und habe geglaubt: Vielleicht kann man alles noch heilen. Vielleicht kann man die Hirnschädigung wegoperieren. Ich habe jede Möglichkeit in Erwägung gezogen und mir dann auch vorgestellt: Du mußt Hoffnung haben, daß man Manuela helfen kann, damit du deine Kraft erhältst, um den täglichen Aufgaben gerecht zu werden. Ich kriegte auch eine regelrechte Strickphase. In jeden Pullover, jede Hose, jede Jacke habe ich ein bißchen Hoffnung mit hineingestrickt. Ich war dann auch fast alle Tage mit dem Kind unterwegs. Es gab keine Einrichtung, die ich nicht aufsuchte und wo ich nicht mindestens bis zum Chefarzt vorgedrungen bin, um Manuela vorzustellen und um Hilfe zu bitten. Schon da merkte ich sehr unterschiedliche Verhaltensweisen bei den Ärzten, die ja mitunter auch verletzend sein konnten. In einem Krankenhaus erlebte ich zum Beispiel mal eine Ärztin, die sagte mit einem Blick auf meine zehn Monate alter Tochter: Daraus wird nichts! Das war hart! Was denken Sie, was ich darauf geantwortet habe?: Ihr Doktortitel und Ihr Einsatz hier beweisen, daß Sie über einen gewissen Intelligenzgrad verfügen, aber der Schöpfer Ihrer Talente scheint das Taktgefühl vergessen zu haben! Ich nahm mein Kind und ging raus. Bei einem anderen Arzt hatte ich das Gefühl, daß er alles sah, was das Kind angeht; aber hatte er auch Verständnis für mich als Mutter? Und dann das Autoritäre in der Medizin! Ich fühlte mich manchmal abgekanzelt! Sie müssen das so machen, und Sie müssen das so machen... Und typisch, wie ich bin, reagiere ich darauf gar nicht. Das einzige, was ich muß, ist sterben. Und dieser Arzt da hatte eine falsche Einstellung zu mir und vergaß, daß der Patient „Familie" heißt. So habe ich es einmal gelesen, und das gefiel mir so gut. Nicht nur Manuela, auch mir ging es immer schlechter. Von dem Augenblick an, wo feststand – und man es auch sah –, daß sie im Bettchen nicht sitzen und nicht stehen konnte wie andere Kinder, kamen von meinem Mann dann schon böse Bemerkungen. Er war verbittert, und er hat vielleicht seine Gefühle nicht richtig zum Ausdruck gebracht, er war nach außen hin so aggressiv, und ich hatte damals auch noch nicht die Reife, um etwas abzufangen. Aus der heutigen Sicht ist das schon anders, ich würde das vielleicht doch ausgleichen können. Aber zur damaligen Zeit – ich war selber so weit unten –, da war von Ausgleich gar keine Rede. Meine ganze Konzentration galt nur dem Kind. Ich kam nur meinen mütterlichen und häuslichen Verpflichtungen nach, und der Mann – das war für mich damals selbstverständlich – mußte in den Hintergrund treten. Er war ein gesunder Mensch, und er konnte sich sein Essen auch mal alleine auftun, aber Manuela mußte doch gefüttert werden. Heutzutage würde ich das anders aussteuern, die Zeit bewußter planen, um auch Freizeit zu schaffen für uns als Mann und Frau, damit gemeinsame Gespräche stattfinden können und anderes, was schön und wichtig ist. Es dominierte meine Überfürsorge für das Kind, die alles überdeckte, so daß mein Mann sich wahrscheinlich einsam vorkam. Die Familie war keine Einheit. So hat er dann seine Wege nach draußen gesucht. Damit möchte ich nicht alles für ihn entschuldigen. Ich will nur zum Ausdruck bringen, daß ich selbst nicht fehlerfrei war. Das kann man ja wohl auch nicht erwarten. Mit 22, 23 Jahren, wer ist denn da ganz fertig? Da sind die meisten wohl noch unerfahren in Fragen der Partnerschaft. Und bei dieser hohen seelischen Belastung mit der schwierigen Alltagsbewältigung, wer macht da keine Fehler? So haben wir mehr oder weniger nebeneinander gelebt. Wir hätten dringend Hilfe von draußen gebraucht, jemand, der uns unterstützt hätte, der weiß, daß der Patient „Familie" heißt. Und das ist nicht nur das Kind, das sind auch Mutter und Vater. Als wir dann später in die Elterngruppe kamen, da war schon alles kaputt. Wir hatten uns immer weiter auseinandergelebt. Unsere Gespräche waren nur noch Auseinandersetzungen. Die gab es auch, wenn es um den Urlaub ging oder am Wochenende. Die Kollegen (er hatte ja Kollegen!) sagten: Zum Wochenende machen wir mal mit der Familie eine Dampferfahrt, wir nehmen alle unsere Kinder mit. Wir blieben zu Hause mit unseren bitteren Gesichtern und dem krampfenden Kind... Es kam immer öfter vor, daß ich mit dem Kinderwagen allein unterwegs war und er irgendwelche Arbeiten machte und sich regelrecht darin vergrub. Sicherlich hat er da aber auch seine Gefühle untergebracht und

versucht, sich abzulenken, denn er war ja kein durch und durch schlechter Mensch; er war lediglich dieser Aufgabe, dieser Lebensprüfung nicht gewachsen. Er war kein Säufer, er hatte keine anderen Frauen (kann ja auch vorkommen, nicht?). Später..., aber zum damaligen Zeitpunkt war das nicht.
Mit zweieinhalb Jahren lernte Manuela eine wichtige Sache. Frau Dr. B. entschied eines Tages, daß Manuela in die Klinik auf die Station für entwicklungsgeschädigte Kinder kommt. Es war doch sehr schwerwiegend, daß sie noch keine körperlichen Reaktionen zeigte, z.B. sitzen, sich aufrichten und so. Jedenfalls hat Manuela hier sitzen gelernt. Als wir nach Hause kamen, war mein Gedanke: Wie kann ich das fortsetzen? Hier ist doch jetzt eine Basis geschaffen, um durch das Sitzen den Gesichtskreis der Kleinen zu erweitern. Ich habe dann versucht, sie mit Lockmitteln zu neuen Fortschritten anzuregen, und etwas zu machen, daß sie wenigstens anfing, allein den Kopf zu heben. Und eines Tages ging es! Manuela nahm die Hände, griff in die Stäbe vom Kinderbett und zog sich hoch! Das war für mich eine große Freude und ein echtes Erfolgserlebnis. Ich hatte da weitergemacht, wo die Klinik die Basis geschaffen hatte. Das hatte wirklich geklappt: Manuela saß auf der Treppe, Manuela saß überall, wo es ihr gefiel: auf dem Fußboden, vor dem Radio, wo es lautstark rausquoll, daß ich es kaum noch aushalten konnte, aber sie hatte es gern. Sie legte sich hin, und ich fing wieder an, sie hochzulocken, und sie richtete sich wieder auf. Jetzt sah ich eine Entwicklung. Ich freute mich darüber. Aber mein Mann? – Wegen der Rückgratverkrümmung schlief Manuela nachts auf dem Schedebrett, das ihr die Orthopäden verordnet hatten. Das Füttern dauerte manchmal zwei Stunden, auch das Turnen kostet Zeit und Kraft. Aber ich machte alles gern, sah ich jetzt doch eine Entwicklung. Hans kam für sechs Monate zur Armee, als Manuela etwa zwei Jahre alt war. An den Wochenenden fuhr er meist mit dem Motorroller zu uns nach Hause. Manuela hatte wieder irgendwas Neues gelernt. Sie hatte bewußt die Klapper in die Hand genommen oder so. Und ich wollte ihm das zeigen. Da schlug er die Tür vors Kinderbett und sagte: Ich will die gar nicht sehen. Dann ging es weiter: Das blöde Kind... es ist ja aber auch dein Kind...! Und ich: Beschimpfst du Manuela, dann beschimpfst du auch mich! Mit zweieinhalb Jahren, als sie dann saß, war er wieder ganz zu Hause. Er zeigte keine Freude, daß ich Manuela nun zum selbständigen Sitzen gebracht hatte. Für ihn war sie eben kein vollwertiges Kind. Ob das nicht vor allem auch an seiner Erziehung lag? Mir fiel jetzt eine Begebenheit von früher ein, da waren wir Ostern bei meinen Schwiegereltern. Das Kind krampfte, und mein Mann kümmerte sich damals sehr nett um die Kleine. Sein Vater sagte

jedoch zu ihm: Also Junge, wenn es bei mir nicht geklappt hätte mit den Kindern, ich hätte meine Frau vom Hof gejagt! Ich war verletzt, aber noch kam ich darüber hinweg, vielleicht hatte ich diesen schlimmen Satz auch nur verdrängt. Als Maunela drei Jahre alt war, sind wir umgezogen, so daß wir unten die große Wohnung im Hause meiner Schwiegereltern hatten. Damit hatte ich mich selber ausgeliefert. Die Einstellung von damals kam jetzt immer wieder durch. Und so schlimm lief es dann auch weiter. Manuela, die im Krampfanfall manchmal aus ihrem Schaukelstuhl herausfiel, blieb einfach auf den Platten liegen, da kümmerte sich mein Schwiegervater nicht drum, auch wenn sie sich was aufgeschlagen hatte oder aus der Nase blutete. Er ging daran vorbei, ohne jede Reaktion. Er rief mich auch nicht. Erst wenn ich aus dem Haus kam, sah ich alles. Daß ich diesen Mann gehaßt habe, war ganz erklärlich. Es gab viel Streit. Ich hörte nun oft: Mein Sohn! Dein Ernährer! Aber ich konnte doch wegen des Kindes nicht arbeiten gehen! Dann habe ich mir gesagt: Wo keine Rede ist, ist auch keine Widerrede. Ich habe meine Schwiegereltern nicht mehr begrüßt, ich habe sie nicht mehr gesehen. Sie haben für mich nicht mehr existiert. Natürlich wurde mir ständig vorgehalten, daß ich in ihrem Hause lebe. Und dann diese Enkelin! Ein Satz von meinem Schwiegervater: Mein Sohn, der hat doch überhaupt keine Kinder. Manuela – das ist dein Kind. Was soll denn mein Sohn mit so einem Kind? Der Einfluß meiner Schwiegereltern auf meinen Mann war sicher sehr erheblich. Wir haben uns immer heftiger gestritten... bis es zu Schlägereien kam. Mein Mann hat Manuela und auch mich allmählich gehaßt. Er ging einmal auf sie los, ich mußte mich mit meinem Körper vor sie stellen und sie verteidigen. Funkwagen im Haus, objektiv versuchter Totschlag, war alles mit drin. Ich habe danach aber später ausgesagt, es war ein Unfall...
In der Zeit nach diesem Ereignis kam für mich der absolute Leidensweg. Das Kind war inzwischen so fünf bis sechs Jahre alt, es zeigten sich kaum noch irgendwelche nennenswerten Entwicklungsfortschritte. Manuela hat nie Sprechen und Laufen gelernt, sie wurde ein „Pflegefall". Aber sie hat ein Talent: Mit ihrem Gesicht, mit ihrer Mimik kann sie zum Ausdruck bringen, was sie möchte, und da ich ablesen wollte und sehr um sie bemüht war, kriegte ich das mit. Ich wußte das ganz genau. Dieser Kontakt war es, der mich am meisten an Manuela berührte. Das war es wohl auch, was sie mir vor allem so sympathisch machte. Ich habe sie immer mehr liebgewonnen. Ihr liebes, anschmiegsames Wesen wirkte stark auf mich. Dieses schwache Geschöpf muß man doch vor jedem verteidigen!
Auch als Manuela mal in einer Ärztefortbildung vorgezeigt werden

sollte. Ich war gar nicht darauf vorbereitet worden. Irgendwelche Kommandotöne flogen da um mich rum, der Herr Chefarzt mit seinem Stab, der machte dann den Erhabenen und gab Anweisungen, weil es ihm nicht schnell genug ging, als die Schwestern mein Kind auszogen. Aber bitte nur mit meiner Genehmigung!, sagte ich dann zu ihm, er möchte sich einen kleinen Augenblick gedulden... Ja, das kriegte er zurück; der guckte mich dann ganz erstaunt an, was mir einfällt und so. Gibt es in allen Ländern noch so autoritäre Ärzte?
In der Familie lebte ich mit Manuela wie auf einer einsamen Insel. Auch die Erotik war in unserer Ehe allmählich eingefroren. An zwei Episoden erinnere ich mich in denen meine Isoliertheit mal durchbrochen worden war:
Einmal war Manuela für fünf Monate in der Tagesklinik H. Es sollte festgestellt werden, ob sie ein förderungsfähiges Kind ist. In dieser Zeit hatte ich eine Arbeit aufgenommen. Das war ein ganz neues Lebensgefühl! Da waren Menschen um mich herum mit all ihren Problemen. Ich saugte alles auf. Mir war, als wäre ich in einen erfrischenden Strudel verschiedener Erlebnisse hineingekommen. Das können die meisten wahrscheinlich gar nicht verstehen, weil es doch nichts Besonderes war. Aber für mich war es ein kurzes Aufblühen. Doch leider war diese Zeit bald vorbei, denn Manueal wurde als „nicht förderungsfähiges Kind" aus der Tagesklink entlassen. So begann wieder zu Hause der alte Trott. Trotzdem hatte ich das sichere Gefühl: Und wenn sie noch ein paar Schädigungen hinzubekommt, ich liebe sie. Neben der anstrengenden Pflege versuchte ich weiter, ihre Entwicklung durch alle möglichen Kontakte und Tricks zu aktivieren. Nur nichts unterlassen, nur nichts versäumen! – damit ich mir später einmal keine Vorwürfe machen muß. Sicher habe ich das Kind aus dieser an sich wohlgemeinten Haltung heraus aber teilweise auch überfordert. Einmal waren mein Mann und ich doch noch gemeinsam in einen Urlaub gefahren. Ich hatte in der Elterngruppe in K. von meinem Alltag und von meinem Leben erzählt, auch, daß ich lange keinen Urlaub hatte. Meine Schwiegereltern hätten doch das Kind nicht betreut. Da kam es zu einer schönen Solidarität von zwei Familien, die auch ein behindertes Kind hatten. Jede der anderen Mütter hat Manuela für eine Woche betreut, so konnten wir 14 Tage verreisen. Unterwegs bekam ich manchmal Gewissensbisse, denn die beiden Familien hatten doch auch ihre eigenen Sorgen und selbst viel Arbeit. Eine solche hilfsbereite Haltung kann man gar nicht gutmachen und auch gar nicht hoch genug werten. Aber ich glaube, die Menschen wollten auch gar nicht den üblichen Dank, sie hatten mich wohl am allerbesten verstanden.

Zu Hause ging es mir wieder sehr schlecht. Körperlich war ich überfordert und seelisch vereinsamt. Und dann diese Abhängigkeit von meinem Mann und indirekt ja auch von seinen Eltern! Ich fühlte mich fast täglich gedemütigt. Ein Glück, daß es wenigstens den netten Nachbarn gab! Sehr häufig habe ich Weglaufwünsche gehabt. Aber wohin sollte ich mit meinem kranken Kind? Ich wußte es nicht. Und so habe ich wieder alles geschluckt und verbittert meine tägliche Arbeit verrichtet. Als ich total erschöpft und hoffnungslos war, hat unsere betreuende Fachärztin Manuela in das Pflegeheim in B. eingewiesen, was ja nicht leicht ist. Seltsam, was ich danach für zwiespältige Gefühle hatte! Einerseits fühlte ich mich jetzt aus der Abhängigkeit von meinem Mann befreit (ich konnte ja jetzt wieder arbeiten gehen!); andererseits war da eine schmerzhafte Leere in mir, als hätte ich mein Kind verloren, als wäre es mir weggenommen worden... Mir ging es also nicht sofort gut! Trotz der Trennung von Manuela empfand ich deutlich, daß wir doch immer eine Einheit bleiben würden, in meinen Gedanken würde ich mich nie von ihr trennen. Und andere Menschen taten in der Pflege jetzt das für sie, was mir auf die Dauer so schwer gefallen war! Ich wußte: Ich werde regelmäßig bei ihr sein. Und so habe ich es auch gehalten. Baden, Haarpflege, Nägelschneiden – das habe ich weiter als meine Arbeit, meine Liebe für mein Kind angesehen. Ich nehme auch die schmutzige Wäsche mit nach Hause. Die Schwestern verlassen sich auch auf meine regelmäßige Mithilfe. Sie haben es ja schwer genug. Ich meine auch, daß man nicht sein eigenes Problem, seine eigene Last ganz und ausschließlich auf andere übertragen darf – das halte ich für unmoralisch.
Doch mal zurück mit den Gedanken. Nachdem ich meinen neuen Status so richtig begriffen hatte, leitete ich zwei für mein weiteres Leben sehr wichtige Dinge ein. Ich beantragte die Ehescheidung und wurde berufstätig. Das Wohnungsproblem war ja viel komplizierter. Ich suchte ja auch nicht nur ein Zimmer, denn teilweise wollte ich Manuela doch an den Wochenenden zu mir holen. So lebte ich also noch eine ganze Weile mit in unserer ehemaligen ehelichen Wohnung. Das war kompliziert, aber alle Beleidigungen trafen mich jetzt nicht mehr, ich sah ja jetzt für mein eigenes Leben eine Hoffnung und eine Zukunft. Mein Mann hatte dann eine Freundin mit Kind. Einmal hörte ich, wie er zu ihr sagte (er sprach extra so laut, daß ich es hören sollte): Ja, du bist wenigstens in der Lage, gesunde Kinder zu kriegen! Doch dieser Pfeil ging an mir vorbei, ich war ja nun nicht mehr abhängig von ihm.
Jetzt geht es mir eigentlich recht gut. Meine Arbeit macht mir Spaß. Ich habe mir meine eigene Wohnung hübsch eingerichtet. Mit Ma-

nuela bin ich regelmäßig zusammen. 17 Jahre ist sie jetzt.
Noch ein Gedanke zum Pflegeheim:
Manuela unterscheidet die Schwestern ganz genau, auch nach persönlichen Sympathien, da hat sie ganz feine Antennen. Sie spürt deutlich, wer es gut mit ihr meint. Sie reagiert ganz unterschiedlich auf die Menschen, die an ihr Bett kommen. Um sie herum sind alte Leute. Aber ich glaube, so ein junger Mensch dazwischen, das ist gar nicht so verkehrt. Die Anfälle treten jetzt nur noch selten auf, und Manuela kann sogar ein bißchen – wenn auch sehr behindert – gehen. Sprechen kann sie nicht, jedenfalls nicht mit dem Mund, aber dafür mit ihren Augen! Sie soll das sichere Gefühl haben, daß ich sie nicht verlasse, daß ich immer wiederkomme. Ich habe immer meinen Kittel auf der Station. Manchmal fahre ich sie mit ihrem Rollstuhl aus. Ich fühle bei unserem Zusammensein eine ganz harmonische Gemeinsamkeit. Schlimm, wenn dieses Empfinden dann durch aufdringlich-taktlose Menschen gestört wird. Es war an einem Sonntagnachmittag auf einer Wiese, als diese fürchterliche Frage an mich gestellt wurde: Sagen Sie mal, sind Sie die Mutter? Das ist ja furchtbar mit dem Kind! Diese Art von Mitleid macht mich manchmal ganz aggressiv. Und dabei habe ich jetzt eigentlich all das Bittere von früher einigermaßen verdaut. Ich kann auch jedem Menschen ruhig in die Augen sehen und ihm geduldig erklären, wie schwer meine Tochter behindert ist. Nur wenn dann so ein schwülstiges Mitleid kommt, das ist dann schwer. Es kann so wirken, als wenn ich dadurch eine Stufe tiefer gestellt werde.
Aber es gibt ja nicht nur negative Reaktionen! Von meinen früheren Nachbarn hatte ich z. B. echtes Verständnis und viele konkrete Hilfen erfahren. Zurückblickend kann ich doch – alles in allem – sagen, daß ich mein Schicksal angenommen habe. Ich habe mich auf das, was notwendig ist, eingestellt. Ich meine sogar, daß – wenn man all das Leid richtig verarbeitet hat – dadurch eine echte Reifungschance gegeben ist. Und der Wert eines Menschen... dazu gehören ja wohl nicht nur die großen sichtbaren Leistungen in der Arbeit, sondern doch auch, wie er die ganz persönlichen Lebensprüfungen besteht. Und diese sind nicht immer nach außen sichtbar. Sie werden im allgemeinen auch nicht ausgezeichnet.

Diagnose: *Pränatale (während der Schwangerschaft) Toxoplasmose-Schädigung des Gehirns*
Folgezustand:
- *cerebrale Krampfanfälle (Epilepsie),*
- *Körperbehinderung durch cerebrale Bewegungsstörungen (Spastik) und eine*
- *schwere geistige Behinderung (mit erheblich eingeschränkter Förderungsfähigkeit).*

Durch die Komplexschädigung und die Schwere der geistigen Behinderung war es trotz der großen Einsatzbereitschaft der Mutter nicht möglich, Manuela einem rehabilitationspädagogischen Förderungsprozeß zuzuführen. So wurde sie leider zum „Pflegefall".

Welche emotional-kommunikativen Reaktionen trotzdem – wenn auch ohne Sprache – möglich sind, geht wohl eindrucksvoll aus dem Bericht der liebevollen Mutter hervor.

Auf die Eheproblematik der Eltern wird im allgemeinen Teil dieses Buches im Zusammenhang mit anderen Familien Bezug genommen (2.5.).

Außerdem ist das Kapitel 2.4.6. nachzulesen (Pflegefälle).

Gabi

Es war auf einer Weihnachtsfeier in unserer „Tagesstätte für förderungsfähige Kinder", die 10jährige blinde Gabi sagte mit klarer, deutlicher Stimme und laut genug für alle: „Weihnachtsmann, geh bitte noch nicht weg, ich möchte dich erst sehen"! Etwas für uns alle Selbstverständliches, aber für sich selbst Unerreichbares forderte dieses Kind. Was würde geschehen? ... Der Weihnachtsmann blieb stehen, Gabi tastete sich recht sicher von ihrem Platz durch die Reihen bis zu ihm nach vorn. Sie bückte sich, betastete die Stiefel, den langen Mantel, den Geschenksack, die Mütze, das Gesicht und den Bart des Weihnachtsmannes, wandte sich dann strahlend ab und sagte: „So, jetzt habe ich ihn gesehen!" Alle freuten sich mit ihr. – Als das Mädchen vor mehreren Jahren einmal fragte: „Mama, warum kann ich nicht sehen?" erhielt Gabi von ihrer liebevollen Mutter die kluge Antwort: „Die meisten Menschen sehen mit den Augen, aber einige – wie auch du – sehen mit den Händen." So hatte das blinde Kind seinen bisherigen Weg ins Leben ertasten gelernt.

Gabi: 12 Jahre, z. Z. Fördertagesstätte
Mutter: 36 Jahre, Stenotypistin
Vater: 40 Jahre, Schneider, tätig als Lagerleiter

Wie ist alles gekommen? Lesen wir, was Gabis Mutter berichtet:

Wir waren 18 und 23 Jahre alt, als wir 1962 heirateten, und nach fünf Jahren erwarteten wir mit großer Freude unser erstes Kind. Während der Schwangerschaft ging es mir gut, ich hatte keine Beschwerden und habe den Tag herbeigesehnt, an dem unser Kind zur Welt kommen sollte.
Ich war als Sekretärin tätig und wollte das erste Jahr zu Hause bleiben. Am 7. Mai 1967 war der glückliche Tag da: Unsere Tochter Gabi wurde geboren. Ich konnte am 3. Tag aus der Klinik entlassen werden. Bis dahin war mir nicht bekannt, daß das Kind noch weiter im Krankenhaus bleiben sollte. Gabi hatte eine starke Gelbsucht. Ich bin Rhesus-negativ. Von einem längeren Klinikaufenthalt des Kindes hatte

man nur meinen Mann unterrichtet. – Weil es ziemlich schlimm war, hat man mir nichts davon gesagt. Als 14 Tage verstrichen waren und ich wieder gut laufen konnte, bin ich hingegangen, erst zur Kinderklinik, von dort zur Augenklinik. Dort erklärte mir der Stationsarzt, daß unsere Gabi auf beiden Augen auf der Netzhaut einen bösartigen Tumor hat. Das war für mich erst mal völlig umwerfend. Ich hatte noch niemals gehört, daß ein kleines Baby schon so etwas haben kann. Da brach in mir nun eine Welt zusammen. Aber der Gedanke, daß mein Kind vielleicht einmal nicht sehen könnte, ist mir nicht gekommen. Zu Hause fand ich keine Ruhe. Meine Mutter und ich sind dann zur Arbeitsstelle meines Mannes gefahren, ich mußte erst mal mit ihm reden. Er wußte ja noch nichts von den Tumoren, nur daß Gabi in die Augenklinik gekommen war. Diese Ungewißheit! Wir haben beide schlecht geschlafen mit Angstträumen. Und ich habe täglich geweint.
Nach drei Monaten durften wir unsere Kleine das erstemal nach Hause holen. Das war natürlich ein sehr glücklicher Tag. Später hat Gabi dann die Bestrahlungen bekommen gegen den Tumor. Da ist dann meine Mutter mit ins Krankenhaus gegangen. Man sagte mir, ein älterer Mensch als Begleitperson wäre besser.
Gabi mußte immer alle vier bis sechs Wochen zur Nachuntersuchung in die Klinik. Ihr körperlicher Zustand war ganz weit zurückgeblieben. Mit einem Jahr konnte sie noch nicht laufen, nicht mal sitzen; sie konnte kaum richtig etwas essen, hat fast nur flüssige Nahrung zu sich genommen. Am Ende des 1. Lebensjahres mußte ihr das linke Auge entfernt werden. Nun hatten wir immer noch die Hoffnung, daß auf dem rechten Auge der Tumor nicht so weit ausgebildet war, daß man ihn einkreisen könnte und das Kind doch etwas Sehkraft behält. Das war zunächst auch der Fall. Nur, dann mußten wir feststellen – mein Mann und ich, wir haben es uns gar nicht gegenseitig sagen können –, daß Gabi beim Krabbeln überall anstieß. Sie hat keine Gegenstände mehr aufgehoben. Da merkten wir: Sie kann nicht mehr sehen! Das war für uns beide ganz schlimm. Das Kind wurde weiter kontrolluntersucht. Wir wollten natürlich nicht, daß ihr das zweite Auge auch entfernt wird. Aber dann war es so weit, daß uns der Professor sagte, es ginge um das Leben des Kindes, weil sich eine Blutung eingestellt hatte. So war uns klar, daß Gabi auch dieses Auge entfernt werden mußte. Das war natürlich furchtbar, und wir haben beide gedacht, es geht einfach nicht mehr weiter. Warum mußten wir so viel Trauriges erleben? Als dann der Tag kam, ging ich mit in die Klinik, weil Gabi nur Breinahrung zu sich nahm und am liebsten bei mir aß. Da habe ich sie dann gefüttert und konnte im Krankenhaus bleiben. Sie hat mich immer an der Stimme erkannt. Ich muß eigentlich sagen, nach der Operation war

ich dann ruhiger als vorher. Die Angst, daß das alles noch weitergeht und vielleicht noch mehr passierte... Sie sollte doch am Leben bleiben. Und dann, als Gabi aus dem Krankenhaus kam, hörten die Narkoseuntersuchungen auf, und sie entwickelte sich zu einem richtigen kleinen Mädchen. Sie konnte dann auch mit zwei Jahren laufen. Es fing alles richtig an, sie war nur ein bißchen tapsig. Nach dieser Operation ging es eben vorwärts mit ihr. Auch ihre geistige Entwicklung nahm dann ihren Lauf.
Mit dem Sprechen ging es immer sehr gut. Das konnte sie wie ein normales Kind. Mama, Papa – eindreiviertel Jahr war sie alt, da fing sie an zu plappern. Sie war auch sehr zärtlich. Wir haben uns auch immer viel Zeit genommen. Abends haben wir uns bei ihr ans Bett gesetzt und gesungen. Bis wir dann mitkriegten, daß sie das auch kann; dann sang sie alleine im Bett weiter, das war herrlich! Und dann hat sie geschmust. Mein Mann und ich und Oma und Opa haben immer viel Liebe für sie gehabt.
Dann sind wir mal mit Gabi spazierengegangen, sind mit der S-Bahn gefahren, und da sprach uns eine Frau an und sagte: Wissen Sie, nehmen Sie mir das nicht übel, ihr Kind ist doch blind? Im Moment war ich doch etwas berührt. Ich dachte immer: Vielleicht wird das gar nicht so wahrgenommen. Da aber war mir erst klar, daß die anderen Leute Gabi ziemlich bewußt gesehen haben. Es stellte sich heraus, daß die Frau von der Blindenschule in K. war. Und sie fragte, wie alt Gabi wäre, und meinte, daß es doch die Möglichkeit gäbe, Gabi in den Kindergarten zu geben. Und da sie ja immer zu Hause war, jahrelang, habe ich gedacht, na ja, das ist doch schön. Geht's vorwärts mit ihr. Wir haben Gabi dann dort vorgestellt. Da ging eigentlich erst mal der Bildungsweg richtig los. Sie war dann im Kindergarten für Sehbehinderte in K. Das war natürlich erst mal wieder sehr schlimm, weil sie die ganze Woche über von uns getrennt war. Montags haben wir sie hingefahren und freitags abgeholt. Da war sie etwas über vier Jahre alt. Gabi hat sich dort aber gar nicht so gut entwickelt. Sie war – wie sich herausstellte – sehr hinter den anderen Kindern zurück. Sie kam da einfach nicht mit. Sie fühlte sich auch immer zurückgesetzt, und sie opponierte gegen jede Forderung, die von den Erziehern kam. Dann wurde uns gesagt, daß Gabi nicht mehr dort bleiben kann. Wir müßten ein psychiatrisches Gutachten anfertigen lassen, daß Gabi vom Entwicklungsstand in diese Vorschule gehört. Dann würde sie eventuell noch dort bleiben können.
Wir sind dann zur Fachklinik H. gegangen. Dort wurde sie stationär aufgenommen auf einer Wochenstation. Und ich muß sagen, dort hat Gabi die ersten größeren Fortschritte gemacht. Wir haben das immer

wieder feststellen können. Sie fühlte sich nicht mehr so hintendran. Die Anforderungen waren für sie so, wie sie sie erfüllen konnte. Dort wurde dann eingeschätzt, daß für Gabi bei intensiver Zuwendung die Vorschulförderung weitergehen soll. Das hieß: wieder nach K. Nach einem halben Jahr mußten wir zur Vorschulüberprüfung nach K. fahren. Das fanden wir als Eltern sehr komisch, weil die Ärzte in H. uns doch gesagt hatten, daß sie für das nächste Jahr est mal gefördert werden sollte, damit sie dort hinkommen könnte. Und nun schickten sie uns dorthin nach K.; dort ist eine Hilfsschule für Blinde mit Internat. Ich war auch mit dabei, die ganze Woche. Aber da ging es überhaupt nicht gut, und Gabi hatte die Aufnahmeprüfung nicht bestanden. Das hieß, daß unsere Tochter nicht schulbildungsfähig ist und daß wir sie wieder ins Elternhaus zurückbekommen. Nun standen wir erst mal wieder ratlos da. Dann haben wir aber gedacht, so kann es nicht weitergehen. Wir wollten ja als Eltern, daß sie doch mal zur Schule gehen kann. Wir haben uns mit einer Eingabe an das Ministerium gewandt. Daraufhin wurde Gabi in K. nochmals vorgestellt. Sie wurde auch versuchsweise aufgenommen und ging dann ein halbes Jahr erst mal in den Vorschulteil. Da klappte zunächst auch alles wunderbar mit ihr. Die Anforderungen entsprachen ihren Möglichkeiten, sie hat tüchtig mitgemacht. Allerdings war sie nun immer für lange Zeit weg. Nur zu den Schulferien konnten wir sie nach Hause holen. Das war sehr bitter. Sie hatte Heimweh – es war ja auch schon ihre dritte Stelle, wo sie hinkam. Und dann kam sie dort in die Hilfsschule. Wir haben uns riesig gefreut. Große Schultüte und so. Eine herrliche Einschulung wurde gefeiert. Wir waren froh und dachten, nun geht es erst mal bergauf. Es war die Blindenhilfsschule. Aber nach einem halben Jahr stellte sich heraus, daß Gabi den Anforderungen nicht gewachsen war. Wir haben selbst mal an einer Unterrichtsstunde teilgenommen, ohne daß sie es wußte. Die anderen Kinder waren eben alle viel weiter, und wir mußten sehen, daß unser Kind dort völlig überfordert war. Wir haben sie dann wieder mit nach Hause genommen.
Allmählich war es schon so, daß wir praktisch überall bekannt waren, weil wir für Gabi alles tun wollten. Und da ergab es sich, ich weiß es jetzt nicht mehr ganz genau wie, daß unsere Gabi in der Fördertagesstätte V. aufgenommen wurde. Jedenfalls kam die Hilfe durch das Gesundheitswesen. Aber ohne Schulbildung?! Und die anderen Kinder dort können sehen. Erst mal haben wir uns gesagt: Schön, das Kind ist wieder unter Kindern. Das hat uns sehr gefreut. Bloß wir haben immer gedacht, das kann für Gabi auf die Dauer doch nicht die richtige Einrichtung sein. Wir haben uns vorgestellt, daß es für blinde geistig behinderte Kinder noch eine andere Spezialstelle geben müßte, wo man

unsere blinden Kinder mehr fördert. Damals haben wir es uns noch gar nicht so gut vorgestellt. Und nun haben wir aber in der V. doch die Erfahrung gemacht, daß Gabi dort unter den sehenden Kindern doll geliebt und gefördert wird und daß sie sich dort sehr gut entwickelt hat. Seitdem Gabi in der V. ist, ist sie ein ganz anderer Mensch geworden. So lustig und lebensfroh und keß wie alle anderen Kinder. Sie macht uns viel Freude. Gabi möchte auch nicht als „Kranke" gelten. Das wurde wieder einmal an einem Erlebnis deutlich, das ihre Gruppenerzieherin aus der Tagesstätte hatte. Frau H. war mit ihren acht behinderten Kindern unterwegs. Es sollte wohl in ein Kaufhaus oder in den Tierpark gehen. Auf dem Wege lief ein sehr lebhafter Junge gegen einen älteren Herrn. Der fühlte sich angerempelt und begann zu schimpfen. Um ihn zu beschwichtigen und auch, um Verständnis zu wecken, brachte Frau H. eine Entschuldigung hervor, in der sie u. a. auch sagte: ... es sind doch kranke Kinder! – Später fragte unsere Gabi Frau H.: Warum hast du gesagt, wir sind kranke Kinder? Wir sind doch alle gesund. Oder hat einer Fieber?

Und sie kann wunderbar singen! Das ist vielleicht darauf zurückzuführen, daß wir sie sehr früh an die Musik gewöhnt haben. Wir haben immer viel gesungen. Da war sie dann immer so schön andächtig. Es hat ihr viel Spaß gemacht. Andere Dinge wollte sie gar nicht machen. Wir haben uns gefreut, wenn sie auch mal was aus dem Gitter geworfen hat. Aber das kam selten vor.

Ideal ist in der organisatorischen Betreuung, daß Gabi am Tage in einer Kindergruppe ist und trotzdem die Liebe und Geborgenheit der Familie hat. Und die Mütter können weiter berufstätig sein! Es ist jetzt sehr schön, daß wir Gabi abends abholen können. Dann geht das Familienleben los, sie erzählt dann meistens, was so alles passiert ist; manchmal auch nichts, je nachdem, was sie erlebt oder wie es ihr gefallen hat. Aber dann ist sie eben zu Hause, wir haben unser Kind da, das ist das Schöne daran, und wir können uns eigentlich gar nicht vorstellen, daß wir sie irgendwie noch mal weggeben müßten. Es wurde uns nämlich gesagt, daß jetzt wohl die Möglichkeit besteht, für blinde Kinder eine Förderstätte einzurichten, das wurde uns mitgeteilt von Prof. F. vom Blindenverband. Das soll aber auch wieder nicht in B. sein. Ach, unsere Gabi, die wird jetzt bald 13 Jahre alt. Soll sie jetzt bei uns bleiben, so wie sie ist.

Wie ich unsere Ehe einschätze? Anfänglich war alles so wie in meiner Jungmädchenphantasie. Aber im Laufe der Jahre sind ja bei uns die Probleme aufgetreten, besonders eben mit unserer Gabi. Und da muß ich sagen, sind wir beide uns ganz doll nahegekommen. Wir haben alles gemeinsam gemacht. Mein Mann hat sich auch nie davor gescheut, das Kind zu versorgen und trockenzulegen. Wenn ich mal übermüdet eingeschlafen war und wieder aufwachte – dann war das Kind gewindelt, hatte sein Essen bekommen und lag fröhlich und rund im Bett. Und das war für mich ganz, ganz beruhigend und wunderbar. Ein zweites Kind? Wir wagen es nicht. Weil wir nicht wissen, ob das Kind gesund zur Welt kommt. Wir haben uns auch mit den Ärzten beraten, eigentlich nach einem halben Jahr. Da wurde uns gesagt, daß das andere Kind auch mit einer Behinderung zur Welt kommen könnte. Und das wäre für uns beide nicht tragbar. Noch mal so ein Leid, das ginge nicht.

Unsere Gabi ist meistens lustig. Auch wenn wir zum Blindenverband gehen. Auf der Weihnachtsfeier sind ja meistens ältere Leute. Dann ist es mucksmäuschenstill, wenn Gabi lauthals vor versammelter Mannschaft singt. Und dann kommen sie hinterher und sagen: Das hast du aber fein gemacht. Und dann möchte sie mit dem Vati tanzen, am liebsten den ganzen Nachmittag und Abend!

Gabi ist es auch nicht gleichgültig, was sie anzieht. Sie will dabei immer mitreden. Sie achtet genau darauf, was ihre Oberbekleidung ist, ob ich sie auch nicht anführe. Dann sagt sie, sie möchte den roten Pullover, dieser kratzt so, da hat sie ihre bestimmten Vorstellungen. Sie kann ihre Sachen sogar nach Farben benennen. Sie fragt mich: Was ist das für eine Hose? Ich sage: Du ziehst jetzt die blaue Hose an. Obwohl ihre Hosen im Stoff ähnlich sind, merkt sie sich mit dem Tastgefühl, daß es ihre blaue Hose ist. Sie möchte immer schick sein. Wenn wir mal irgendwo hingehen, will sie besonders schön sein und die besten Sachen anziehen.

Neulich traf es uns aber doch wie ein Hammer, da sagte sie: Wann kann ich denn richtig sehen? Wollen wir nicht zum Prothetiker gehen, damit er mir Sehaugen einsetzt? Auf einmal stand die Frage wieder im Raum. Ich konnte nicht gleich antworten. Mein Mann hat mit Gabi gesprochen. Was unseren Vati betrifft, da muß ich sagen, daß er sein Kind auch sehr lieb hat. Gestern war er mit ihr im Zirkus. Da kamen sie beide begeistert nach Hause. Es war von der Tagesstätte aus. Da macht der Papa sowieso immer mit. Er freut sich und schämt sich keineswegs. Es ist eben der Vater, der die Gabi liebhat. Und im Betrieb meines Mannes, die Kollegen dort haben alle eine gute Einstellung zu Gabi. Früher haben wir den Vati jeden Tag abgeholt, und die Kollegen haben sich immer gefreut und Gabi gedrückt und verwöhnt. War ja irgendwie wohl auch ein bissel Mitleid. Das stand doch eigentlich im Vordergrund. Sie selbst haben alle gesunde Kinder, haben miterlebt, wie Gabi ganz klein war. Sie haben sie eben auch alle gern. Dabei sehen sie sicherlich vor allem die Blindheit. Die fehlende Schulbildungs-

fähigkeit merkt man ihr ja nicht so an.
Übrigens – ähnlich wie mit dem Tasten ist es bei Gabi auch mit dem Gehör und dem Geruchssinn. Da ist sie uns überlegen. Das bestätigt sie uns oft, wenn wir spazierengehen. Wir unterhalten uns dann über dieses oder jenes, und sie sagt dann: Mutti (oder Vati), horch doch, was ist das für ein Vogel, der singt ja so sehr, sehr schön... Mein Mann und ich – wir hatten gar nicht darauf geachtet. Und dann gucken wir uns beide an und wissen eigentlich gar nicht, was für ein Vogel singt, aber sie will unbedingt wissen, was das für einer ist. Und auch die Geräusche auf der Straße, die interessieren sie mächtig: Da ist wieder ein Bus vorbeigefahren, welcher war denn das? Der 67er oder 47er? Oder: Jetzt sind wir am Lampenladen, jetzt am Lebensmittelgeschäft, sie will immer genau wissen, wo sie geht. Wenn wir am Bäckerladen vorbeikommen, sagt sie: Hm, hier ist der Bäcker. Oder wir gehen am Malergeschäft vorbei, da riecht sie sofort die Farben und weiß, da sind wir gleich zu Hause. Also, die Gerüche, die auf der Straße sind, die nimmt sie ganz stark wahr. Was das Pflaster betrifft – wir gehen z. B. den Vati abholen, ich gehe vorher eine andere Biege –, da sagt sie: Aber Mutti, wir sind hier verkehrt, du willst gar nicht den Papa abholen. Ich sag dann: Du hast recht, ich muß noch woanderslang, wir müssen noch was einkaufen. Sie weiß ganz genau, wo es langgeht. Wenn wir durch den Torweg kommen, sagt sie: Ach, jetzt sind wir unter dem Torweg, jetzt sind wir gleich bei Oma. Ihr ist das alles so bewußt. Sie weiß auch immer ganz genau, wann wir bei unserem Wohnhaus ankommen (auch wenn wir vorbeigehen würden). Da irrt sie sich nie: Jetzt sind wir zu Hause, Mutti (oder Papa). Da weht immer so ein bestimmter Wind bei uns an der Ecke, auch wenn es ansonsten nicht sehr windig ist, da weht's immer, und das spürt sie. Der Augenprofessor hat uns in dieser Hinsicht belehrt, die Gabi hat für Luftbewegungen eine ganz feine Wahrnehmung.
Unseren Urlaub verleben wir drei immer gemeinsam.
Beim letzten Mal hatten wir jedoch ein seltsames Erlebnis. Wir waren erst an der Ostsee, und dann hatten wir im Erzgebirge einen Ferienplatz. Abends waren da auch Tanzveranstaltungen. Mein Mann und ich, wir sind früher gerne tanzen gegangen und haben das in den letzten Jahren ziemlich beiseite geschoben, viele Jahre, außer, wenn vom Betrieb mal was war; Theater auch, aber im Prinzip sehr wenig. Nun haben wir uns gesagt, unsere Gabi ist groß, gehen wir auch mal tanzen. Es war schön. Wir haben es jedesmal mitgemacht, wenn was war. Und da spricht mal ein fremder Mann meinen Mann an und sagt: Wissen Sie eigentlich, daß Sie bei vielen Leuten unangenehm aufgefallen sind? Sagt mein Mann: Wieso? Wie soll ich das verstehen? – Na, wir wun-

dern uns sehr darüber, daß Sie tanzen gehen trotz ihrer Tochter. Mein Mann sagte: Was hat denn eigentlich meine Tochter damit zu tun? – Ja, das würden sie sehr anmaßend finden, daß wir uns da so mächtig amüsieren! – Aber das gehört doch nun mal dazu, warum sollen wir uns nicht amüsieren, wenn wir nicht aus dem Rahmen fallen... Den guten Rat gebe ich Ihnen, daß Sie das vielleicht doch nicht so oft machen, sagte er noch. Das hat mein Mann mir dann erst später erzählt. Ich sollte mich nicht so ärgern. Es hat uns beide sehr traurig gemacht. Warum sollten wir nicht fröhlich sein?! Die Gabi wußte ja, wo wir sind. Sie hat noch gesagt: Viel Spaß! – und hat sich gefreut, daß sie auch mal alleine war.
Gabi hat eigentlich meistens gute Laune. Ich freue mich immer besonders, wenn sie etwas Neues kann und wenn sie sich viel Mühe gibt; wenn wir zu Hause etwas Schönes üben oder spielen. Manchmal sagt sie auch: Nein, dazu habe ich keine Lust. Das kommt ja auch vor. Aber dann freue ich mich, wenn ich sie vielleicht doch dafür interessiert habe. Da bin ich doch immer ziemlich glücklich, wenn sie irgend etwas Neues gelernt hat.
Andere Angehörige von behinderten Kindern habe ich erst in der Elterngruppe näher kennengelernt. Was da so für Probleme herauskommen... In der Tagesstätte ist es im Alltag ja immer etwas begrenzt mit der Zeit, und man kann wenig miteinander reden. Morgens bringt mein Mann die Gabi hin, dann muß er gleich zur Arbeit, und abends holen wir sie schnell ab, weil wir ja auch noch was zu erledigen haben. Aber in der Elterngruppe in K., das ist ... obwohl ich meist nicht viel sage, das gibt mir trotzdem immer unheimlich viel. Es wäre noch besser gewesen, wenn ich die Möglichkeit gehabt hätte, mich von Anfang an so richtig auszusprechen oder mal zuzuhören, das ist eigentlich für jede Mutter oder beide Eltern sehr wichtig für die Bewältigung der eigenen Erlebnisse und Gefühle. Und jetzt können wir ja besonders gut die Eltern verstehen, die noch so ein ganz kleines, behindertes Kind haben, die vieles noch vor sich haben, was schon hinter uns liegt. Und dadurch können wir den anderen vielleicht ein bißchen helfen.
Ja, unser Leben hat sich doch entschieden geändert, seitdem Gabi mit ihrer Behinderung da ist. Das ganze Familienleben stellt sich völlig auf das Kind ein. Viel andere Zeit gibt es eigentlich gar nicht. Man hat doch den ganzen Tag irgendwie mit dem Kind zu tun. Da gab es gar keine freie Minute, der Haushalt und alles andere geht ja weiter, nicht?. Und da ändert sich doch das normale Leben. Wenn man da so die Probleme in anderen Familien sieht... Ich muß eigentlich sagen, daß durch unser Kind unsere Ehe zusätzlich stabilisiert wurde. Daß Dinge, die in anderen Ehen zu Problemen gemacht werden, für mich in

meinen Augen doch ziemlich oberflächlich erscheinen. Die kommen gar nicht so bei uns auf. Im Vordergrund ist immer die Gabi, da gibt es dann gar nicht solche unnötigen Zänkereien. Ich weiß nicht, das ist doch einfach ein ganz anderes Zusammenleben. Bei uns ist das jedenfalls so, der Zusammenhalt ist irgendwie... innerlicher, wohl auch stärker und fester als bei anderen. Am Anfang waren wir ja fünf Jahre ohne Kind. Wir haben uns auch da sehr lieb gehabt, aber die Probleme mit dem Kind haben uns erst so richtig zusammengebracht. Also ich finde, das festigt sehr. Eine Ehe ist ja überall verschieden. Und natürlich, das normale Leben geht bei uns auch weiter, nicht nur für uns als Eltern, sondern auch als Mann und Frau.

Diagnose: *Angeborenes Malignom (krebsartiger Tumor) auf der Netzhaut beider Augen; durch die für die Lebensrettung notwendigen Bestrahlungen könnte eine zusätzliche Beeinträchtigung des bereits vorgeschädigten Gehirns (toxische Schädigung bei Blutgruppen-Unverträglichkeit) erfolgt sein.*
Folgezustand:
— Blindheit (Augenprothesen beiderseits)
— geistige Behinderung vom Grade einer schweren Debilität mit guter lebenspraktischer Orientierungsfähigkeit und relativ gutem Sprachvermögen.
Trotzdem war der Versuch einer Beschulung in der Blinden-Hilfsschule nicht erfolgreich.
Aus dem Elternbericht soll insbesondere ein bestimmtes soziales Phänomen hervorgehoben werden, das von A. SEYWALD als „Zwang zur Trauer" bezeichnet worden ist: Es kommt vor, daß einige Menschen (Motiv: offenbar um sich selbst zu erhöhen) von den Angehörigen Behinderter (oder auch von diesen selbst) eine permanente Grundhaltung der Traurigkeit erwarten. Das haben auch Gabis Eltern einmal ganz konkret zu spüren bekommen, als man im Urlaub ihre völlig verständliche und berechtigte Lebensfreude nicht akzeptieren wollte. („Wir wundern uns sehr, daß sie tanzen gehen trotz ihrer Tochter!")
Die erfreuliche Lebensbejahung von Gabis Eltern bietet der Umgebung kaum Voraussetzungen für ein demonstratives Mitleidgebaren, das diese Familie weder wünscht noch nötig hat. Aber offenbar ist das für einige Menschen die einzig mögliche Kommunikationsform mit Behinderten und deren Angehörigen. Weitere Ausführungen hierzu sind im letzten Teil des Buches nachzulesen.
Es ist Gabi und ihren Eltern zu wünschen, daß sie weiterhin viele fröhliche Stunden erleben und genießen können.

Martin

Auf der Straße geht eine 35jährige Frau. Sie sieht jünger aus als sie ist. Der Mann an ihrer Seite sieht älter aus als er ist. Der Unterschied zwischen beiden beträgt 18 Jahre. Man sieht deutlich, die Frau ist schwanger. Der Mann neben ihr wird von herumstehenden Jugendlichen angesprochen: „Eh, Kumpel, hättste dir dafür nicht 'ne Jüngere aussuchen können?" – Aber er ist nicht der Erzeuger der Schwangerschaft. Die Frau, der er die Tasche trägt, ist seine Mutter. Einen Familienvater haben die beiden nicht.

Heutige Daten:
Martin: 23 Jahre, Patient im Fachkrankenhaus für Psychiatrie und Neurologie L.
Mutter: 41 Jahre, ohne erlernten Beruf, tätig als Gruppenbetreuerin in einer Tagesstätte für geistig behinderte Jugendliche
Schwester: Yvonne, 6 Jahre, OS-Schülerin

Die Mutter berichtet:

Ich habe noch zwei Geschwister, eine Schwester, die ist 10 Jahre älter als ich und einen Bruder, der ist zwei Jahre jünger. Mein Vater ist während des Krieges gefallen. Meine Mutter war also mit uns allein. Und zu deren Kummer habe ich keinen richtigen Beruf erlernt. Ich habe immer meinen Kopf durchsetzen wollen. Ich hatte eine kaufmännische Lehre begonnen – kurz vor dem Abschluß habe ich aufgehört, ich hatte kein Interesse mehr daran. Aus welchem Grunde? ... Ich hätte wahrscheinlich viel konsequenter erzogen werden müssen. So sehe ich das heute. Meine Mutter hatte viel zu viel Nachsicht mit mir. In der Schule war ich eigentlich immer ziemlich gut. Nach der abgebrochenen Lehre habe ich dann angefangen als Hilfsarbeiter. Heute sehe ich vieles ganz anders. Das Wichtigste im Leben ist es ja wohl, wenn man einen guten Beruf hat. Mit 17 Jahren lernte ich den Vater von Martin kennen, der war wesentlich älter als ich, 10 Jahre. Er fand mich nett und ich ihn auch. Ich spürte aber eigentlich von vornherein, daß das

nicht auf Dauer geht. Aber er war eben meine erste Liebe.
Ich war gerade 17 geworden, und wir trafen uns dann ein paarmal. Meine Mutter hatte mir das strikt verboten, ich mußte immer ganz zeitig zu Hause sein. Na ja, es gab ja auch Gelegenheiten vor 19 Uhr. Er lebte mit seiner Mutter in einer Wohnung, und dort besuchte ich ihn dann auch mal, als er mich eingeladen hatte. Und dann war es auch gleich passiert, daß ich schwanger war. In der ersten Zeit habe ich das noch so verbergen wollen, weil ich dachte, es gibt ja vielleicht noch einen Ausweg. Ich habe nichts dagegen getan, habe aber gedacht, daß sich eine Lösung findet. Einen legalen Weg gab es damals ja nicht. Hätte ich aber einen Arzt gefunden, dann hätte ich das unterbrechen lassen... wahrscheinlich, ja sicher, weil ich ja schon spürte, daß das mit Kurt nichts auf Dauer war. Was mich so skeptisch machte an diesem Mann? Er war ja schon damals so jähzornig. Als ich ihm das sagte, daß wir ein Kind erwarten, da hat er gleich eine laute Szene gemacht und hat gesagt, das ist nicht von mir. Das hatte mich doch sehr schockiert. Ich wollte dann aber doch das Kind, ich weiß nicht, vielleicht, daß ich gedacht habe... aus kindlicher Naivität, daß dann alles anders wird. Ich ging dann zu dem Frauenarzt Dr. W. ... Der untersuchte mich und sagte: Na, mußte das unbedingt sein? Und da habe ich – dann wohl mehr aus Trotz – gesagt: Ja, ich möchte das Kind. Das war aber zu dem Zeitpunkt noch gar nicht meine innere Überzeugung. Dann meinte der Arzt noch: du, – der hat du zu mir gesagt! – dir gehört ja anständig der Hintern voll! Das hatte mich dann erstmal wieder so in Harnisch gebracht... Das war wohl noch meine Widerspruchsneigung aus der Pubertät. Ja, wahrscheinlich. Darin war ich ein Spätentwickler.
Selbst als dann der Martin geboren war, habe ich mir immer gewünscht, wenn ich doch bloß älter aussehen und mehr für voll genommen würde! Wenn ich dann mit dem Kinderwagen durch die Straßen gefahren bin oder am Badestrand war, da haben öfter andere zu mir gesagt, – kleine Jungs, so 17, 18 Jahre: Mußt du denn immer deinen Bruder mitbringen, kannste nicht mal alleine kommen.
Während der Schwangerschaft war ich nicht sehr dick, bis zur letzten Zeit hat das kaum jemand bemerkt. Ich hatte auch sehr vorteilhafte Kleidung, die das noch verdeckte. Und meine Mutter? Meine Schwester hat es ihr gesagt, ich hatte selber nicht den Mut. Sie hat mir dann erstmal rechts und links ein paar hinter die Ohren gehauen, sie war dadurch ganz fertig und hat sich damit einfach nicht abfinden können. Aber sie hat es wahrscheinlich nie ganz verkraften können, weil ihr späteres Verhältnis zu dem Martin sehr ... na ja, nie richtig gut war. Und ich habe auch nie irgendwelche Hilfe erwarten können. Sie hat dann eine sehr große Auseinandersetzung mit dem Kurt gehabt – ich

war nicht dabei –, aber da hat er sich wohl sehr häßlich geäußert. Er hat auch gesagt: Sowas kann man ja hinter verschlossenen Türen oder sonstwo machen...
Meine Mutter war ja immer ein bißchen verklemmt. Aber heute, im Alter, wahrscheinlich durchs Fernsehen oder was weiß ich, ist sie offener und freiherziger geworden, das war sie früher überhaupt nicht. Ich war nicht aufgeklärt worden und gar nichts. Und sie hat erwartet, daß wir folgsame und sittsame Kinder sind. Erotik und Sexualität waren etwas absolut Unmoralisches. Und dann hat sie gesagt: Gut, wenn du eben ein Kind kriegst, erwarte von mir niemals eine Hilfe und sieh zu, wie du klarkommst. Es war für mich damals sehr schwer. Aber während der Schwangerschaft habe ich mich dann nicht mehr dagegen gesträubt – man kann jetzt nicht sagen, daß es ein ganz ungewolltes Kind war, das kann man nicht sagen, ich war viel zu naiv.
Meine Mutter war ja bei meiner Geburt schon 38 Jahre, und ich habe mir früher ja auch gewünscht, für mein Kind sehr jung zu sein, eben früh ein Kind zu bekommen, mit dem ich dann gemeinsame Interessen haben könnte.
Aber kurz vor der Entbindung, da hatte ich ein sehr unliebsames Erlebnis: Wir sind Eis essen gegangen, und da habe ich ein auffällig mißgebildetes Kind gesehen. Da habe ich mir so im stillen gedacht: Wenn du so ein Kind kriegst, dann soll es wenigstens nicht zu sehen sein, wenn's schon so ist. Das hat mir meine Mutter später immer vorgeworfen. Ich hatte das zu Hause erzählt, und meine Mutter ist ein bißchen abergläubisch und hat immer gesagt: Siehste, sowas darf man nie äußern! Aber das ist ja ganz großer Blödsinn gewesen.
Am Ende der Schwangerschaft bekam ich eine Nierenbeckenvereiterung. Da dachte man schon, daß es zu einer Frühgeburt kommt, und ich bin ins Krankenhaus eingewiesen worden. Kam aber wieder 'raus, denn es war noch nicht soweit. Habe mir eigentlich wegen meiner Erkrankung keine Sorgen gemacht. Und die Geburt war ... na, auch für ein Erstgeborenes hat es wahrscheinlich zu lange gedauert. Und der Junge war dann ja auch ganz blau! Heute weiß ich, daß das Sauerstoffmangel bedeutet. Er war auch sehr zierlich und hat knapp 6 Pfund gewogen, er war 56 cm lang, dabei natürlich sehr dünn. Wir konnten aber regulär aus dem Krankenhaus entlassen werden. Der Kleine hat zwar immer schlecht getrunken, aber es wurde mir nichts Besonderes mitgeteilt.
Ich bin von zu Hause weggegangen zu dem Kindesvater, zu ihm und seiner Mutter in die Wohnung. Wir hatten ein Zimmer für uns, wo wir mit dem Jungen schliefen und ein gemeinsames Wohnzimmer mit der Oma. Ich habe sieben Jahre nach der Geburt des Kindes nicht gearbei-

tet und habe mich eigentlich, wenn ich das heute so überlege, doch recht viel um den Jungen gekümmert. Das Geld war allerdings nicht so reichlich. Kurt verdiente ohne Nebentätigkeit nicht allzu viel. Er hat auch nicht in Sonderschichten gearbeitet oder so. Es war alles ein bißchen knapp. Ich habe das Kind versorgt und den Haushalt geführt. Die Mutter arbeitete bei der Bahn im 3-Schicht-System, wir störten uns eigentlich nicht so sehr.

Als der Junge drei Jahre alt war, habe ich ihn immer intensiver mit dem Kind meiner Cousine verglichen. Wissen Sie, meine Cousine hatte vier Monate früher einen Sohn bekommen, und der hat sich ganz anders entwickelt. Das fiel mir öfter auf. Da hatte ich damals schon irgendwelche Befürchtungen. Eigentlich schon von ganz klein an, wirklich schon von den ersten Lebensmonaten an ..., daß der Martin irgendwie anders ist. Dann habe ich mir aber immer wieder gedacht: Warum nur? Regelrecht ernste Bedenken hatte ich da doch noch nicht, zu dem Zeitpunkt nicht, denn er hat normal sitzen und laufen gelernt und war mit zwei Jahren vollkommen sauber. Ja, und sprechen? Er sprach mit zwei Jahren ausreichend Worte. Er wußte genau, was er wollte, zum Beispiel Essen, er aß schon immer sehr gerne. Er zeigte es aber auch lieber; und wenn ich ihn forderte, dann hat er das auch sagen können: Apfel haben oder Keks haben. Im Wesen und Verhalten, darin war er aber doch etwas anders. Er hat nicht zielgerichtet gespielt und ist immer ein Einzelgänger geblieben. Das war so, eigentlich so ... wie es auch in diesem Buch hier steht (15). Und er hat schon damals solche Unruhe gehabt. Es gab zwischen Kurt und mir oft Streitigkeiten. Ich hing sehr an dem Kind. Der Junge war für mich ja auch die Hauptkontaktperson, denn ich konnte ja nicht arbeiten gehen, hatte auch keinen anderen Bekanntenkreis, wo ich mal meine Sorgen aussprechen konnte. Als Martin dann drei Jahre alt war, hatte ich doch ernstere Bedenken. Sein Verhalten war recht eigenartig, nicht nur wie sonst der übliche Trotz. Wenn man gesagt hat: Laß das stehen oder so, dann hat er es gerade genommen und auf die Erde geworfen. Sämtliche Dinge, die auf dem Tisch oder irgendwo standen, wurden oben auf die Schränke gestellt, damit er da ja nicht 'ran konnte. Sonst hat er alles zu Boden geworfen. Er hat auch die Wände bemalt mit Stiften oder mit der Hand, die er vorher in die Asche gesteckt hat, es war doch ein bißchen viel. Ich hatte oftmals nicht mehr die Nerven dafür. So war Martin nie krippen- oder kindergartenfähig. Ich hatte ja beides versucht. Es gab dann laufend Auseinandersetzungen zwischen Kurt und mir, daß ich ihn verziehe, er müßte mit Bravour gehorchen und so. War aber gar nicht drin, da fing er an zu bocken und biß dann auch andere. Martin war immer schwierig. Wir haben richtig aufgeatmet, wenn er schlief.

53

Aber die Schlafzeiten waren bei ihm auch ziemlich durcheinander. Mittags hat er manchmal ganz lange geschlafen und nachts überhaupt nicht. Das war alles sehr schlimm... Mit drei Jahren ist er mal nachts auf den Schrank geklettert und auf sein Bett gesprungen. Ganz schön laut, sage ich Ihnen. Na, da gab es eben immer Theater. Und um diesem Theater aus dem Wege zu gehen, ist der Kurt oft weggegangen. Er amüsierte sich jedes Wochenende in irgendwelchen Bars und kam dann morgens oder manchmal noch später zurück. Mich nahm er nie mit. Ich kann demzufolge auch gar nicht richtig tanzen. Ich finde das schade, ich wollte das damals immer gerne lernen. Da hat er gesagt: Nein, in solche Restaurants kommst du nicht mit, du brauchst nicht auch noch so zu werden wie andere Frauen. Mit diesen Redensarten hat er mich von allen fröhlichen Dingen ferngehalten. Er hat mich zu Hause eingesperrt: Du hast ja dein Kind und ich mein Vergnügen. Damals war ich eben sehr naiv. Vielleicht wäre auch alles anders geworden, wenn ein zweites Kind kurz danach gekommen und wenn es ein gesundes gewesen wäre. Ich hätte noch gerne ein zweites Kind haben wollen. Aber so ganz sicher kam dieser Gedanke erst viel später, als ich das alles wußte mit dem ersten.

Als der Martin drei Jahre alt war, bin ich von mir aus nach H. in die Poliklinik gegangen. Damals war noch dieser Nervenarzt Doktor K. dort. Dem habe ich den Jungen vorgestellt. Vorher mußte ich da sehr, sehr lange warten. Wir waren zu 15 Uhr bestellt und kamen um 20 Uhr dran. Demzufolge war der Martin so entsetzlich, Sie können sich das gar nicht vorstellen. Die Psychologin hat er mit Bausteinen beworfen, ist auf den Tisch gesprungen und hat sich unmöglich verhalten. Zuerst hat man gemeint, der ist vollkommen verzogen. Ich war verzweifelt. Die Diagnose wurde damals noch offen gelassen, es sollten weitere Untersuchungen folgen. Dann ist mal die Schwester G., die konnte mich sehr gut leiden, zu mir nach Hause gekommen und hat gesagt: Fr. Dr. B. will eine Tagesklinik eröffnen. Gehen sie gleich dorthin, wir haben Sie dafür vorgemerkt. Der Martin soll eins der ersten Kinder sein. Das war wohl so etwa 1960. Ich war sehr froh darüber, aber trotz allem... Für die meisten war die Tagesklinik ein Segen, aber mein Junge gewöhnte sich da nur sehr schwer ein. Ich bin nach Hause gegangen und habe geheult. Habe ihn dann nachmittags abgeholt, und er schrie und brüllte dann schon, weil er am nächsten Tag da nicht wieder hin wollte.

Martin entwickelte jedenfalls immer neue Protesthaltungen. Er äußerte: Wenn du mich da hinbringst, dann mache ich in die Hosen! Und das klappte dann, auch wenn er blaurot anlief vor Anstrengung. Und so hat er mich öfter attackiert, auch wenn er etwas Bestimmtes haben wollte. Das hat er dann auch vor allen Gemüseläden gemacht, und es klappte ja immer, er verlangte Bananen oder Apfelsinen, das war manchmal fürchterlich. Ich habe oft geheult, aber der Kurt, der hat dafür kein Verständnis gehabt. Nie. Abends mußte ich mich mit Martin zusammen hinlegen, und dann ist er eingeschlafen. Ich habe mich dann regelrecht aus dem Zimmer rausgeschlichen, damit der Junge nicht wach wurde. Er hatte einen unheimlich leichten Schlaf, trotz Medikamenten. Es gab auch immer Phasen, wo er überhaupt nicht schlief, oder er schlief am Tage und nachts nicht. Das waren die schlimmsten Zeiten! Unabhängig von seinem Protest habe ich das mit der Tagesklinik aber immer durchgehalten, weil ich da doch einen positiven Sinn drin sah. Aber sein Widerstand war anhaltend, es dauerte sehr lange, ja... und dann habe ich mich doch manchmal gefragt, ob es überhaupt einen Zweck hat. Aber man hat es mir doch immer wieder bestätigt. Da war er bei der Schwester G. in der Gruppe, zu der hatte ich eigentlich sehr guten Kontakt. Sie hat sich sehr aufopfernd bemüht. Und meine Gemeinschaftserziehung war für meinen Jungen doch wohl sehr wichtig. Eine Diagnose hat man mir vorläufig nicht gesagt. Und wenn ich gefragt habe: Er ordnet sich schon ein und lassen Sie mal noch und so... Um das Einschulungsalter herum wurde mir dann eine Hirnschädigung bei Martin bestätigt. Meine Nierenbeckenvereiterung in der Schwangerschaft und die zu lange Geburt mit dem blauen Sauerstoffmangelkind. Ein geistiger Entwicklungsrückstand war bei Martin deutlich geworden. Na, und mit sechs Jahren, oder vielleicht auch erst mit sieben, ist er dann zu dieser Schuluntersuchung gekommen. Da hat er geäußert: In die Schule gehe ich nicht, und wenn ich in die Schule gehen muß, da zerreiße ich meine Hefte und schmeiße alles weg. Er hat das ja auch prompt alles gemacht. Und der Herr T., der Direktor in der Hilfsschule, der hat die Hände über dem Kopf zusammengeschlagen! Seine Vertreterin, Frau B., die damals diese Überprüfung gemacht hat, die hat mir liebevolle Ratschläge gegeben, aber das war wohl alles sinnlos, das hat überhaupt nicht auf ihn gewirkt. Man hat ihn da einige Dinge gefragt, da hat er wohl teilweise auch richtig geantwortet... er war aber in einer ständigen Abwehr- und Protesthaltung! Man meinte, Martin wird kein Schulkind. Sieben Tage sollte diese Überprüfung eigentlich dauern, und nach vier Tagen habe ich dann gesagt, ich sehe es ein, es hat keinen Sinn mehr, ich nehme ihn wieder 'raus. Und er ist dann wieder auf die Tagesstation nach H. zurückgekommen. Trotz der unklaren Familienbeziehungen bin ich mit dem Kurt doch noch weiter zusammengeblieben. Ich fühlte mich ja auch unsicher und abhängig, denn ich war sieben Jahre nicht berufstätig. Ich habe dann zu Hause Laufmaschen aufgenommen, habe da sehr gut verdient, und dadurch ging es uns finanziell relativ gut. Als ich eigenes Geld hatte, habe ich dann doch gespürt, daß ich viel unabhängiger wurde. Ich habe dann auch teilweise meinen eigenen Bekanntenkreis gehabt. Da hörte ich manchmal: Also, wenn du jetzt mit dieser ganzen Misere, dem Kurt, nicht aufhörst, wir gucken dich nicht mehr an. Schließlich hatten wir zwölf Jahre – bis zum zwölften Lebensjahr von Martin – zusammen gelebt. So lange! Und dann ging es ganz plötzlich. Ich habe diese kleine Wohnung hier bekommen, habe den Martin an die Hand genommen und bin mit gar nichts hier eingezogen. Wenn ich mir das heute so überlege, das war am Anfang doch ziemlich schwer. Der Martin stand dann nur heulend am Fenster; er war aus seiner Gewohnheit gerissen. Obwohl er von seinem Vater oftmals Schläge bekam und überhaupt vollkommen ignoriert wurde – aber der hing an seinen Gewohnheiten, der wollte trotz allem wieder hin. Er ist mir auch öfter hier ausgerissen und immer wieder zum Kurt und zur Oma gelaufen. Wobei die Oma, Kurts Mutter, ihn liebte. Auch heute noch, die liebt ihn mehr als ihren eigenen Sohn. Es ist auch heute noch so, daß sie uns oft besucht! Und Martin war ja auch immer wieder bei ihr. Sie ist jetzt 71.

Mit dieser Wohnung begann für mich mein eigenes Leben, wobei ich jetzt auch viele andere Leute kenne und mich keineswegs einsam fühle, überhaupt nicht. Denn meine Wohnung betrachten andere oft als Wartezimmer zum Abladen der eigenen Sorgen. Damit kommen nicht wenige zu mir. Oft fehlt es mir aber an Zeit, denn ich gehe ja schon lange arbeiten und habe ja jetzt auch zwei Kinder...

Mit wieviel Jahren könnte es gewesen sein? – So mit zehn Jahren, da wußte ich es dann ganz genau, daß Martin schulbildungsunfähig bleibt, daß er sich eventuell nur noch lebenspraktisch weiterentwickeln wird. Bis zum 14. Lebensjahr hatte er damals ja noch eine günstige Zeit. Da hatte er noch so eine gewisse Lernphase. In manuellen Tätigkeiten, auch in der sprachlichen Ausdrucksweise hat er sich noch weiterentwickelt. Seit seinem 12. Lebensjahr arbeitete ich auch in H. auf der Tagesstation bei behinderten Kindern. Aber nicht in der Gruppe von Martin. Die Schwester G. meinte es mit ihm besonders gut. Sie sagte, wenn es keiner geschafft hatte, dann wird sie es schaffen. Martin erklärte abends zu Hause: Wenn ich morgen auf die Tagesstation komme, dann wird die Schwester G. heulen. Prompt zwei Stunden nach Arbeitsbeginn, da lief sie dann auch schon heulend umher. Das hat mich alles so fertiggemacht, ich wußte nicht, wie es weitergehen sollte. Und dann wurde ja veranlaßt, daß Martin für ein Jahr in das evangelische Behindertenheim nach R. kam. Da kriegte er dann leider die Hepatitis. Und auf der Infektionsstation in B., dort begann es dann, daß

Martin immer mit sich selbst sprach, das war der erste Beginn dieser Psychose, die so ganz kraß auftrat. Man sagte, das seien Halluzinationen. Er war plötzlich ganz anders... Er sprach damals noch wortlautrichtig, daß man es verstehen konnte, aber inhaltlich war es unsinnig. Nach der Entlassung aus dem Krankenhaus stellte er sich an, als ob vier Personen im Zimmer wären. In vier verschiedenen Stimmlagen sprach er dann. Danach war er ein Jahr stationär in der Nervenklinik, und da verfiel er in eine vollkommene Lethargie. Fast jeden zweiten Tag besuchte ich ihn dort, und dann noch zu den regulären Besuchszeiten. Am Wochenende nahm ich ihn nach Hause. Wenn ich hinkam, dann lag er immer unter der Decke seines Bettes und sprach überhaupt nicht, gar nichts mehr, beachtete mich überhaupt gar nicht. In einem längeren Gespräch sagte der Stationsarzt zu mir: Wissen Sie, beginnen Sie ein neues Leben; schaffen Sie sich noch ein Kind an; Sie sehen doch, daß es keinen Zweck mehr hat... Ich habe es damals aber nicht aufgegeben, habe immer wieder gedacht, mal muß doch der Punkt kommen, daß er dich wieder anguckt. Ich konnte es einfach nicht begreifen. Ich kannte damals schon den Helmut, den späteren Vater der Yvonne. Er war sehr verständnisvoll und nett, er hat mich immer zu Martin hingefahren und wieder abgeholt. Das hat mich dort in der Klinik immer unheimlich beeindruckt. Auf dieser Station erfuhr ich viel... Da waren kranke Männer, die alle mal ganz normal im Leben waren, die mal verheiratet waren – oder noch sind – und Kinder hatten und eine Familie und nun dort so vollkommen teilnahmslos in ihren Betten lagen oder herumsaßen... Im Unterschied zu Martin hatten die anderen Männer dort die Psychose bei vorher heiler Gesundheit bekommen. Wer hat eigentlich die Überheblichkeit zu glauben, daß ihn so etwas nicht treffen kann...! Eines Tages sprach Martin dann doch wieder langsam mit mir. Aber es ist niemals mehr so geworden wie vorher. Sprachlich kann man von ihm nicht mehr viel·erwarten. Man muß ihn eben so nehmen, wie er ist. In seinem Verhalten sind auch so einige Dinge passiert... Er zeigte sich meist mürrisch und mißtrauisch und mir gegenüber sehr eifersüchtig, zum Beispiel an Badestränden. Da hat er überhaupt nicht gewollt, daß ich mich auszog, er hat sich in den Sand geschmissen und geheult. Nackend war ich ja gar nicht, ich hatte ja einen Badeanzug an, selbst das fand er unerträglich. Ich nehme fast an, er sieht heute so ganz andere Dinge durch seine Psychose. Das überkommt ihn auch manchmal auf der Straße, daß er plötzlich stehen bleibt und ganz starr guckt, dann hat er nur ein, zwei Worte, und anschließend ganz dolle Angstzustände. Es bedrückt mich sehr, wie er dann leidet. Er ist dieser Psychose wehrlos ausgeliefert, und man kann ihm da kaum helfen.

Als 1973 seine Schwester geboren wurde, war das fast ein Zusammenbruch. Das hat er einfach bis heute nicht so ganz verkraftet. Und erst jetzt, sie ist ja nun schon 6 Jahre alt, fängt es so langsam an, daß sich das etwas bessert; nicht nur durch mich, sondern mehr noch durch sie, das ganze Verhältnis zu uns dreien überhaupt. Bei Yvonnes Geburt – da war der Martin schon 17 Jahre alt! Viele Leute haben ja schon während der Schwangerschaft angenommen, daß er der leibliche Vater ist... bei seiner Größe! Und weil er doch auch älter wirkt. Er ist ja auch nicht so albern wie andere Jugendliche in dem Alter.
Aber als ich dann schwanger war, war der Kurt sehr eifersüchtig. Es ergab sich eine Rivalität zwischen den beiden Vätern meiner Kinder. Der Kurt hat gesagt: Wenn dieser Mann nicht wäre, das Kind, Yvonne, würde da gar keine Rolle spielen. Wollen wir nicht doch noch mal anfangen? Er hat nach unserem Auseinandergehen zweimal eine feste Bindung gehabt, und die ist jedesmal in die Brüche gegangen. Ich mußte dann an die Dinge von früher denken... Zum Beispiel: Ich hatte gefragt, Kurt, kannst du bitte den Mülleimer wegbringen? Dann hat er ihn 'runtergetragen bis auf den Hof... und da stand auch sein Motorroller! Er ist dann auf den Motorroller gestiegen und erst nach vier Tagen wiedergekommen... Der Mülleimer stand vier Tage unten. Ich habe nicht geschimpft, ich habe nur lächelnd gesagt: Na ist ja gut, daß du ihn jetzt endlich bringst! Meine Art von Humor! Wissen Sie, Frau Doktor, ich muß Ihnen ehrlich sagen, ich lese so unheimlich gerne Satiren, und wenn einem selber solche Sachen in Wirklichkeit passieren, kann ich darüber eben auch nur lachen! Das hat dem Kurt wohl auch an mir gefallen. Während meiner Schwangerschaft kam er wieder öfter. Schließlich haben sich beide Väter auf das Kind gefreut. Wegen Martin waren wir als Risikoschwangerschaft eingestuft worden, und ich wurde auch schon 14 Tage zuvor auf die Station zur Beobachtung eingewiesen. Kurt hat mich hingebracht, und die Ärzte und Schwestern nahmen an, daß er der Vater ist. Mach's gut, Renate, ich hoffe, daß du eine Tochter zur Welt bringst... möchte mal sehen, wie ein Mädchen groß wird! – so verabschiedete er sich.
Dann wurde Yvonne geboren, und alles verlief ganz unkompliziert. Als erstes kam der Helmut, ihr leiblicher Vater, um seine Tochter zu betrachten. Mir brachte er einen großen Blumenstrauß, und damit war seine Vaterpflicht fürs erste abgetan. Dann besuchte mich der Kurt mit Sohn. Und der Martin, weil er so würdig aussieht, da nahmen wieder einige Schwestern an, daß er der leibliche Vater ist. Er hat dann durch die Glasscheibe geschaut und gesagt: Was, die alle?! Da lagen wohl 13 bis 14 Kinder in diesem Babysaal. Die Schwester, die konnte das gar nicht so richtig verstehen, und die hat sich dann sehr gewundert über

sein Verhalten. Der Martin war dann doch sehr glücklich, daß es bloß ein Kind war! – Bald litt er dann ja unter dem Zwang, die Kleine an den Kronleuchter zu hängen. Das hat er immer gesagt! Das war wirklich ganz furchtbar, so daß ich keine Nacht mehr richtig schlafen konnte. Er lebte ja damals wieder in unserem Haushalt. Aus Eifersucht auf seine Schwester weinte er oft fürchterlich. Da lag er hier und schluchzte. Wenn ich hingekommen bin, dann stieß er mich mit den Füßen. Er hatte eine maßlose Eifersucht auf „den Säugling". Der Ausdruck hat sich bei ihm gehalten. Er spricht ja heute noch so von ihr, wo sie nun schon sechs Jahre alt ist. Was wünscht sich denn der Säugling zu Weihnachten? Bis heute heißt sie Säugling. Wobei sie dann auch gleich in eine Protesthaltung geht und sagt: Ich bin schon lange kein Säugling mehr! Diese Eifersucht wurde wohl so etwas Ähnliches wie ein Wahnsystem. Sie war auch der Hauptgrund, warum er mit seiner Psychose eigentlich nicht immer zu Hause bleiben konnte. In der Förderwerkstatt, da waren die alle ganz doll erbost, Frau Doktor, die konnten es nicht verstehen, daß er nach H. in die Psychiatrische Klinik kam. Ich hatte das Gefühl, sie haben mich alle ein bißchen verachtet, mehrere Mütter, die ein schon größeres behindertes Kind haben. Man hat es mir ganz kraß zu verstehen gegeben: Wenn man es weiß, daß man ein so schwer behindertes Kind hat, dann schafft man sich eben kein zweites an. Das haben sie mir auch gesagt. Mitarbeiter der Werkstatt haben den Martin auch in H. laufend besucht und haben ihm dort Geschenke hingebracht. Finden Sie auch, daß ich kein Recht auf ein zweites Kind hatte? Ich freue mich aber, daß die Kolleginnen und auch Herr M. in der Werkstatt den Martin so gern haben. Sie meinen es ja eigentlich gut. Ich glaube aber, meine Arbeitskolleginnen verstehen auch mich. Der Martin ist ja nun schon lange kein Kind mehr. Man darf ihn auch nicht mehr als Kind behandeln. Das hat mich damals, als er in der Werkstatt war, oftmals erschüttert, wenn Mütter ihren großen Söhnen, die sie zum Teil um zwei Köpfe überragten, die Nase putzten und sie betuttelten. Ein 3jähriges Kind würde sich schon dagegen wehren, würde sagen: Laß doch das, das kann ich allein. Durch so was fällt man ja in der Öffentlichkeit sehr auf. Ich war eigentlich immer bemüht, mit dem Martin nach außen hin nicht so aufzufallen. Wenn unsere behinderten Jugendlichen auch geistig immer Kinder bleiben, so darf man sie doch nicht so behandeln, auch im Umgangston. Da sehe ich manchmal auch immer noch viele Fehler bei den Eltern in unserer Tagesstätte. Und der Martin, wenn ich ihn immer so gelassen hätte, der würde wahrscheinlich heute noch mit einer Windmühle durch die Straßen laufen – er ist jetzt 23! Heute hat er gerade wieder geäußert, ob er – wenn der Weihnachtsmann kommt – ob er da nicht Spielzeug kriegt. Da sagte ich: Martin, es gibt keinen Weihnachtsmann. Und die Yvonne hat es ihm dann ganz drastisch erklärt, daß es keinen Weihnachtsmann gibt, und wer dieser Mann ist. Einmal sind wir extra noch auf den Weihnachtsmarkt gefahren, da sollte er sich davon überzeugen, daß diese Weihnachtsmänner eben nur verkleidete Männer sind. Aber er glaubt eben trotzdem noch an den Weihnachtsmann! Er möchte, daß es so ist wie in seiner Phantasie. Aber soll man das nun wirklich dabei belassen, das wirkt doch lächerlich! Ich möchte das eigentlich nicht, denn es ist doch wirklich ganz schwer gewesen, den Martin so weit zu bringen, wie er jetzt ist. Ein Spiel für Erwachsene? Das interessiert ihn ja alles nicht. Er möchte eigentlich gar nichts. Er möchte nur, was ihm das Liebste ist: unter Menschen sein, die ihn akzeptieren. Das macht ihm auch die meiste Freude. Oder wenn wir in irgendeine Ausstellung gehen oder in ein Restaurant. Man muß für unsere Behinderten Toleranz und Humor haben! Aber viele Leute, die sich so normal und gut finden, die sind oftmals in meinen Augen... na, ich weiß nicht, da bin ich dann enttäuscht, wenn ich die näher kennenlerne. Die sind dann oft so spießig und so sauer auf ihr eigenes Leben, da muß ich sagen, sind wir bei allem doch immer noch eine harmonische Familie gewesen. Ich möchte eigentlich mit vielen Leuten nicht tauschen, die nach außen hin „ganz gut" verheiratet sind. Wie oft ist das nur Fassade. Und manche Menschen machen sich das Leben auch noch komplizierter als es ist. Wir sollten die Behinderten so annehmen, wie sie sind, ohne sie aufzugeben. Das ist ja auch bei Martin so, ich kann ihn doch nicht umwandeln, der ist so, wie er ist. Wir haben uns daran gewöhnt. Es ist jetzt höchstens die Yvonne..., aber die muß sich auch daran gewöhnen. Wenn es ein gesundes Kind ist, dann wird sie es verkraften.

Enttäuschungen von meinen Mitmenschen? Na ja, in gewisser Weise von meiner Familie aus, meine Geschwister und meine Mutter, die sich so distanziert haben. Meine Schwester würde zum Beispiel nie den Martin nehmen, nicht mal für ein paar Stunden, aber das trifft mich nicht besonders, sie ist sowieso nicht die geeignete Bezugsperson für ihn, und das gibt's ja auch unter anderen, so daß ich ihr das nicht übel nehmen kann. Dafür macht sie auch wieder andere Dinge, sie ist Malerin und malt wunderschöne Bilder, was ich nicht kann. Ich finde das nicht so enttäuschend, denn es gibt so viele andere Leute, die mir helfen... Beweis war ja jetzt auch wieder Frau W., die ohne weiteres meine Tochter aufgenommen hat, als ich mit meinem hohen Blutdruck ins Krankenhaus mußte. Und auch andere Kolleginnen, zum Beispiel Frau St., die meinte, sie wird den Martin besuchen, wenn ich längere Zeit weg bin. Da gibt es eigentlich eine schöne Solidarität und Hilfe

untereinander. Ich habe ja auch schon öfter andere Kinder bei mir aufgenommen.
Der Martin wird jeden Freitag aus der Klinik abgeholt und bleibt dann bis zum Sonntagabend zu Hause. Und sollte es aus irgendwelchen Gründen – und das ist selten – mal nicht gehen, dann wartet er unheimlich..., dann läuft er wie ein gefangenes Tier von einer Tür zur andern, das haben mir die Pfleger bestätigt. Er guckt aus sämtlichen Fenstern. Er will dann auch eine Erklärung dafür haben, warum ich so spät komme oder überhaupt nicht gekommen bin. Es ist eben immer noch so ein Höhepunkt, am Wochenende zu Hause zu sein. Und er ist auch bemüht, soweit er es überhaupt kann, sich zu Hause von seiner besten Seite zu zeigen. Wenn ich mich zum Beispiel stoße, dann fragt er: Hast du dir wehgetan? Das alles ist doch ein Beweis, daß er an mir hängt... Von mir aus ist es auch so, daß ich viel an ihn denke und sage, du mußt ihm da irgendwie eine Freude machen. Er war die 14 Tage, als ich im Krankenhaus war, auf der Station, und er hatte seine Sachen da. Und durch den Personalmangel ging nicht alles so, wie man es so wünscht, und da sind einige Sachen abhanden gekommen. Da haben wir ihm an diesem Wochenende zwei neue Hosen gekauft, und da war er so erfreut und hat sie anprobiert. Das sind doch freudige Erlebnisse. Ich möchte ihn auch immer holen, solange ich kann. Manch einer sagt: Warum machst du das? Manchmal sage ich mir das auch selbst; wenn man sich zuviel drum kümmert, man hat es eigentlich selber schwer. Aber auf der anderen Seite ist er doch immer mein Kind. Und ich habe das bleibende Gefühl, er braucht mich... weil ich ja wahrscheinlich der einzige Mensch bin, der ihn auf Dauer wirklich liebt. Von seines Vaters Seite aus, von dem Kurt, ist das auch heute nicht anders als früher. Wenn der uns besucht, begrüßt er mich freundlich und die Yvonne überfreundlich. Er knuddelt sie und freut sich, daß sie ein Stück gewachsen ist. Den Martin, den ignoriert er vollkommen. Es ist schon passiert, daß er ihm noch nicht mal die Hand gegeben, ihn gar nicht begrüßt hat. Und von Martins Seite aus ist die Vater-Bindung immer noch vorhanden, es ist doch irgendwie ein bißchen tragisch. Es bedrückt mich sehr, es ist von klein an so geblieben. Heute hat der Kurt auch ein Auto, und der Martin würde sich ganz doll freuen, wenn er mal mitfahren dürfte... Er fragt auch: Fährst du mal mit mir um den See? Das macht der aber nicht. Wenn die Yvonne fragen würde, wäre es etwas anderes. Er sagt auch zu ihr: Bald ist wieder Sommer, und da lernst du schwimmen. Ach, da gehen wir beide baden. Aber den Martin würde er wohl nicht mitnehmen. Er hat ja auch damals schon zu mir gesagt, nachdem die Yvonne geboren wurde: Mit der würde ich dich sofort heiraten, aber mit diesem Idioten nicht. Er spricht eben sehr

häßlich von seinem Sohn. Vielleicht wäre unsere ganze Einstellung zueinander, zu uns beiden, auch ganz anders, wenn der Martin ein gesundes Kind gewesen wäre. Der Kurt konnte das alles nicht verkraften. Er hat eben so eine Idealvorstellung von einem Kind, das muß artig und intelligent sein.
Und seine Mutter? Es ist wirklich ganz rührend, wie sie sich immer noch um den Martin bemüht, trotz alledem. Sie kommt zu jedem Geburtstag, zu jedem Weihnachtsfest und zu allen Familienfeiern, die überall gemeinsam begangen werden. Da schenkt sie ihm dann was und ist immer sehr bedacht, daß es ihm gut geht. Und das finde ich eigentlich sehr nett. Beide Kinder sagen Oma zu ihr. Also da ist doch irgendwie ein richtiges Zusammengehörigkeitsgefühl unter den Geschwistern entstanden. Auch die Yvonne hängt jetzt eigentlich an dem Martin. Aber manchmal sagt sie auch: Du bist doof und du kannst dies nicht und das nicht. Da muß ich sehr ausgleichen. Irgendwie akzeptiert sie ihn mit seinen Besonderheiten schon, aber auf der anderen Seite verkraftet sie doch nicht alles ohne Konflikte. Die Freundinnen, die sie hat, da ist es eben auch so, daß die Eltern von den Mädchen nicht möchten, daß die Kinder hier in unseren Haushalt kommen.
Und in der Hausgemeinschaft? Zu Anfang, da reagierten sie neugierig. Als wir hier einzogen, da fegten sämtliche Mieter des Hauses vor ihren Türen, damit sie uns sehen und betrachten konnten. Aber jetzt kennen sie den Martin und die ganzen Probleme. Sie würden wohl auch fragen, ob sie mir helfen können. Neugier ist da nicht mehr. Ich könnte wahrscheinlich auch zu jeder Tages- und Nachtzeit zu allen Leuten im Hause kommen, wenn wirklich was Dringendes wäre.
Ich glaube, ich sehe heute alle Dinge realistischer. Und ich muß Ihnen ehrlich sagen: Mein Leben hat sich zum Positiven verändert, trotz allem. Und viele Dinge, die andere nur negativ empfinden, darin sehe ich immer noch irgendwelche guten Seiten. Im Grunde genommen habe ich in meinem Leben doch schon recht früh Schlimmes und Schweres kennengelernt. Erlebnisse, die schwer zu bewältigen waren. Ich habe es aber immer wieder geschafft, mich nicht unterkriegen zu lassen.
Natürlich fühle ich mich auch manchmal allein..., ich meine so als Frau. Die Männer in meinem Leben haben es sich doch relativ einfach gemacht, insbesondere Martins Vater. Für ihn ist sein Sohn eben nur ein „Idiot", der ihn nichts oder nur sehr wenig angeht. So ist das mit der „männlichen Freiheit". Wie sollte ich mich da nun als Frau und Mutter verhalten? Selbstverständlich hatte ich mir mein Leben auch anders gewünscht, weniger belastet. Aber ich kann doch nicht einfach ohne Gewissensbisse so tun, als ginge mich der Martin gar nichts an, als

sei er gar nicht mein Sohn. Wo er doch auch so große Sehnsucht nach menschlicher Wärme und liebevollem Angenommensein hat – und wohl immer haben wird. Wie kann man sich denn da distanzieren? Ich konnte es nicht. Und so habe ich mich auf die Realitäten meines Lebens eingestellt. Ich bin überzeugt, daß unsere Art des Familienlebens, so wie ich mit den Kindern zusammen bin, letzten Endes besser ist als die Atmosphäre in einer schlechten Ehe, für die Kinder und auch für mich. Ich habe ja auch erfahren, daß die Abhängigkeit von einem Menschen, auf den man sich nicht verlassen kann, doch recht zermürbend ist. Da verlasse ich mich lieber auf mich selbst, da weiß ich, woran ich bin. Da kann sogar so etwas wie „Geborgenheit aus sich selbst" entstehen. Und dadurch bin ich wohl auch nicht der Typ einer verbitterten Frau geworden. Trotz meiner Enttäuschungen habe ich noch Träume...

Manchmal, wenn ich an die Zukunft denke, stelle ich mir auch vor, daß viel Zeit vergangen ist und ich alt bin. Und dann möchte ich doch sagen können, ich habe in meinem Leben als Mensch nicht versagt, „ich meine als Mit-Mensch. Humanität heißt ja wohl Menschlichkeit. Und nach meinem Lebensgefühl ist Martin ein Prüfstein dafür, persönlich und gesellschaftlich. Und so viel verstehe ich bestimmt vom Leben, daß ich das so sagen kann.

Diagnose: *Frühkindliche Hirnschädigung*
– pränatal-toxisch (Nierenerkrankung der Mutter während der Schwangerschaft) und
– perinatal-hypoxaemisch (Sauerstoffmangel unter der Geburt);
In der Pubertät: Schizophrenie.
Die kindlichen Verhaltensweisen haben teilweise autistische Züge (Einzelgänger, der sich durch seine Kontaktstörung nur sehr schwer auf neue soziale Situationen und Anforderungen einstellen kann).
Allgemeine Ausführungen hierzu im Kapitel 2.4.2.
Differentialdiagnostisch wäre zu diskutieren, ob es sich nicht von vornherein um eine kindliche Form der Schizophrenie gehandelt hat (selten). Martins besondere Entwicklung, die durch den psychotischen Krankheitsprozeß komplizierter verlief, als wenn es sich „nur" um eine Hirnschädigung gehandelt hätte, ist darum nicht typisch für die Geschwistersituation. Eine solche Eifersucht auf das nachgeborene gesunde Kind ist nicht die Regel, sondern die seltene Ausnahme (Eifersuchtswahn). Andere Eltern sollten sich also bei ihren Überlegungen zur Familienpla-

nung nicht durch die besondere Geschwisterkonstellation dieses Falles und die dadurch überaus schwierige Lebenssituation von Martins Mutter beeinflussen lassen.

Weiterhin soll folgendes hervorgehoben werden: Obwohl Martin zweifellos geistig-psychisch schwer geschädigt ist, wirkt er in seinem äußeren Erscheinungsbild normal und unauffällig.

Es ist anzunehmen, daß sich der psychische Gesamtzustand dieses jungen Mannes noch weitaus ungünstiger entwickelt hätte, wenn seine tapfere Mutter nicht trotz aller Probleme und Schwierigkeiten immer zu ihm gehalten hätte; z. B. bei einer totalen Hospitalisierung ohne Familienkontakte.

Diese, wenn auch nicht konfliktlose, aber im wesentlichen doch immer zuverlässige und verantwortungsbewußte Einstellung der alleinstehenden Mutter verdient eine besondere Anerkennung.

Antwort auf die an mich gestellte Frage: Ich meine, daß man der Mutter nicht das Recht auf ein zweites Kind absprechen konnte.

Martin hat in diesem Sommer (1980) einen gemeinsamen Urlaub mit seiner Mutter und Schwester in einem Ferienheim verbracht.

Mirjam II

Ich hatte sehr zwiespältige Gefühle, als in meinem Betrieb die Anerkennungsschreiben von den Schulen meiner beiden jüngeren Kinder verlesen wurden. Darin wurde ein Lob für deren sehr gute Leistungen und Erfolge in der sozialistischen Schule übermittelt.
Natürlich hat mich das auch einerseits sehr gefreut – aber liegt mein väterliches Verdienst besonders bei den Erfolgen meiner beiden POS-Kinder? Sie sind gut begabt, sie lernen mühelos und leicht.
Ganz anders ist es da bei Mirjam, unserer Ältesten... Ihre Behinderung hat eigentlich die meisten Hilfen und Zuwendungen von mir gefordert, um sie mußten wir uns als Eltern besonders viel kümmern. Gerade ihr Nichtgutlernenkönnen hat uns am meisten Geduld und Zeit abverlangt!
Und wenn ich bei diesem Problem auch an andere Mütter und Väter denke, dann muß ich fragen: Werden eigentlich bei uns die Eltern gelobt, die es am meisten verdienen?
Dies fragt der Vater von

Mirjam II: 17 Jahre, Rehabilitationswerkstatt, vorher: Körperbehinderten-Hilfsschule
Vater: 45 Jahre, Professor für Theologie
Mutter: 48 Jahre, Pastorin, Abgeordnete
Bruder: Daniel, 13 Jahre, 8. Klasse OS
Schwester: Rahel, 9 Jahre, 4. Klasse OS

Meine eigene Jugend? – Da muß ich wohl sagen: Ich war ein Kind des zweiten Weltkrieges. Mit sechs Jahren bin ich in ein Lager gekommen und war danach eigentlich ständig – von 1941 bis 1946 – mit dem Krieg konfrontiert. Ich habe also einerseits viele materielle Entbehrungen erfahren, aber andererseits war da eine ungewöhnliche Zuwendung meiner Mutter, meiner Eltern, meiner Geschwister. Die Familie hat mir auch in der Notzeit sehr viel Geborgenheit gegeben. Unsere ganze Familie war in dem Lager, und ich habe mit acht Jahren meinen ältesten Bruder durch den Krieg verloren. Das war für uns alle ein entsetzlicher Verlust. Da habe ich zum ersten Mal gemerkt, daß man Familien amputieren kann; uns fehlte ein Glied in der Familie,

und wir haben diesen Phantomschmerz noch lange Zeit gehabt.
In der Zeit nach 1945 ging es mir eigentlich wie den meisten Menschen dieser Generation: das Glücksgefühl, nicht mehr im Krieg leben zu müssen und dann die allmählich nachlassenden Entbehrungen..., wir haben das alles sehr intensiv erlebt. Besonders bedeutsam war aus meiner Sicht das Recht auf Bildung und die vielen Möglichkeiten, dieses Recht zu verwirklichen. Das Lernen war für mich immer mehr Freude als Pflicht. 1954 konnte ich an der Humboldt-Universität das Studium der Theologie beginnen.
Meine Frau ist auch Theologin. Unser praktisches Lebenskonzept beruht auf der gleichberechtigten Partnerschaft von Mann und Frau. Wir bemühen uns jedenfalls darum. Ich habe in der Kindheit ja noch eine sehr patriarchalische Familie erlebt. Das hing mit Haus und Hof – Vater war Bauer – und auch natürlich mit der entsprechenden Familientradition zusammen. Wobei mich aber offenbar die Tradition überhaupt nicht blockiert hat. Denn ich habe meine Frau nicht geheiratet, um in erster Linie eine Hausfrau zu haben, die kocht und Strümpfe stopft und dergleichen. Das kann ich ja auch allein.
Was ich von Anfang an bei meiner Frau so ganz besonders mochte?... Sie hat mir einfach als Frau gefallen und dabei auch als geistige Gesprächs- und Erlebnispartnerin. Wir haben uns in manchen Dingen auch gestritten, zum Teil auch in bezug auf berufliche Probleme. Wir sind in vielem ein „Haus aus Gegensätzen", und das hat uns gerade angezogen. Ich wußte auch von vornherein, daß ich I. niemals in eine Hausmütterchenrolle drängen werde, das hat sich dann später ja auch in der Erziehung der Kinder ausgewirkt...
Unsere Mirjam wurde am 23. Februar 1963 geboren. Unser erstes Kind war ersehnt und erwartet. Als meine Frau mir sagte, daß sie schwanger sei, war das die schönste Mitteilung meines Lebens. In der Zeit „unserer" Schwangerschaft habe ich nachts oft von unserem Kind geträumt: Es waren schöne, hoffnungsvolle Zukunftsbilder. Heute ist mir deutlich, daß ich meine Frau damals sogar beneidet habe. Ich erlebte zwar mehr denn je die Zuneigung meiner Frau, spürte aber zugleich, daß sie mit unserem Kind mehr zu tun hatte als ich. In einer eiskalten Februarnacht brachte ich sie dann in das Städtische Krankenhaus nach B. Als sich hinter ihr die Tür der Entbindungsstation schloß, kam ich mir wie ausgeschlossen vor. Zu Hause wußte ich in der spannungsvollen Vorfreude nichts mit mir anzufangen. Die Schwangerschaft war ohne jede Komplikation verlaufen, nun hatten auch die Wehen normal eingesetzt. In wenigen Stunden würde ich unser Kind sehen. In unserem Heimatdorf war mein Vater bei der Geburt seiner vier Kinder nicht ausgesperrt worden, und ich wußte auch von moder-

nen Kliniken in anderen Ländern, die dem Vater erlaubten dabeizubleiben. Und ich? Morgens um fünf Uhr früh fuhr ich wieder nach B. Von der diensthabenden Schwester wurde ich angeschnarrt und wieder weggeschickt: Wat wolln' Sie denn hier, et is ja noch nicht so weit – wern's ja noch früh jenuch erfahrn, um ne Lage zu schmeißen. Als ich um sieben Uhr anrief, sagte mir die gleiche Stimme verhalten: Es war ein bißchen kompliziert, aber beide leben.

Ich faßte die Bemerkung als übliche Floskel auf. Wieder in B. angekommen (es war sonnabends), erfuhr ich, daß unsere Tochter im Brutkasten läge. Weil meine Frau noch schlief, eilte ich zur Frühchenstation. Die Ärztin riß mich jäh aus meinen Zukunftsträumen, in denen Gedanken an Zwischenfälle oder gar an Behinderung nicht vorgekommen waren: Ich weiß nicht, wie ich Ihnen gratulieren soll. Ihr Kind ist zwar neun Monate ausgetragen, hat aber Untergewicht. Schwerwiegender ist, daß die Geburt sehr lange gedauert hat. Dabei hat Ihre Tochter Fruchtwasser geschluckt, so daß leider die notwendige Atmung behindert war. Was hatte diese Mitteilung zu bedeuten? Durch die Scheibe des Kinderzimmers sah ich ein winziges dunkelhaariges Schneewittchen im Glassarg und kam mir zwergenhaft und hilflos vor. Meine Frau war erschöpft und erschüttert von den Ereignissen der Entbindung. Wegen Grippe hatte sich die zweite Hebamme der Nachtschicht krankgemeldet. Mehrere Medizinstudenten hatten Kreißsaalpraktikum. Es war nicht übermäßig viel zu tun. Die Studenten und die diensthabende Ärztin sagten ihr schon seit 21 Uhr, daß die Herztöne des Kindes nur schwach oder gar nicht zu hören seien. Als am nächsten Morgen gegen sieben Uhr die Entbindung stattfand, hatte das Kind eine bläuliche Hautfarbe, konnte nicht schreien und hatte nur eine Schnappatmung. Nun wurde auf der Frühchenstation um Mirjams Überleben gekämpft. Als meine Frau ihre Stationsschwester fragte, ab wann sie die Milch für das Kind abpumpen sollte, wurde ihr gesagt, diese Station sei „auf Milch nicht eingestellt" und außerdem solle sie erst mal abwarten, ob das Kind überhaupt am Leben bliebe ... Mirjam blieb am Leben. Meine Frau pumpte regelmäßig die Milch ab, goß sie aber weg, weil sie niemand zur Kinderstation bringen konnte. I. wurde nach Hause entlassen, wir waren glücklich, aber das Babybett blieb noch leer.

Ich wurde nun für drei Wochen „Milchvater". Meine Frau hatte nicht viel Milch, aber sie pumpte jeden Tropfen ab. Das war ja zunächst das einzige, was wir für unser Kind tun konnten. Ich brachte die Flaschen jeden zweiten Tag ins Krankenhaus und sah unsere Tochter regelmäßig. Wie glücklich registrierte ich jede Gewichtszunahme, die die Schwester mir schon von weitem zurief. Unvergessen bleibt mir der

Anblick, als meine Frau unser Kind auf der Station zum erstenmal stillen durfte. Wenige Tage später konnten wir unsere Mirjam nach Hause holen. Das Entlassungsgespräch stimmte uns optimistisch. Das zarte Kind hatte sich als erstaunlich wiederstandsfähig erwiesen, Ärzte und Schwestern waren stolz auf ihren Erfolg und wir zutiefst dankbar. Worte wie „körperbehindert" oder „hirngeschädigt" hatten wir in unserer Familie nicht gehört.
Zu Pfingsten 1963 war Mirjam vier Monate alt. Sie hatte sich gut entwickelt und lachte mit jedem. Verwandte und Freunde reagierten begeistert auf die süßen Babyfotos. Da geschah es, daß Mirjam nach der Abendmahlzeit auf dem Wickeltisch plötzlich Arme und Beine verkrampfte und sich im Gesicht deutlich bläulich verfärbte. Der Notarzt stellte eine Erkältung fest, tatsächlich war das Fieber auch schon auf 39° C gestiegen. Der Arzt erklärte uns, daß es möglicherweise ein Schluckkrampf gewesen sein könnte, wahrscheinlich handele es sich aber um einen Fieberkrampf, und wir sollten das Kind vor Infekten schützen. In der Säuglingsfürsorge wurde diese Diagnose registriert, die Ärztin lächelte später immer nachsichtig, wenn ich fragte, warum unser Kind nur mit der rechten Hand nach der Flasche greift und auch nur mit dem rechten Bein strampele. Unsere Besorgnis amüsierte sie. Mirjam war mit einem Jahr trocken, hatte mit zwei Jahren einen beachtlichen Wortschatz, spielte mit Puppen, ließ sich Bilderbücher vorlesen, konnte aber immer noch nicht richtig laufen. Die Krämpfe wiederholten sich. Wir bemühten uns nun um orthopädische und neurologische Fachbehandlungen. Die Oberärztin in der Klinik reagierte auf unseren Bericht sehr gelassen: Solch ein Geburtsablauf und diese Krämpfe seien eine typische Folge nach Abtreibungsversuchen oder wenn die Mutter aus Eitelkeit während der Schwangerschaft zu enge Kleidung getragen habe. Wir wiesen diese Äußerungen als Vorwürfe zurück, aber die Ärztin glaubte uns nicht, daß unsere Tochter ein von Anfang an gewünschtes Kind sei.
Weil meine Frau auch voll berufstätig war, wechselten wir uns in der Pflege des Kindes ab. Wir konnten eine selber kinderreiche Mutti gewinnen, in unserer Abwesenheit das Kind zu versorgen. Sie tat das liebevoll. Krippenplätze waren rar und die Gesundheit des Kindes nicht stabil.
Wir haben Mirjam aber auch viel mitgenommen, schon als kleines Kind, z. B. zu Wochenendtagungen der Evangelischen Akademie. Wir haben sie nie versteckt. Sie war und ist ja auch jetzt ausgesprochen kontaktfreudig.
Die erste klare Auskunft über die Situation unseres Kindes gab uns Frau Dr. B., Fachärztin für Kinderneuropsychiatrie. Aus ihrer lang-

jährigen Erfahrung riet sie meiner Frau, als Erzieherin im psychiatrischen Kinderkrankenhaus zu arbeiten. Da unser Kind nicht schulbildungsfähig sei, käme es auf diese Weise rechtzeitig in eine Gemeinschaft, die nach sorgfältigem Plan gefördert werde. Das Beste aber, was wir für unser Kind tun könnten, sei, daß es kein Einzelkind bleibe, sondern mit Geschwistern aufwachse.
Durch diese Ärztin kriegten wir damals noch zusätzlich eine ziemliche Rückenstärkung darin, mit unserem behinderten Kind bewußt in der Öffentlichkeit aufzutreten, an diesem Kind Haltung zu zeigen, z. B. in öffentlichen Verkehrsmitteln, in Lokalen, auf der Straße, eben überall, wo wir leben. In der Zwischenzeit ist uns diese Haltung zur Selbstverständlichkeit geworden.
Drei Jahre lang hatten wir zur Diagnose und Prognose nur ausweichende oder vieldeutige Antworten bekommen. Eigentlich war uns die Unklarheit sogar recht, denn sie war der Nährboden unserer Hoffnung darauf, daß „langsam, aber sicher" doch alles noch gut würde...
Dieses fachärztliche Gespräch hatte nun unser Leben entscheidend verändert: Wir sind Eltern eines körperlich und geistig für immer behinderten Kindes.
Die zweite Schwangerschaft erlebten wir dann nicht unbefangen. Obwohl wir subjektiv die Sicherheit hatten, daß Mirjam in keiner Weise erblich geschädigt war, bemächtigte sich unser oft dunkle Phantasie. Warum bewegt sich das Kind noch nicht? – fragten wir uns im fünften Monat. Warum bewegt es sich so heftig? – beunruhigten wir uns gegenseitig einen Monat später. Mirjam allein war ungetrübt begeistert in ihrer Vorfreude auf das Baby. Sie packte sich selbst einen kleinen Koffer mit den wichtigsten Dingen fürs Krankenhaus. Sie wollte mit der Mutti in die Klinik, um dem Doktor zu zeigen, wo das Baby herauskommen muß. Die Freude über das gesunde Brüderchen war dann bei uns dreien sehr groß. Und an seiner stetigen unkomplizierten Entwicklung lernten wir erst beurteilen, wie verzögert sich Mirjam entwickelt hatte. Nun war es uns erst recht unverständlich, warum das in Mirjams Säuglingsfürsorge nicht aufgefallen war.
Die dritte Schwangerschaft meiner Frau war dann wieder ein sehr schönes Erlebnis für uns beide, weil wir da kaum noch ängstlich, sondern doch überwiegend erwartungsfroh waren. Das ist wohl auch sehr wichtig gewesen für uns. So haben wir jetzt im vierjährigen Abstand drei Einzelkinder. Der Altersunterschied ist vielleicht ein bißchen zu groß, aber es ist gut, daß wir nach Mirjam noch zwei gesunde Kinder haben. Für das behinderte Kind ergibt sich dadurch ja eine größere Erlebnisbreite. Und eins, was auf jedenfall auch dabei herauskommt, ist, daß die gesunden Geschwister in ihrer Persönlichkeitsentwicklung

durch die Realität ihres Alltags wahrscheinlich doch ein sehr differenziertes Menschenbild erleben und verinnerlichen. Natürlich müssen die Eltern für eine positive Wechselwirkung der Katalysator sein. Wir hoffen, daß uns das bisher im wesentlichen gelungen ist.

Bei der schulpsychologischen Untersuchung von Mirjam wurde damals festgelegt, daß sie in den bis dahin (1969) einzigen Berliner Kindergarten für Körperbehinderte gehen solle. Nach einem Jahr kam sie in eine Beobachtungsgruppe im Vorschulteil der Körperbehindertenschule. Wir waren glücklich, weil Mirjam ein selbstbewußtes, fröhliches Schulkind wurde, obwohl sie die Leistungen nur mühsam erbrachte.

Durch Kindergarten und Schule waren wir mit anderen Eltern bekannt geworden, die mit ähnlichen Problemen fertig werden mußten, zum Teil unter viel schlechteren Wohn- und Arbeitszeitbedingungen als wir.

Wir hatten unser Kind einer erfahrenen Lehrerin anvertrauen könne, die sich mit uns über den den kleinsten Entwicklungsschritt freute und bei Rückschritten nicht so schnell den Mut verlor wie wir. Bei der folgenden psychologischen Überprüfung wurde der Hilfsschulzweig C vorgeschlagen. Die Lehrerin, Frau D., konnte meine protestierenden Gefühle lesen und sagte spontan tröstlich – weil unmißverständlich: Was wollen Sie denn, seien Sie doch froh, denken Sie doch mal nach. Hilfsschule heißt doch, daß es eine Schule gibt, die ihrem Kind helfen will. Mehrere aus der Gruppe, in der Mirjam war, schafften es nicht in die Hilfsschule, sondern kamen in eine Fördereinrichtung.

Frau D., Mirjams Lehrerin in der Körperbehindertenschule, hat nicht nur Mirjam, sondern auch uns gelehrt, mit Behinderten zu leben. Wir haben erlebt, wie bei Mirjam und ihren Klassenkameraden Fähigkeiten erschlossen und soziales Verhalten entwickelt wurde, was wir nie zu hoffen gewagt hätten. Im Elternaktiv und Elternbeirat haben wir uns dann acht Jahre lang engagiert, um der Schule und ihren Schützlingen bei der Schaffung von optimalen Bedingungen zu helfen. Die allgemeine Unterstützung des Staates hatten wir dabei auf unserer Seite, und doch mußte jeder konkrete Schritt und Fortschritt speziell für die Hilfsschulklasse in den acht Jahren erkämpft werden.

Mirjams Klassengemeinschaft bestand aus acht bis zehn Jungen und Mädchen. Jedes Kind war auf eine andere Art körperbehindert, auch der Grad intellektueller Fähigkeit und Bereitschaft war unterschiedlich. Frau D. hat es geschafft, in einem Raum zu gleicher Zeit in drei bis vier Lerngruppen den Stoff in unterschiedlicher Aufbereitung mit selbstgefertigtem Lehrmaterial zu unterrichten. Nie zuvor hatten wir es erlebt, daß ein anderer Mensch sich für unser Kind so vorbehaltlos eingesetzt hat. Die meisten Eltern der Mitschüler erlebten die Bemühungen der Lehrerin auch für sich persönlich als große Ermutigung. Frau D. bemühte sich um den Lehrstoff, aber gleichzeitig ging es ihr um die Persönlichkeitsentwicklung der Kinder. Es gelang ihr, eine lebendige Solidarität unter ihren Schülern zu entwickeln und darüber hinaus Mitgefühl und Verständnis für die Kinder in Vietnam und Chile zu wecken.

So ging Mirjam unwahrscheinlich gern zur Schule. Für sie war es die größte Strafe, mal nicht zur Schule zu dürfen, z. B. durch Krankheit. Sie ging bis zum letzten Moment, über jeden versäumten Tag war sie traurig. Wir sind uns auch dessen bewußt, daß es nur Frau D. zu danken ist, daß unsere Mirjam ein Schulkind geworden und geblieben ist; ich meine, daß sie nicht vorzeitig als „schulbildungsunfähig" erklärt worden ist.

Als unser drittes Kind Rahel geboren wurde, nahm die ganze Klasse Anteil. Der Schulbus brachte die Kinder am Wandertag zu uns an den Wickeltisch. Wie zärtlich und zugewandt wurde das Baby von allen betrachtet! Von nun an wurde das Heranwachsen dieses Menschenkindes in den Lehrstoff einbezogen! Weil sie von den Windeln an soviel Zuneigung von Behinderten erfahren hat, sind unserer Jüngsten behinderte Menschen besonders vertraut. Ausflüge, Auszeichnungen und phantasievoll gestaltete Feste haben den Kindern über manche im Vergleich mit den Geschwistern deutlich empfundene Entbehrung hinweggeholfen. Es wird für Kinder und Eltern ein unvergeßliches Erlebnis bleiben, wie mit dem vierzehnjährigen Rainer seine ersten selbständigen Schritte als „Geh-Fest" gefeiert wurden. In vielen tapfer erduldeten Operationen hatte der Junge von Jahr zu Jahr auf dieses Ereignis gehofft, auch wenn er wußte, daß er auf den Rollstuhl angewiesen bleiben würde. Mitten im bunten Treiben von Luftballons und Pfänderspielen führte Rainer in unserem Garten seine ersten Schritte vor. Frau D. hatte ein Kunstwerk von Torte gebacken, um das Ereignis aus allen bisherigen Festen herauszuheben. Wen wundert es da, daß auch die Jugendweihe gemeinsam gefeiert wurde. Manche der eingeladenen Verwandten haben wohl zum ersten Mal so viele behinderte Kinder beieinander gesehen. Ob sie auch betroffen waren von der unbefangenen Freude, mit der sie ihr Fest begingen? Auch uns ist selten so deutlich geworden wie in dieser festlichen Runde im Restaurant, daß Behinderung eigentlich nur in Gemeinschaft ertragen werden kann.

Ich berichte über diese Lehrerin deshalb so ausführlich, weil sie den Kindern den Weg ins Leben als Weg in die Gesellschaft bahnen half. Gemeinsam haben sie die bohrend-neugierigen Blicke der Mitbürger beim Heimatkundeausflug, zur Post, ins Museum und in die Kaufhalle besser ertragen, als wenn sie mit den Eltern alleine unterwegs sind. Wir hatten ja auch sehr bald gemerkt, als Mirjam heranwuchs, daß man uns ständig mit mitleidigen Blicken bedauerte (Menschen, die doch relativ intelligent sind, wie können die so ein Kind haben?!). Ein Lob den Berliner Taxifahrern, die seit Jahren die Schultour fahren. Sie leisten einen unschätzbar großen Anteil dazu, daß die behinderten Kinder Vertrauen zu Fremden fassen. Ich habe erst durch die Begegnung unserer heranwachsenden Tochter mit der Öffentlichkeit gemerkt, wie hart manche Menschen urteilen. Überrascht habe ich gehört, wie sie vor den Ohren des Kindes behindertes Leben sinnlos nennen. Ich habe vorher nicht gewußt, daß viele Lebensfreude nur bei gesunden Menschen für möglich halten. Aber schließlich ertappe ich mich auch selber dabei, daß meine Ungeduld durch falsche Maßstäbe entsteht, mit denen ich die langsamen Reaktionen meiner Tochter beschleunigen möchte.

Freunde unserer Familie haben uns in bezug auf Mirjam eigentlich ständig ihre Hilfe angeboten, und wir haben uns auch nicht gescheut, diese Hilfe anzunehmen. Zum Beispiel wenn wir mal an einem Wochenende weg mußten, haben Bekannte ihre Zeit zur Verfügung gestellt und sind bei unseren Kindern geblieben. Besonders in der Beziehung zu Mirjam haben sich Freundschaften über die 17 Jahre hinweg sehr bewährt. Es sind durch sie eigentlich auch neue Freundschaften entstanden. Aus dieser Erfahrung möchte ich auch andere Eltern ermuntern, solche echten Hilfen von Freunden anzunehmen.

Die gute Beziehung der Mitbewohner unserer Straße ist von Mirjams Kinderwagenzeit bis heute geblieben. Kinder und Erwachsene haben verstehen gelernt, daß Mirjam gerne lebt, mal fröhlich, mal traurig, und unverhohlen neugierig ist. Irgendwie genießt sie auf ihre Art doch ganz intensiv das Leben. In praktischen Dingen ist sie oft ganz pfiffig, so daß sie häufig die Lacher auf ihrer Seite hat. Sie zankt sich mit ihren Geschwistern wie andere auch, und ihre Eßlust muß ständig gebremst werden! Nach besonders auffälligen Szenen fragt wohl der eine oder andere freundlich mitfühlend, wie wir das nur schaffen mit einem psychisch so schwer zu lenkenden Kind in der Familie. Meistens folgt dann ein sehr nachdenkliches Gespräch, wenn meine Frau oder ich zurückfragen, wie „einfach" es denn mit den gesunden siebzehnjährigen Kindern sei... Diese freundliche Nachbarschaft und auch Freunde und Verwandte haben uns geholfen, die unerfreulichen Erlebnisse anderswo zu ertragen. In der Straßenbahn schimpfen regelmäßig andere Fahrgäste, weil das Aussteigen so sehr langsam geht, ungeduldige Fahrer haben uns auch schon eingeklemmt. Leider kann Mirjam immer noch nicht alleine in eine Kaufhalle gehen. Weil jeder es eilig hat, können sie Mirjams langsame Art zu reagieren nicht ertragen und schimpfen gereizt los, besonders an der Kasse. Es muß wohl schwer sein, einem behinderten Menschen ein paar Minuten zu gönnen. So endet der eigentlich so wichtige selbständige Einkauf immer mit Tränen. Aber in Begleitung geht sie auch gerne.

Auch für uns Eltern war es ein langer Lernprozeß, auf plumpe Äußerungen nicht auch gereizt zu reagieren. Ich erinnere mich an Situationen, wo ich sicherlich unangebracht schroff geantwortet habe. Wir wollten für Mirjam eine Cordhose kaufen. Sie bestand auf einer bestimmten Farbe und modischem Schnitt. Durch lautes Sprechen und erregte Gebärden lenkte sie die Aufmerksamkeit im Kaufhaus auf sich. Ich hörte, wie eine Verkäuferin zur anderen sagte: Für so een Kind so wat Teuret? – Ja, antwortete ich sehr scharf, was Teures, denn gerade dies Kind ist uns teuer...

Ich hatte Rahel, unsere Jüngste, als Zweijährige an der Hand, als wir das Operncafé betraten. Der Ober empfing uns mit dem zögernden Hinweis, ob das älteste Kind (Mirjam!) denn beim Essen auf Teppich und Polstermöbel Rücksicht nehmen könnte. Wir gingen trotzdem hinein. Die jüngeren Kinder haben dann beim Eis gekleckert. Jahre später überlegte ich angesichts der deutlich ramponierten Restauranttextilien, ob hier zuwenig Behinderte verkehren...

Auf einem Wohngebietsfest konnte Mirjam reiten und freute sich über das muntere Treiben. Schließlich hat sie den Bockwurststand entdeckt. Wir waren froh über die Gelegenheit, daß sie mit abgezähltem Geld einmal etwas für ihre Geschwister tun konnte, die ihr sonst viel halfen. Sie ist stolz auf ihren Beschädigtenausweis und hat ihn immer bei sich. Sie humpelte siegessicher an der langen Schlange entlang und wurde von einem freundlichen jungen Mann auch sofort bedient. Unsere Freude über ihre Leistung wurde aber schnell gedämpft, denn wir mußten nun den Protest von Wartenden über uns ergehen lassen: Da nutzen die Eltern ihr behindertes Kind aus, weil sie nicht warten wollen. Wofür so arme Kinder herhalten müssen...

Wir waren mit Mirjam auch schon viel auf Reisen und haben festgestellt, daß Vorurteile ihr gegenüber wegfielen, wenn man merkte, daß beide Elternteile konsequent für das Kind einstehen. Wir waren sowohl in FDGB-Heimen als auch in Ferienhäusern von kirchlichen oder staatlichen Einrichtungen. War man am Anfang manchmal etwas unsicher-reserviert, so zeigte sich nachher doch eigentlich immer voll und ganz die Bereitschaft, auch diesem behinderten Kind seine Würde als vollwertigem und gleichberechtigtem Menschen zuzugestehen, zumal die anfängliche Steifheit mancher Feriengäste durch Mirjam sehr oft naiv überbrückt wurde. Sie fragte einfach: Wie heißt du? Oder – woher kommst du? So daß man, wenn man nicht unhöflich sein wollte, einfach darauf antworten mußte. So war dann meist durch Mirjam selbst das „erste Eis gebrochen".

Mirjam ist inzwischen siebzehn Jahre alt. Zwischen den Geschwistern ist das gegenseitige Verständnis keineswegs stetig gewachsen. Da hat es für uns Eltern schmerzliche Krisen gegeben, und wir müssen uns oft gegenseitig zu mehr Geduld und Gelassenheit ermahnen.

Mirjam arbeitet jetzt mit großem Interesse in einer Rehabilitationswerkstatt. Wir erleben, daß ihr Selbstbewußtsein durch die produktiven Tätigkeiten gestärkt wird. Sie erzählt gerne von der gemeinsamen Arbeit und den Kollegen. Ihre Gesundheit scheint – nach monatelangen schlimmen Anfallsphasen und Krankenhausaufenthalten – jetzt mit Hilfe von Medikamenten im Gleichgewicht zu sein. Wir wissen nicht, wie lange dieser erfreuliche Zustand anhält. Unser Familienleben kreist keineswegs nur um das behinderte Kind. Mirjam muß sich auch mit Pflichten und Rücksichtnahme einordnen. Aber ohne Mirjam kann sich keiner von uns sein eigenes und das gemeinsame Leben vorstellen.

So beruhigend auch das Gefühl der zwei gesunden Kinder für uns ist, so möchten wir doch keine irrealen Zukunftsphantasien aufkommen lassen. Wir möchten die beiden Jüngeren in ihrem Empfinden der Fürsorge und Verantwortung für Mirjam nicht so absolut binden. Sie merken ja sehr genau, wenn uns Eltern mal schwer zumute ist, z. B. nach einem epileptischen Anfall von Mirjam. Da kam es vor, daß das eine oder andere Kind sagte: Wenn ich groß bin, dann sorge ich ganz für Mirjam; oder: Ich werde später ganz für sie dasein. Man darf aber in solchen Situationen ein Kind nicht total für das behinderte verpflichten. Unsere Hoffnung ist, daß wir es schaffen werden, daß die beiden Gesunden einerseits immer eine Mitverantwortung für Mirjam empfinden, sich aber in ihren Lebenserwartungen dadurch nicht belastet fühlen..., etwa: Ich habe ja diesen Klotz am Bein. Mirjam soll kein „Klotz" für sie sein, der dann ja auch mit an ihrem Beruf und an ihrer späteren Partnerschaft hängen würde. Aber es wäre schon gut, wenn sich die beiden in irgendeiner Weise immer mit um Mirjam kümmern würden – durch regelmäßige Kontakte und liebevolle Fürsorge, durch Einladungen, Briefe und Besuche... Wo? – Ja, das müßte wohl ein kirchliches oder staatliches geschütztes Wohnheim sein, ihr späteres Zuhause, wenn wir es nicht mehr sind.

Was ich mir noch für die Zukunft meines behinderten Kindes wünsche? – Da dürfen wir nicht abwarten, daß sich das Notwendige im

Selbstlauf ergibt. Wenn ich heute an Fahrstühlen das Zeichen für Behinderte sehe oder an einem Kaufhaus, an einer öffentlichen Toilette; wenn ich einen abgeflachten Bordstein entdecke oder eine Straße, die keine Bordsteine mehr hat, so daß ein Körperbehinderter dort gut mit seinem Rollstuhl fahren kann, so ist dies für mich auch ein ganz persönlicher Erfolg meiner gemeinsamen Arbeit mit vielen anderen Eltern behinderter Kinder. Denn wir gehören ja – und das sage ich nicht ganz ohne Selbstbewußtsein und auch nicht ohne Stolz – zu der Generation, die sich als „Anwalt für behinderte Kinder" verstanden und deren Rechte in unserer Gesellschaft mit erkämpft und durchgesetzt hat. Zu uns gehören auch viele engagierte Ärzte, Psychologen und Pädagogen, aber auch wiederum Eltern von Behinderten, die diese Fachleute ständig auf Trab gehalten haben. Sicherlich ist durch die berechtigte Ungeduld der Angehörigen behinderter Kinder doch manches in der Entwicklung beschleunigt worden. Das heißt nun aber nicht, daß wir uns jetzt auf dem Erreichten ausruhen sollten, keineswegs! Es ist immer noch viel zu tun und zu verändern. Nicht nur an den Bordsteinen der Straßen, sondern vor allem in den Gedanken und Einstellungen vieler Menschen. So bleiben wir gemeinsam weiter bemüht.

Diagnose: *Frühkindliche Hirnschädigung*
– perinatal-hypoxämisch (Sauerstoffmangel unter der Geburt),
– pränatale Hypotrophie (vorgeburtliche Entwicklungsstörung; unreif-untergewichtiges Kind trotz normal langer Schwangerschaft).
Folgezustand:
– Körperbehinderung durch cerebrale Bewegungsstörungen (leichte Halbseitenlähmung bei allgemein motorischer Retardation und Koordinationsstörungen),
– Cerebralanfälle (Epilepsie),
– geistige Behinderung vom Grade einer mittleren/schweren Debilität.
Bei Mirjam sind – ähnlich wie bei Gabi – Umweltorientierung und Sprachvermögen recht gut ausgeprägt. Darüber hinaus hat sich bei ihr, wohl insbesondere durch die liebevolle Zuwendung ihrer Familie und die sehr einfühlsame Lehrerin in der Körperbehindertenschule, aber auch durch die jetzige Tätigkeit in der Rehabilitationswerkstatt, ein recht stabiles Selbstwertgefühl und auch ein gewisses Leistungsbewußtsein entwickelt. Sie ist stolz auf ihre Arbeit und den Status, berufstätig zu sein. Sie betont auch gern, daß sie jetzt nicht mehr Ferien, sondern Urlaub hat.

Mirjam ist immer bemüht, Schwächeren zu helfen. Sie hat die rehabilitative Einstellung, die wir uns bei allen Menschen wünschen. Besonders hervorhebenswert erscheinen mir in diesem sehr eindrucksvollen Bericht auch die Zukunftsgedanken der Eltern (Was wird später aus unserem behinderten Kind?), wobei sie auch die jetzige und spätere Lebenssituation ihrer beiden nicht behinderten Kinder realistisch berücksichtigen.

Alexander

Ein halbes Jahr nach der Geburt des Jungen kam er zu Besuch. Da haben wir den Kleinen zusammen abgeholt. Er schob den Wagen und warf immer ganz vorsichtige Blicke hinein. Erst hat er Haare gesehen, dann hat er weiter geguckt, da war eine Stirn, und noch ein bißchen weiter... da waren dann zwei Augen – so schrecklich war der Anblick ja nicht! Und zu Hause hat er sich den Jungen dann ganz angesehen. Angefaßt hat er ihn aber erst viel später.

Alexander: 14 Jahre, z. Z. Fördertagesstätte
Mutter: 45 Jahre, Ärztin, geschieden

Wie war ihr bisheriges Leben?

Mein Junge ist jetzt 14 Jahre alt. Und als ich 14 war? Da stand es schon für mich fest, daß ich Ärztin werden wollte. Mit 18 hatte ich mein Abitur und das Glück, daß ich gleich immatrikuliert wurde. Ich war einigermaßen schüchtern und vor allem sehr ängstlich, auch was die Zukunft betraf. Ob ich zum Beispiel das Studium schaffe, ob ich es ohne Pausen schaffe... Da war ich fleißig und gewissenhaft, richtig schön langweilig. Ich habe überhaupt nichts unternommen.
Aber ich bin regelmäßig in die Vorlesungen gegangen, auch wenn ich krank war und Fieber hatte. Ich hatte solche Angst, daß mir später mal was fehlen würde.
Und ich hatte echte Ideale vom Arztberuf. Ja. Echte Ideale hatte und habe ich. Andere haben mir immer gesagt, daß das alles nur angelernt sei. Mein Vater war Arzt, und ich habe schon mit zwei Jahren mit den Puppen Lungenentzündung gespielt. Dadurch haben alle immer geglaubt, meine Haltung sei angelernt. Aber heute zeigt sich, daß da doch immer schon ein großes Stück echt dran war; man zehrt ja immer noch davon... Es hält vor. Andere haben ihre Ideale zum Teil schon verloren. Ich nicht.
Zu Beginn des Studiums war ich voller Sorge, ob ich alles schaffen werde. Dann habe ich aber gemerkt, daß die Oberschule viel schlimmer war als das Studium. Das Studium hat mich ja interessiert, und an der Oberschule hat mich so manches nicht interessiert.

Die Vorlesungen dagegen waren ja wahnsinnig interessant. Da bin ich immer gerne hingegangen. Aus der Schule in E. hatte ich eine gute Vorbildung. Der Unterricht war biologisch orientiert. Ich habe die zwölf Hirnnerven schon gekannt, bevor ich das Studium angefangen hatte. Es ging bei mir alles schön glatt. Schon in der Vorklinik wurde ich Hilfsassistent in der Anatomie. Und mit der Liebe? Bis zu 21 Jahren: Null Komma gar nichts. Mit 21 begann dann das Händchenhalten. Jedesmal... Händchenhalten und sonst gar nichts. Im Studium hatte ich ja schreckliche Angst, daß irgendwas schiefgehen könnte. Eine Schwangerschaft – und was dann? Mein zweiter Freund, der Uwe, der hatte auch Angst davor, der hat ja schon das Zittern bekommen, wenn er mir die Hand gegeben hat. Wirklich, ehrlich und wahrhaftig, der hat nur mit mir gelernt. Ich hatte ein herrliches Zimmer mit einem Fenster nach Westen. Da war schönes Licht zum Mikroskopieren. Er hatte so eine dunkle Bude. Sein Mikroskop stand bei mir; der hat mikroskopiert wie ein Weltmeister und mir Löcher in den Bauch gefragt, weil ich ein Jahr weiter war. Dann – 1955 – war das zu Ende. Ich habe mir einen anderen Freund angelacht oder er mich – wie auch immer. Das war auch ein Medizinstudent. Mit dem habe ich dann die Liebe so richtig erlebt. Ich war ja auch sehr neugierig darauf... Das hat uns aber beim Studium nicht behindert. Wir haben dann auch zusammen das Staatsexamen gemacht. Der Helmut hat mich bis zur Eins getrieben. Der Uwe hatte mich schon vom Abitur (glatt 2) auf 1,5 im Physikum gebracht. Der hat mich mit seinen ständigen Fragen so geärgert, daß ich mich kümmern mußte. 14 Fächer und bloß zweimal die Zwei, das war mit Helmut. Als das Studium vorbei war, ist unsere Verlobung aber auseinandergegangen.

Nach dem ersten Arbeitsjahr als Ärztin habe ich mir einen schönen Urlaub in der ČSSR gegönnt. Und dort habe ich dann meinen späteren Mann kennengelernt. Das war so ein Verunglückter vom Skilaufen, Milan, ein Tscheche. Da war noch ein zweiter Kumpel dabei, wir haben zu dritt schöne Ausflüge gemacht. Ich hatte mit beiden verabredet, daß sie mich zusammen besuchen; und daß ich auch nach Prag kommen kann. Es ist aber bloß der eine gekommen, und der hat mir dann später gebeichtet, daß er dem anderen Prügel angedroht hat, falls er fährt. Milan war ganz entschlossen und sprach vom Ewigzusammenbleiben... Ich habe es mir aber immer noch überlegt. Aber dann war es bald soweit. Ich hatte die Facharztausbildung hinter mir und habe gedacht, nun wirste langsam alt... mit 30. Leider wollte Milan nicht Vater werden. Das Kind habe ich mir regelrecht erbettelt, ertrotzt, oder wie auch immer. Milan hatte nicht viel übrig für Kinder. Seine Eltern machten aber einen netten Eindruck auf mich; die liebten sich bis ins hohe Alter. Der Vater war schon siebzig, und da hatte ich ihn mal in der Küche überrascht, wie er der Mutter einen Kuß aufgedrückt hat. Also, es gefiel mir alles prima. Mein Mann war Ingenieur-Ökonom und arbeitete in einer ziemlich verantwortlichen Stellung. Milan war neun Jahre älter als ich. Seine Eltern hatten nicht mehr daran geglaubt, daß der noch heiraten würde. Die waren dann ganz aus dem Häuschen, daß sie eine Schwiegertochter bekamen. Und dann habe ich mir möglichst schnell das Kind bestellt, da wurde die Freude noch größer. Wir hatten dann versucht, für Milan in Berlin Arbeit zu finden. Wir haben eine Annonce aufgegeben und haben auch wunderbare Zuschriften erhalten. Er hat aber gezögert. Meine Mutter sagte immer, ich solle ihm Zeit lassen. Wenn ich so drängle, wird er unglücklich – ich hätte es dann auszubaden. Laß ihn doch überlegen. Und dann kam der Junge. Übrigens zu früh. Wie häufig bei Langdon-Downs. Nun hatten wir ein behindertes Kind! Mein Mann kam dann zwar auf einen dringenden Telefonanruf. Er hat das Kind aber nicht angesehen. Alexander hatte kurz nach der Geburt einen Anfall von asphyktischer Zyanose. Er ist bloß gerettet worden, weil die Schwester, bevor sie eine Zigarette rauchen wollte, noch mal in das Säuglingszimmer ging. Da hat sie ihn dort ohne Atem vorgefunden, und man brachte ihn dann mit Tatü-tata in eine Spezialklinik. Ich hatte ihn nur kurz nach der Geburt einen Augenblick auf den Bauch gelegt bekommen; sie hatten mir auch nicht das Gesicht gezeigt. Ich hätte aber wohl auch noch nicht so genau geguckt. Am Abend vor der Entlassung kam der Oberarzt zu mir und sagte, daß es ein Landon-Down-Kind ist. Da meinte ich dann spontan: Dann läßt sich mein Mann scheiden. Ich weiß jetzt noch nicht, wie ich in diesem Augenblick darauf gekommen bin.

Dann kam aber alles viel schlimmer, als ich es im ersten Augenblick vermutet hatte. Erst als der Junge ein halbes Jahr alt war, bekam ich meinen Mann überhaupt wieder zu Gesicht. Der war nach Prag abgefahren und hatte sich weder telefonisch noch brieflich wieder gemeldet. Nach vier Wochen rief ich auf seiner Dienststelle an. Er sagte mir dann nur ganz kurz, daß er mir schreiben würde. Weitere vier Wochen vergingen, und es kam kein Brief. Ich wieder angerufen. Er sagte dann, daß er schon geschrieben hat, der Brief müßte nur noch abgeschickt werden. Nach vier Wochen rief ich ein drittes Mal an. Ich fragte ihn, was denn sei, ob er krank ist. Da sagte er mir, daß er mir verbiete, ihn im Dienst anzurufen. Ich würde ihn bei seiner Arbeit stören. Ich hatte dreimal in drei Monaten angerufen; und das in dieser Situation! Na klar, daß ich die ganze Zeit geheult habe. Ich hatte soviel Milch, da hätte ich Zwillinge ernähren können. Bis zum siebten Monat habe ich gestillt und gespendet. Bin arbeiten gegangen und habe die Milchflaschen immer mitgeschleppt. Die Patienten dachten, daß ich so lange Frühstückspause mache, dabei saß ich und pumpte, weil ich schon wieder auslief. Auf der einen Seite die vollen Milchflaschen, und auf der anderen Seite den Blutdruckapparat und die Karteikarten für die Hausbesuche. Dann das Kind abholen, unten im Wagen die schmutzigen Windeln drin. Ich habe mal die ganze Straße lang geheult und gedacht, daß ich es nicht schaffe.

Ich hatte ja glücklicherweise eine Tagespflegestelle für Alex gefunden. Bei dieser Pflegemutti hatte es mein Kleiner ganz gut, so daß ich meine ärztliche Tätigkeit weiter ausüben konnte. Aber als Alex so ungefähr drei Jahre alt war, fragte mich seine Tagesmutter, ob ich ihn jetzt nicht in einen Kindergarten geben möchte. Offenbar hatte sie selbst bei der Lebhaftigkeit meines Jungen überhaupt nicht real registriert, daß er ein geistig behindertes Kind war. Außerdem war wohl die Pflege eines Babys für sie leichter, weil so ein kleines Kind am Tage ja doch noch mehr Liegezeiten hat und nicht an alles herangeht. Und ihren alten Vater hatte diese Frau ja auch noch zu pflegen.

Ich war nun erstmal ratlos und fragte in der Mütterberatung, wie es nun für Alex weitergehen soll. Von da aus überwies man mich zur Kinderneuropsychiatrischen Ambulanz nach H. zu Frau Chefarzt B. Wir bekamen auch einen Vorstellungstermin. Frau Dr. B. hat den Alex untersucht und es sehr geduldig hingenommen, daß er an alles 'ranging, zum Beispiel an ihren Schreibtisch, das Telefon und an den Wasserhahn. Glücklicherweise wurden wir nicht ohne einen Überbrückungsvorschlag weggeschickt. Frau Kollegin B. gab mir einen Einweisungsschein mit Termin für die von ihr gegründete Tagesklinik. Dabei hat sie mir aber auch gesagt, daß es sich dabei nicht um eine Dauerlösung handeln könne, sondern daß es die Aufgabe der einzelnen Stadtbezirke sei, Tagesstätten für behinderte Kinder zu gründen.

Die Tagesstationen im Fachkrankenhaus hatten ja vor allem eine klinische und nicht primär eine Versorgungsfunktion.

So war Alex etwa zwei Jahre in der Tagesklinik in H. Diese Einrichtung war damals für mich und für viele andere doch eine große Überbrückungshilfe. Es waren dort ja nicht nur geistig behinderte Kinder, sondern auch viele mit anderen noch unklaren Entwicklungsstörungen, bei denen eine Verlaufsdiagnostik erfolgte und natürlich auch Förderung bzw. Therapie. Wenn die äußeren Bedingungen auch nicht günstig waren – dieser alte Psychiatrie-Bau! –, so geschah doch konzeptionell darin sehr Wesentliches.

Als dann in unserem Stadtbezirk eine Tagesstätte für geistig behinderte Kinder gegründet wurde, kam Alex dorthin.

Kurz vor der Entlassung aus der Tagesklinik habe ich dann noch persönlich die dort tätige, sehr erfahrene Pädagogin Frau D. kennengelernt. Sie fragte mich, ob ich mit dem Alex mal wieder hinkommen würde, wenn es nötig sei, um andere Eltern mit einem kleinen Langdon-Down-Kind zu trösten. Sie hatte sich meinen Jungen bei solchen Anlässen in der Vergangenheit öfter aus seiner Gruppe in ihr Zimmer geholt... Natürlich habe ich zugesagt.

Der Weg zur Tagesklinik war übrigens sehr weit und belastend für mich: jeden Morgen 22 km von zu Hause bis H., dann 18 km bis zu meiner Arbeitsstelle, und nachmittags dann noch mal die selben Entfernungen. Das waren täglich etwa 80 km, auch eine ganze Menge Benzinkosten für mich, abgesehen von der Kraft, die mich diese Abhetzerei jeden Tag gekostet hat.

Die Tagesstätte in Sp. war dann wieder mehr in unserer Nähe. In dieser ging es damals – wie auch in manchen anderen Einrichtungen – mit Provisorien los. Es gab ja keineswegs ausreichend Fachkräfte. Oft, und so war es wohl auch bei uns, war nur die Leiterin eine ausgebildete Rehabilitationspädagogin. Die Gruppenbetreuer waren angelernte Laienkräfte, häufig selbst Mütter von behinderten Kindern. Aber es war trotzdem richtig, damals so zu beginnen. Tagesstätten waren dringend erforderlich, und persönliches Engagement mit Lernbereitschaft ist ja im Vergleich zu einer formalen Fachausbildung auch nicht ohne Wirkung. So war es gut und auch höchste Zeit, daß damals mit der Gründung von mehreren Fördertagesstätten begonnen wurde, auch wenn noch nicht alle formalen Voraussetzungen erfüllt waren.

Alex besuchte dann wieder für ungefähr zwei Jahre die Einrichtung in unserem Stadtbezirk. In dieser Zeit fiel auf, daß er doch in manchen Dingen den anderen Kindern überlegen war.

So entstand der Gedanke, einmal zu versuchen, ihn in einen Normalkindergarten einzuordnen. Ich besprach dann diese Idee mit der Kindernervenärztin, die damals in T. tätig war. Und der Evangelische Kindergarten ganz in unserer Nähe war bereit, den Alex aufzunehmen, das heißt, die Leiterin hatte zugesagt. Der Junge mußte aber noch erst dem Pfarrer vorgestellt werden. Auch hier hat Alex es gleich wieder verstanden, sich von seiner besten Seite zu zeigen. Dem Pfarrer war gerade die Büchse mit dem Telefongeld umgefallen, und Alex hat sich gleich spontan gebückt und ausdauernd das ganze Kleingeld aufgesammelt; und es waren ja viele Geldstücke! Und dann hat der Pfarrer gesagt, wenn du das so gut kannst, dann darfst du auch stempeln. Er gab dann dem Alex einen Kirchenstempel, und so durfte er sich weiter betätigen. Da brauchte ich gar nicht viel zu sagen, Alex hat sich auch hier – wie meistens – seinen Weg selbst gebahnt.

Im Kindergarten ging es dann eigentlich auch recht gut.
Und nach einer Weile entstand der Eindruck, daß er doch wohl hilfsschulfähig sei. Für diesen Bildungsweg mußte ich dann aber alle Wege und Formalitäten selbst erledigen bzw. erkämpfen. Damals war es ja noch nicht so wie jetzt, daß alle entwicklungsgestörten Kinder von einer zuständigen staatlichen Stelle systematisch überwacht wurden. Nach einigem Hin und Her war es dann schließlich gelungen, daß der Junge in die Hilfsschule in P. kam; zunächst in den Vorschulteil. Wir waren ja zu dem Zeitpunkt durch den Wechsel meiner Arbeitsstelle in diesen Stadtbezirk verzogen.
Ich kann nachträglich sagen, daß Alex sich in jeder neuen Umgebung immer gut eingelebt hat. Er war von Anfang an zutraulich und kontaktfreudig, und er war es ja auch gewöhnt, nicht ständig nur mit mir, sondern auch mit anderen Menschen zusammen zu sein. Ich war ja immer berufstätig, – glücklicherweise! Und in der Freizeit habe ich den Jungen überallhin mitgenommen. Wo sollte ich ihn auch lassen? Manchmal hat allerdings auch mein Bruder abends den Babysitter gemacht, z. B. wenn ich mal zu einem Vortrag ins Haus des Lehrers gegangen bin. Auch das war niemals problematisch für Alex.
Ja, und die Familiengeschichte nach der anderen Richtung? Wie würde es mit meinem Mann, mit uns gemeinsam weitergehen? Was war er für ein Mensch?...
Milan war ein Einzelkind. Und wie ich jetzt weiß, verwöhnt nach Strich und Faden. Hinterher weiß man das alles soviel besser. Ich habe dann gespürt, daß es nichts mehr wird und ging auch zu einem Anwalt. Mein Mann hatte auch mitgeteilt, daß wir uns scheiden lassen. Ich habe aber doch noch gezögert und gedacht, vielleicht wird es noch. Manches braucht Zeit. Na ja, sei doch geduldig und nicht immer so aufbrausend. Ich habe zwei Jahre gewartet, und dann habe ich Angst bekommen. Ich habe dann, als Alex zwei Jahre alt war, die Scheidung eingereicht. Und als ich vom Gericht nach Hause kam, habe ich das erste Mal wieder gesungen – so von mir aus. Da wurde mir dann leichter. Wie oft hatten wir uns eigentlich in dieser Zeit gesehen? Ein halbes Jahr nach der Geburt des Jungen kam er zu Besuch. Da haben wir Alexander zusammen von der Pflegemutti abgeholt. Er schob den Wagen. Auf dem Weg von etwa 25 Minuten warf er immer ganz vorsichtige Blicke hinein. Erst hat er Haare gesehen, dann hat er weiter geguckt, da war eine Stirn, und noch ein bißchen weiter..., da waren dann zwei Augen – so schrecklich war der Anblick ja nicht! Und zu Hause sah er sich den Jungen dann wirklich an. Angefaßt hat er ihn aber erst viel später. Er kam dann alle drei Wochen.
Der Alexander hat ihn immer angelacht und mit ihm gespielt, aber der

Papa blieb passiv. Der Junge war dann später wohl so ein Jahr alt, da mußte ich zum Dienst, als mein Mann bei uns war. Da blieb er allein mit dem Kind, das erste Mal. Er hat Alexander zwar nicht saubergemacht, nicht gefüttert, aber sie haben zusammen gespielt.
Jedesmal wenn er kam, verlangte er vorher, daß wir mindestens einmal ins Theater gehen, und zwar Oper, Operette, Konzert oder Ballett, wo er sich mit der Sprache nicht so anzustrengen braucht, wo er ausschließlich die Musik genießen kann. – Und daß wir eine Burg besichtigen! Er war gewöhnt, an den Wochenenden in irgendeine Burg zu fahren oder in ein altes Schloß. Wo ich die in der Umgebung von Berlin hernehme, das war ihm egal. Chorin und Lehnin, das wird ja mal alle. Aber die waren alt genug, das hat ihm gefallen.
Ich mußte dann kochen, das Kind betreuen und Windeln waschen; 'ne Burg und Theaterkarten besorgen. Ich war jedesmal kaputt, wenn er weggefahren ist. Ich war richtig froh, daß er gar nicht so oft kam. Und jedesmal die Diskussion, ob er ganz herkommt oder nicht. Eheliche Liebe – so nennt man das ja wohl – gab es aber noch. Ich habe ihn ja auch noch ein bißchen gern gehabt. Aber das ist nach und nach abgebröckelt. Man konnte zusehen, wie es nachließ. Es war hauptsächlich wegen Alexander. Wenn ich sah, wie er ihn nur schief aus den Augenwinkeln ansah und sich vor der Zuneigung drückte, da ist jedesmal etwas verloren gegangen. Und so richtig lieb war er zu mir ja auch nicht mehr. Es gibt sicherlich auch zärtlichere Männer. Ich sagte ja schon, ich habe ihm das Kind abgebettelt.
Und seine Eltern? Das war ja noch so ein Ding. Während der Schwangerschaft sollte ich überhaupt nicht bei den Eltern erscheinen. Vorher war ich ja viel dort. Dann wollte er es aber nicht mehr – eine Frau mit 'nem Bauch! Seine Eltern hatten sich sehr ein Enkelkind gewünscht. Ja. Die waren ganz närrisch vor Freude. Die Großmutter hat dann den Kleinen geschwenkt und geknutscht und gedrückt. Der Großvater hat ihn noch auf dem Arm der Großmutter festgehalten, damit er nur nicht runterfällt. Die waren ja so froh. Da habe ich immer noch gehofft, daß sie ihm zureden würden zu dem Kind. Aber das hat doch nicht gereicht.
Ich hatte da noch eine andere dolle Schwierigkeit. Mein Mann wollte auf einmal unbedingt, daß wir ganz nach Prag kommen. Das war, als der Junge ein Jahr alt war. Erst hat er das Kind so abgelehnt und dann, plötzlich, sollten wir kommen. Als wir dann zu Besuch fuhren, da waren die Eltern so begeistert. Die haben erst auch das behinderte Kind akzeptiert. Sie haben gesagt, daß der Junge süß aussieht, und wer weiß, was wird und wollen erstmal abwarten. Mein Mann sah im Laufe der Zeit ein, daß ich nicht nachgeben werde. Und nach zwei Jahren habe

ich dann gegen die Ratgeber aus der Umwelt – gegen meinen Bruder, gegen meine Mutter – gesagt, daß es genug sei, ich lasse mich scheiden, ich habe dieses Leben nicht nötig. Aber die Geschichte geht ja noch so schlimm weiter. Schlimmer, als sie anfing. Da kamen dann Briefe, und zwar böse, auch von den Großeltern. Darin war der Satz: Jeder Apfelbaum ist klüger als Du. Der läßt eine wurmstichige Frucht fallen! Diese Worte stammten vom Großvater. Stellen Sie sich das mal vor! Und da war es dann aber auch endgültig aus mit der Liebe. Als ich dann die Scheidung einreichte und auch seinen Eltern sagte, daß ich ihren Sohn nicht so will, daß ich alle drei Wochen kaputt bin und bis spät in die Nacht heule, wenn er abgefahren ist, da waren sie dann noch gekränkt. Wir beide – der Junge und ich – blieben also endgültig allein, und das war wohl auch richtig. Das Abschlußkapitel kommt aber noch. Da ging dann plötzlich nach langer Zeit – als der Alexander elf Jahre alt war – freiwillig eine Gehaltsbescheinigung ein, und dazu ein jämmerlicher Brief. Er hätte immer gewußt, daß wir die Besten sind und ob er wohl in seinem Leben noch einmal den Jungen sehen darf. Neun Jahre hatte er nicht danach verlangt! Ich schrieb ihm dann zurück. Er rief daraufhin an und fragte, ob wir mit dem Flugzeug, mit der Bahn oder mit dem Auto kämen. Er fragte auch, wie er es uns bezahlen könne. Wir fuhren hin, und da merkten wir die Bescherung: Verheiratet war er inzwischen und wieder geschieden. Er war mit einer lebenslustigen Apothekerin verheiratet, die einen großen Sohn mit in die Ehe gebracht hatte. Aber dann war er krank geworden, und als seine Multiple Sklerose soweit war, daß er nicht mehr tanzen gehen konnte, hat sie sich scheiden lassen. Jetzt war er nun selber behindert... (und nun auch eine „wurmstichige Frucht"?). Bei dieser unheilbaren Krankheit nehmen die Lähmungen ja zu. Jetzt war der Junge stärker als er, und wir waren überhaupt die Besten. Wenn mir das einer vorher erzählt hätte, hätte ich gedacht, der spinnt. Da wollte er nun mit uns auf Familie machen. Ich war skeptisch und sehr zurückhaltend. Wir sind aber wohl doch so dreimal in Prag gewesen. Voriges Jahr im Februar ist seine Mutter gestorben, um die Zeit, als wir dort waren. Da war er so kaputt und so zusammengebrochen, daß ich wirklich geglaubt habe, daß er mich braucht – ohne mich geht das schief. Er war regelrecht gestört, er fragte mich nach den Wochentagen und nach den Monaten. Völlig ohne Orientierung. Ich habe seinen Chef anrufen müssen, um zu sagen, daß er nicht zum Dienst kommen könne. Also es war wirklich schlimm. Ich mußte ja dann wieder nach Berlin fahren. Telefonisch hatte ich noch Zusatzurlaub genommen. Einen Monat später war er wieder obenauf und hielt wieder seine häßlichen Reden. Die Multiple Sklerose verläuft ja schubweise, und zwischendurch fühlen die Kran-

ken sich gesund. Nach dieser nochmaligen Enttäuschung schlug ich den Familienroman aber nun endgültig zu.
Und andere Partner? – Ja, einige, sogar mit festen Absichten. Zum Beispiel ein Lehrer, der verehrte und verwöhnte mich. Ich genoß das sehr und hatte das Gefühl, neben dem werde ich immer „die Junge" bleiben. Aber es kam doch heraus, daß er sich den Alexander weg, in ein Heim wünschte. Da war es natürlich aus, mit dem konnte ich nicht weiter. – Dann war da ein anderer, der auch ein behindertes Kind hatte. Aber ich habe es noch rechtzeitig gemerkt, daß der meinen Beruf und mein Gehalt mehr liebte als den Menschen in mir. Ja, und einer erklärte mir – und welcher Frau tut das nicht gut! – daß ich für ihn ein Superlativ von Frau wäre, durch keine andere in Vergangenheit und Zukunft zu übertreffen! Aber er hatte eine Frau und drei Kinder. Da dachte ich, was ist das für ein Vater für Alexander, wenn er seine drei Kinder so einfach verlassen kann? Also auch nichts. Ja, und ansonsten? Es hat manche doch sehr gestört, daß ich so sicher und so „stark" bin. Nicht die Kleine, Anhimmelnde, Ratlose. Ob da noch von früher was drin ist? Weiblich = schwach, männlich = stark? Selbst mein Bruder hält mir meine angebliche Stärke vor. Mein Vater hätte das aber nicht getan, – er ist seit 1945 tot. Der hatte mich am meisten geprägt, der wäre stolz auf mich. Und dem Alexander scheint mein Wesen ja auch zu bekommen. Er ist selbst auch sicher und stark – trotz seiner Behinderung. Er tröstet so oft andere. Ich bin schon gelegentlich mit ihm von Ärzten zu anderen Eltern geschickt worden, die ein ganz kleines Langdon-Down-Kind haben und verzweifelt über ihr Schicksal und ihre Zukunft weinten. Wenn die dann den Alexander kennengelernt hatten – ich selbst konnte mich da ganz zurückhalten – und erlebten, wie freundlich, lebensfroh und umgänglich er ist, dann waren diese Eltern getröstet und sahen nicht mehr so traurig in die Zukunft. Alexander kann sich, wenn auch agrammatisch und undeutlich, mit seinem kleinen Wortschatz ganz gut verständlich machen. Er ist immer aufmerksam und hilfsbereit.
Übrigens, ich kenne Familien, wo sich zwei Frauen bzw. Mütter mit ihren Kindern zu einem Haushalt zusammengetan haben. Und wie ich sehe, geht es da fröhlich und harmonisch zu.
Natürlich – oder besser unnatürlich! – kriegt der Alexander auch gelegentlich von einigen Leuten unpassende Bemerkungen zu hören. Da ist er im Winter mal mit seinem Schlitten losgezogen. Als ich ihn noch gar nicht erwartet hatte, kam er schon zurück. Die haben gesagt: Doofer Junge! Ich habe ihn ermuntert, wieder 'runterzugehen und denen zu sagen: Ihr seid selber doof! Mit dieser Instruktion muß er sich so sicher gefühlt haben, daß er wirklich wieder loszog und später ganz zu-

frieden nach Hause kam. Hab' gesagt: selber doof! strahlte er. Alexander hat nicht nur gelernt, in bestimmten Situationen eingeübte Handlungen zu vollziehen, er hat auch kapiert, daß man Schwierigkeiten erst mal mit eigenen Mitteln und Kräften entgegentritt, auch wenn kein Handlungsmuster eintrainiert ist. Er war elf Jahre, als er auf dem Heimweg von der Schule – er ging ja bis zur Klasse 4/II in die Hilfsschule – heftiges Bauchweh bekam. Auf der S-Bahntreppe in B. war er schon ganz verheult. Die Tabakfrau wollte ihn trösten; sie riet ihm, schnell nach Hause zu gehen und schob ihn sanft aus dem Gebäude auf den Vorplatz, wo er sich auf die Stufen setzte und sich krümmte. Er ging nicht zum Bus, wie das geübt war. Da fuhr ein Taxi vor. Er stieg ein und sagte: Mutti arbeitet Klinikum. Bringst mich hin? Ich habe so Bauchweh – Ja, wo arbeitet denn Mutti? Ich zeige dich. Es hat geklappt, der Taxifahrer lud ihn auf meiner Station ab. Nicht mal das Kärtchen mit allen Personalien und Telefonnummern, das er seit ewigen Zeiten bei sich trägt für Notfälle, hat er dabei benutzt. Alles hat er allein geregelt, das war eine Spitzenleistung, sogar gegen den falschen Ratschlag von Erwachsenen, denn zu Hause bin ich ja nicht um 13.30 Uhr, wenn er aus der Schule kommt; ich arbeite ja länger. Wenn „Unbehinderte" nur immer so vernünftig und tapfer reagieren würden wie mein „defektives" Kind! Alexander fährt täglich allein mit dem Omnibus zur Fördertagesstätte B. Im November wird er in die Ergodiagnostische Zentrale kommen. Hoffentlich wird Frau Dr. K. ihn dann in eine Rehabilitationswerkstatt übernehmen. Jedenfalls ist das seine Perspektive.

Ich habe einen Bauernhof gekauft. Mit unserem Trabanten zwei Stunden von Berlin. Der ist jedesmal eine Freude für uns. An den meisten Wochenenden sind wir dort und auch im Urlaub. So haben wir immer ein Ziel. Und allein sind wir selten. Häufig kommen Gäste und Besucher. Ich gebe das Grundstück auch gelegentlich einer anderen Familie mit einem behinderten Kind, wenn die nicht wissen, wohin im Urlaub. Alex blieb auch schon mal mit dort, als ich abfuhr. Die Gastfamilie hatte das so vorgeschlagen. Erst wollte er unbedingt mit mir mit, aber ich habe ihm gesagt, seine Anwesenheit sei wichtig, er wüßte doch, wo alles steht, das Mehl, der Zucker, das Salz usw. Wie sollen denn die Gäste ohne ihn zurechtkommen! Da blieb er.

Ich glaube, ich lebe mit meinem Jungen glücklicher als manche andere Mutter mit einem sogenannten „normalen" Kind.
Was ich mir wünsche?
Erstens: Gesundheit für uns beide.
Zweitens: Daß es keinen Krieg gibt...
Und drittens: Daß es uns im allgemeinen weiterhin so gut geht wie bis-

her..., bis zum Altersheim. Das steht für mich übrigens fest; wenn ich alt bin und nicht mehr kann, nehme ich Alexander mit ins Altersheim. Bei uns ist ja gleich eins in der Nähe. Da können wir beide dann zusammen leben, solange es geht. Und er gewöhnt sich dort an die Umgebung, so daß ich beruhigt sein kann...
In der Gegenwart genießen wir sehr vieles. Der Alex bleibt ja auch abends allein zu Hause, er bedient sogar das Telefon. Seit einiger Zeit gehen wir gemeinsam ins Theater. Besonders gern sieht er ein Ballett. Über Opern spreche ich vorher mit ihm, damit der Inhalt ihm nicht ganz fremd ist. Er benimmt sich einwandfrei – wie ein Kavalier. Wir haben auch schon eine Mitarbeiterin aus unserer Klinik mitgenommen, sie ist körperbehindert. Selbstverständlich schiebt Alexander den Rollstuhl. Es geht alles ganz natürlich, ohne große Umstände und ohne viel Getue.
Da steht in manchen Büchern soviel Negatives über Langdon-Down-Kinder! Ich habe aber erfahren, daß die Wirklichkeit besser sein kann. Auch das Leben von Alex ist sinnvoll – und fröhlich sowieso.

Diagnose: *Langdon-Down-Syndrom mit einer geistigen Behinderung vom Grade einer schweren Debilität/Imbezillität.*
Es kann auch bei Alexander – ebenso wie bei Mirjam I – auf die allgemeine Beschreibung der Langdon-Down-Kinder im zweiten Teil des Buches verwiesen werden (2.4.1.).
Ein genetischer Zusammenhang des Langdon-Down-Syndroms mit der späteren Erkrankung des Vaters (Multiple Sklerose) ist nicht anzunehmen. An Alexanders Entwicklung ist besonders hervorzuheben, daß es erfreulicherweise gelungen ist, den Jungen auch teilweise im Straßenverkehr (und das unter Großstadtbedingungen!) zu verselbständigen, so daß er täglich allein zur Tagesstätte und zurück fährt. Wahrscheinlich wird er später auch den Weg zur geschützten Werkstatt so bewältigen. Diese weitgehende Rehabilitation ist sicherlich hauptsächlich das Verdienst der liebevollen Mutter, die in der Erziehung ihres behinderten Kindes auch die Ermunterung zum Selbständigwerden (soweit das möglich ist) nicht vernachlässigt hat. Ein vertretbarer Mut zum Risiko gehört ja normalerweise zum Leben und so auch zum Leben der Behinderten. Zur Partnersituation der Eltern befindet sich ein Hinweis im allgemeinen Teil des Buches (2.5.).
Insgesamt wird wohl auch aus diesem Interview deutlich, daß das Leben von Alexander und seiner Mutter nicht unglücklich ist, selbst wenn die

beiden formal „alleinstehend" sind. Sie fühlen sich wo wenig schwach und allein, daß sie anderen vielfältig helfen können.

Nachtrag zur 2. Auflage:
Diese Hilfe bezieht sich jetzt auch auf Alexanders Vater. Durch die inzwischen weiter fortgeschrittenen Muskellähmungen bei der Multiplen Sklerose lebt er zeitweise in einem Pflegeheim in P. Auf seine Bitte hin haben ihn Alex und seine Mutter an mehreren Feiertagen besucht und ihn dann, z. B. Weihnachten, in seiner Wohnung betreut. Auf kleinen Spaziergängen stützt sich dieser Mann nun auf seinen jetzt jugendlichen Sohn. Im Gegensatz zu früher lehnt er ihn nicht mehr emotional ab; er bekennt sich auch zu ihm.
So haben sich – entgegen der früheren Absicht der Mutter – für diesen Familienroman doch noch mehrere Fortsetzungen ergeben...

Hiltrud

„Nur in einem gesunden Körper wohnt ein gesunder Geist!"
Dieser inhaltlich unsinnige und außerdem noch falsch, in der deutschen Vergangenheit jedoch häufig zitierte Satz spukt – bewußt oder unbewußt – noch in vielen Köpfen unserer Mitbürger herum, schafft Verunsicherung, Nichtverstehen und vielleicht zum Teil auch Nichtachtung Behinderter.
Der ursprüngliche Ausspruch des altrömischen Dichters Juvenal lautete:
„Orandum est, ut sit mens sana in corpore sano." Das heißt: „Zu erbitten ist, daß in einem gesunden Körper ein gesunder Geist sei." Der Dichter übte Kritik an seinen Zeitgenossen. Er beklagte, daß seine Mitmenschen für jede Kleinigkeit die Gottheit bemühen. Er meinte, wenn man schon beten wolle, so nur darum, daß in einem gesunden Körper ein gesunder Geist wohne. Und so, wie es ursprünglich von Juvenal gemeint war, sind seine Worte als Wunschformulierung doch durchaus akzeptabel. Wie kriegen wir nur die Entstellung seines Anliegens aus den Köpfen der Menschen heraus?
Dies fragt die Mutter von

Hiltrud: 14 Jahre, 7. Klasse OS in der Körperbehindertenschule
Mutter: 48 Jahre, Diplomgärtner, Zweitausbildung in der Physiotherapie
Vater: 59 Jahre, Kameramann
Geschwister: Till, 17 Jahre, in der Lehrausbildung: Facharbeiter für Nachrichtentechnik
Almut, 16 Jahre, 10. Klasse OS
Henrike (Heni), 8 Jahre, 2. Klasse OS

Die Mutter berichtet:

Mein Wunsch, unbedingt Kinder haben zu wollen, ich glaube, der wurde in der Kindheit in mich gelegt, durch meine Mutter. Ich wollte auch schon immer vier Kinder haben. Und daß ich dies noch verwirklichen konnte, finde ich eigentlich großartig. Denn anfangs klappte es nicht. Ich habe eine Sterilitätsoperation hinter mir und bekam mit 30 Jahren mein erstes Kind.

Meine eigene Kindheit verlief harmonisch. Ich hatte zwei jüngere Brüder, und meine Eltern haben sich uns viel zugewandt, trotz der schlechten äußeren Lebensbedingungen – damals im und nach dem Krieg. Meine Mutter war Lehrerin; von Berufs wegen ein wenig streng. Vielleicht habe ich mich deswegen auch bemüht, in allem etwas weicher zu sein. Meine Mutter ist, wie soll ich sagen ... recht resolut. Die Arbeit steht bei ihr so fast an erster Stelle. Ich habe sie immer als zuverlässig und aufopferungsvoll erlebt, auch bei Hiltrud. Doch darauf kommen wir wohl noch mal zurück.
Ich habe aufgehört zu arbeiten, als sich das erste Kind ankündigte, weil ich mich ganz der Familie widmen wollte. In der Schwangerschaft mit Hiltrud waren die beiden ersten Kinder noch sehr klein. Ich war also mit Arbeit genügend belastet. Ich wollte aber gern das alles noch mal genießen – auch die Geburt –, alles richtig miterleben und vielleicht noch besser machen ..., ich war ganz positiv auf das Kind eingestellt. Die Entbindung rückte termingemäß heran. Bis dahin verlief alles glatt. Mein Mann brachte mich ins Krankenhaus. Dort bekam ich Blutungen, das war unnormal. Die Geburt war kompliziert, und die Hiltrud wurde „tot" geboren. Die Nabelschnur war vorgefallen, Herzstillstand. Über diese ganzen Zusammenhänge wußte ich damals nichts. Nur an der Hektik um mich herum merkte ich, daß es ganz schlimm stand. Nach einer halben Stunde gab die Kleine noch kein aktives Lebenszeichen von sich. Bald danach hörte ich aber dann den ersten Schrei. Ich bedankte mich bei dem Anästhesie-Facharzt für seine Mühen bei der Wiederbelebung des Kindes. Der sagte dann etwas zögernd: Na, wer weiß, ob Sie das nicht noch mal bereuen. Weiter wurde mir nichts erklärt, und Hiltrud hat sich dann – nach meinen laienhaften Vorstellungen – eigentlich gut erholt. Sie wurde nicht angelegt, weil sie dazu zu schwach war. Am Tag nach der Geburt sagte ich dem Stationsarzt, daß ich gehört bzw. gelesen hätte, daß sich Sauerstoffmangel unter der Geburt negativ auf das Gehirn des Kindes auswirken könnte. Er gab mir zur Antwort – und dies geht mir bis heute nicht aus dem Kopf –: Machen Sie sich mal keine Gedanken. Bei keinem Kind kann man wissen, ob es ein Idiot wird oder ein Genie. Da der dies so lasch, einfach so nebenbei gesagt hatte, dachte ich mir, daß da eigentlich nichts sein könnte. Die müssen es ja wissen; ich war absolut arztgläubig. Wenn die das sagten, so mußte es ja stimmen. Aber was hatte er eigentlich gesagt?
Da sich Hiltrud körperlich weitgehendst normal entwickelte – sie nahm zu und hat auch einen wachen Blick gehabt –, glaubte ich, daß alles in Ordnung sei. Erst nach einem halben Jahr fing es an. Sie kam nicht zum Sitzen. Es war ja mein drittes Kind, und ich wußte doch Be-

scheid. Das beunruhigte mich dann. Ich bin auch immer eifrig zur Mütterberatung gegangen, habe es dort auch gesagt. Es hieß aber nur, daß ich mir keine Gedanken machen solle. Hiltrud sei nur faul. Nach einem dreiviertel Jahr war es doch sehr auffällig. Wenn ich sie hinstellte, merkte ich die Spitzfüße. Sie stand dann so auf Zehenspitzen und wiegte sich immer und drehte sich nicht. Sie lag auch immer ganz steif da. Ich war ratlos. Als ich dann darum bat, daß man mit ihr doch wenigstens Säuglingsgymnastik machen möchte, wurde die verordnet. Mir war jetzt aber klar, daß da was nicht stimmte. Aber mit diesem Wissen, dieser Ahnung, stand ich allein da. Ich habe zwar eine Hochschulausbildung, aber in so etwas war ich ja Laie. Ich habe nicht gewußt, daß das Gehirn auch die motorischen Abläufe steuert. Hirnschaden – so dachte ich – ist eben immer nur eine geistige Behinderung. Geistig behindert erschien die Kleine mir nie, da sie immer wach schaute und reagierte. Allerdings machte sie keine Sprechansätze. Sie verstand aber, was man von ihr wollte. Verwandte und Bekannte sagten auch, daß sie munter blickte und daher keinen Hirnschaden haben könnte. Ich ging dann noch zu einer anderen Kinderärztin und zu einer orthopädischen Beratungsstelle. Was ich wußte, da bin ich hingegangen. Bevor sie ein Jahr alt war, das war die schlimmste Zeit, die Ungewißheit war so quälend. Auch den Ärzten konnte ich es nicht richtig schildern. Ich konnte nur sagen, daß sie sich nicht richtig bewegt. Vielleicht ist es für einen Kinderarzt auch merkwürdig, wenn eine Mutter kommt und sagt, daß sich ihr Kind nicht richtig bewegt.
Ich bin dann zu Professor K. gegangen. Der sagte mir gleich: Na, typischer Hirnschaden. Ich weiß es heute noch so genau, weil es mich so schockierte. Er sagte aber noch: Wir kriegen sie schon auf die Beine. Machen Sie sich da weiter keine Sorgen. Das war für mich ... so ein Hammer. Die Art, wie er das sagte. Er dachte sicherlich, daß ich davon schon was wüßte. Ich glaubte vorher, daß sie was am Rücken hätte. Das war natürlich aus heutiger Sicht sehr naiv, aber ich hatte es mir so gedacht. Die Wirbelsäule oder so. Als ich dort war, war Hiltrud 13 Monate alt. Man sagte, daß es sich um spastische Erscheinungen handle. Zu Hause sah ich erst mal in einem Buch nach. So eine junge Mutter war ich ja nicht mehr. Habe mich auch nicht getraut zu fragen, was das eigentlich ist. Professor K. wollte nur wissen, was ich mit ihr mache. Ich sagte ihm: Säuglingsturnen. Weitermachen, war seine Antwort. Ich fragte ihn auch, wann ich wiederkommen solle. Dachte ich doch, für jede Krankheit gibt es eine Heilung, und da müsse man eben wieder hin. In einem Vierteljahr.
Wir hatten eine sehr nette Krankengymnastin. Als ich ihr die Diagnose sagte, fiel ihr auch der Unterkiefer runter. Sie sagte, daß sie so was

nicht in ihrer Ausbildung gehabt hätte und da auch nicht so Bescheid wüßte. Und was sie machte, war nicht falsch, nur längst nicht ausreichend. Ich blieb weiterhin unbefriedigt. Meine Mutter bestärkte mich darin. Sie sagte auch, daß es so nicht weitergehen könne, da das Kind immer älter werde und der Abstand zu normal entwickelten Kindern immer größer ... Dann sind wir zu Professor M. gegangen. Da merkte ich gleich, daß er wußte, was los war. Er war sehr nett und hat sich ausführlich mit uns – mein Mann war auch mit – unterhalten. Er erklärte uns, wie diese Behinderung mit dem Gehirn zusammenhängt. Er sagte, daß das Kind gleich auf die Station müßte, was ich rückwirkend nicht mehr ganz verstehen kann. Aber es ist eben erst mal etwas mit ihr geschehen. Die asymmetrischen Halsreflexe wurden weitestgehend abgebaut, die waren vorher stark vorhanden. Auch das Sitzen hat sich verbessert. Aber natürlich gab es auch eine andere Seite: Als die Kleine hinkam, war sie sauber, nachher nicht mehr. Sie hatte dort auch mehrere Infekte. Und das Heimweh war wohl schrecklich. Sie hatte ja gar keinen Kontakt mehr zu uns, obwohl wir jeden Sonntag bei ihr waren und mit ihr sprachen. Vorher hatte sie erzählt – so in der Babysprache. Sie war auf einmal wie ein fremdes Kind. Sie hat durch die Trennung seelisch sehr gelitten. Sie sah uns nur an und sprach kein Wort. Es war bestimmt höchste Zeit, daß sie nach einem Vierteljahr wieder nach Hause kam. Wenn wir sie an den Wochenenden hätten mit nach Hause nehmen können! Ich hatte auch den Stationsarzt danach gefragt, stieß da aber auf Unverständnis. Ich sagte auch, daß ich jeden Tag kommen würde, um mit ihr zu turnen. Nein, es ginge nicht. – In dieser Zeit ist auch bestätigt worden, daß Hiltrud sich geistig normal entwickeln wird. Zu Hause blühte die Kleine in ihrem Wesen dann wieder auf. Das Freundlich-Heitere und auch ihre Zutraulichkeit kamen wieder durch. Im Geistigen war sie immer wißbegierig, alles Neue aus der Umwelt nahm sie interessiert auf. So konnte sie später in die POS eingeschult werden – aber in der Körperbehindertenschule. Vorher hatte sie schon den dortigen Kindergarten besucht. Der tägliche Transport wurde während all der Jahre entweder mit einer Taxe (SVK-vergütet) oder mit einem Schulbus bewältigt. Da das ein Sammelbus ist, waren die Touren für die Kinder oft ziemlich weit und anstrengend. Aber dafür kamen sie ja auch jeden Tag wieder nach Hause, in die Familie. In der schönen Neubauschule gibt es ja jetzt auch ein Wocheninternat, das natürlich seine Vor- und Nachteile hat. Die Größeren wie unsere Hiltrud finden das ja ganz schick, aber für die jüngeren Kinder ist die Trennung von der Familie wohl doch mit emotionalen Entbehrungen verbunden. Physiotherapeutisch habe ich bei Hiltrud alles versucht und ja auch noch selbst eine Spezialausbildung hierfür absolviert. Ganz unabhängig vom Rollstuhl konnte sie aber nicht werden. Auch die unwillkürlichen Zusatzbewegungen, die sogenannte Athetose, ist nicht ganz weggegangen. Sie wissen ja, besonders bei Aufregungen ist das schlimm. Und es wirkt auf fremde Menschen ja sehr eigenartig, da denken die dann automatisch an Geistesschwäche, zumal auch das Gesicht mit betroffen ist. Denn irgendwie steckt da was tief drin im Menschen, so eine Meinung, wenn sich einer nicht richtig bewegt, muß er auch einen geistigen Defekt haben. Mir geht das heute noch so, wenn ich einen Menschen sehe, der sich mühselig fortbewegt, daß ich denke: Intelligent ist er wohl. Ich meine, bei einem anderen Menschen denkt man das nicht. Bei Bewegungsbehinderten schaut man und denkt das. Deswegen mache ich das anderen auch nicht zum Vorwurf. Und geistig Behinderten fehlt ja häufig dies Flüssige, Harmonische der Bewegungen. Mitleidsgefühle hatte ich eigentlich immer. Aber es war eines meiner obersten Prinzipien, Hiltrud diese möglichst nicht zu zeigen. Mit unserer Hoffnung ging es zwischendurch immer auf und ab. So voll im klaren, was so ein behindertes Kind alles in allem bedeutet, ist man sich wahrscheinlich heute noch nicht... Eine Stufenleiter. Wird anderen sicherlich auch so gehen. Erst waren wir ja noch der Meinung, sie wird wieder gesund! So langsam baut sich das dann ab. Ich habe neulich erst wieder einen Schock gekriegt, als ich Hiltrud als dritte Person erlebt habe: Ich war in der Schule bei Oberarzt K. wegen einer Sache, die Hiltrud betraf. Saß also schon in dem Zimmer, und da wurde sie nun im Rollstuhl reingefahren und sollte selbst ihr Anliegen vortragen. Und nun die Situation für Hiltrud: Es waren noch andere Leute im Raum, und da saßen nun die Mutter und der Oberarzt ... sie stotterte fürchterlich und hatte unwillkürliche Mitbewegungen. Da fiel es mir wie Schuppen von den Augen, wie schlimm Hiltrud eigentlich dran ist. Ich möchte schon sagen, daß das eine Stufenleiter der Erkenntnis ist. Vielleicht geht es anderen nicht so. Manche bekommen es eventuell gleich gesagt. Mich hat eigentlich keiner so richtig aufgeklärt, was mit Hiltrud wirklich ist, mit allen sozialen Fragen und so. Jedenfalls habe ich es nach und nach erst mal mitbekommen, wie schlimm sie dran ist – bis zum heutigen Tag. Mitleid? ... Wenn ich mich dem hingebe, könnte ich zerfließen, denn es wird ein schlimmes Leben sein, was sie noch vor sich hat. Und das schiebe ich immer weit von mir weg. Ich habe das immer getan – habe auch nie vor ihr geweint oder irgendwas in dieser Richtung gesagt. Das ist auch in der Familie tabu. Sie stellt aber auch selber Zukunftsfragen. Sie ist sich ihrer Behinderung erstaunlich bewußt. Aber trotzdem weiß sie eigentlich nichts – sie ist auf der Stufe der Erkenntnis aller Konsequenzen für ihr Leben noch weit zurück. Es weiß ja auch kein Mensch

ganz genau, wie es wirklich wird. Jetzt hat sie z. B. keine Schmerzen; aber sie können ja noch kommen. Aber eins ist ein großes Glück: Sie hat eine ganz frohe Natur! Erstaunlich. Das strahlt natürlich auch zurück. Im Verhältnis Mutter und Kind, das ist ein Geben und Nehmen, das ist eine Wechselwirkung – ganz intensiv. Ich habe immer versucht, optimistisch mit Hiltrud zu reden. Habe immer gesagt: Na, Hiltrud komm, das schaffen wir schon; wir haben es doch auch immer geschafft. Habe immer versucht, sie aufzurichten und zu ermuntern. Jede körperliche Leistung ist für sie ja mit einer großen Anstrengung verbunden. Jetzt legen wir auch Wert auf das Sich-in-der-Öffentlichkeit-Bewegen. Wir waren neulich im Theater! Ich weiß ja, daß alle, die uns sehen, uns nachschauen. In der Situation der anderen würde ich auch hingucken, das ist wie ein Zwang, dort hinzusehen. Wenn einer ganz groß ist, guckt man ja auch. Ich sage dann immer: Ach, Hiltrud, die sehen hin und sehen auch wieder weg, das stört uns nicht. Sie haben es dann gesehen, und dann ist es gut. Ihr zu sagen, daß keiner hinschaut, wäre Quatsch. Man muß sich eben darauf einstellen, daß es so ist. Obwohl ich mir innerlich natürlich doch was draus mache. Ganz eigenartig dieser Widerspruch zwischen Vernunft und Gefühl. Früher, als Hiltrud noch kein Schulkind war, hatte ich sie ja meistens um mich. Da war es mir richtig komisch, wenn ich ohne sie mal in die Stadt gegangen bin. Dachte da immer: Jetzt sieht mal keiner nach dir! Du bist ja heute ein Mensch wie jeder andere! Ja, weil es außerhalb des sonstigen Erlebens war. So kann einem das zur Gewohnheit werden, daß man ständig angeguckt wird! Hiltrud erlebt das aber wohl anders, sie ist ja damit groß geworden. Sie ist ja so geboren. Sie kann das alles aber auch schon ganz gut differenzieren. Sie hat in der Schule eine Freundin, die durch einen Autounfall erst mit elf Jahren querschnittsgelähmt wurde. Neulich hat sie erst gesagt: Für Marit, das ist die Freundin, ist bestimmt alles noch viel schwerer, die weiß ja, wie es vorher war, aber ich weiß ja nichts, ich bin ja schon immer so gewesen. Das fand ich ganz toll, daß sie das selbst so einschätzt. Es ist sicherlich leichter, wenn man „so geboren" ist. Sie kennt sich nicht anders.
Kurze Strecken kann Hiltrud, wenn auch wacklig und unsicher, frei gehen. Auch in der Schule benutzt sie nicht ausschließlich den Rollstuhl. Nur für die großen Strecken. Sie geht vom Zimmer auf die Toilette und ins Bad ohne Rollstuhl. Sie kann zwar gehen, aber sie fällt sehr oft hin. Sie kann also z. B. nicht allein einkaufen. Wenn ich mit ihr in die Kaufhalle gehe, dann hält sie sich am Wagen fest, und ich halte den Wagen. Alleine traut sie sich nicht, und das ist schon verständlich, weil sie nach einem Fall nicht frei aufstehen kann. Da muß sie irgendwo hinkrabbeln, um sich wieder aufzurichten. Das ist natürlich

schlimm. Wenn ich sie mit in unsere Kaufhalle nehme, bin ich aber nie auf Ablehnung gestoßen. Früher habe ich immer Blut und Wasser geschwitzt in diesen engen Gängen, daß sie da durch ihre unkoordinierten Bewegungen bloß nichts herunterreißt! Glücklicherweise ist das aber nicht passiert. Ich glaube aber auch, daß die Menschen Verständnis gehabt hätten. Es kommt ja auch sehr darauf an, wie sich die Mutter verhält.
Hiltrud ist eigentlich sehr kontaktfreudig. Kann lachen und ist ein fröhlicher Mensch. Sie ist aber durchaus nicht so, daß sie sich in den Vordergrund drängt, daß sich alles um sie drehen muß. Sie kann sehr zurückhaltend sein und einfühlsam warten, bis sie gefragt wird. In gewisser Weise ist sie doch auch schüchtern; das ist vielleicht ein Gegensatz. Aber wenn sie merkt, daß sie jemand wirklich gern hat, dann geht sie enorm aus sich heraus. Und das wird ihre Situation wahrscheinlich sehr erleichtern – daß sie so einen Charakter hat. Das ist meine große Freude und Hoffnung. Deswegen habe ich wohl auch nie ablehnende Gefühle ihr gegenüber haben können. Ich habe niemals gedacht, daß ich sie loswerden möchte – also nie. Nun ist ja Hiltrud erst 14, und es wird noch manches kommen, Pubertät und so. Bis jetzt, muß ich sagen, ist sie wirklich lieb. Je mehr ich mich da reinspinne, um so mehr tut es mir leid. Aber ich bin eisern, das schiebe ich von mir, da könnte man sonst verrückt werden, wenn man sich das immer wieder klarmacht ... ich meine, was sie alles im Leben nicht genießen kann.
Enttäuschungen? – Na ja, ein behindertes Kind ist schon ein Gradmesser der Umwelt. Danach kann ich die Menschen gut einteilen, wie sie sich so einstellen ... Ganz schlimme Enttäuschungen habe ich eigentlich nicht erlebt. Es gibt eben Menschen, wo ich mir sage: Na, die können nicht anders, die können mir im Grunde nur leid tun. In der Verwandtschaft ist die Einstellung sehr unterschiedlich – auch die Hilfsbereitschaft. Wie ich die Umwelt so betrachte, da fließt wohl meine eigene Toleranz mit ein ... Ich war damals verzweifelt, weil ich dachte, daß Hiltrud ganz sicher ein unglücklicher Mensch werden muß. Früher, als sie noch so zweieinhalb Jahre alt war, war es für mich das Schlimmste, daß ich dachte, ich habe ein ewig unglückliches Kind. Bis Frau N. mir sagte, daß das unbegründet sei, daß die Spastiker oft sogar ein heiteres Gemüt hätten und das Leben so nehmen würden, wie es ist. Und außerdem sind Sie mit ihrer Hiltrud noch ganz gut bedient! Diesen Ausspruch, den fand ich zuerst unmöglich. Wie kann die so sagen von einem Kind, das mit zweieinhalb Jahren noch nicht sitzen, stehen, greifen und überhaupt nichts kann. Wie kann sie so was sagen! Und sie hatte doch recht! Das waren sicherlich ihre Erfahrungen und weil sie die ganze Entwicklung des Kindes gespürt hat und vor allem

die noch schwereren Fälle kennt. Sie kennt ja Hunderte, Tausende solcher Kinder und konnte das einschätzen. Was mich am meisten von den Vorurteilen trifft, ist die Einstellung. Na ja, es ist das 3. Kind, die werden schon wissen, wodurch das gekommen ist. So ungefähr, als hätten wir Abtreibungsversuche gemacht! Dieses „Einem-immer-die-Schuld-zuschieben-Wollen", das trifft einen schon. Am meisten Verständnis für Hiltrud und für unsere ganze Familiensituation haben wir von meiner Mutter erfahren. Die hat uns viel geholfen. In den ersten Jahren war es ja sehr schwer für mich. Die krankengymnastische Betreuung von Hiltrud lag ja überwiegend in meinen Händen. Ich bekam die Anleitung von der Frau N. und habe täglich zweimal mit dem Kind geübt. Und da waren ja auch noch die anderen in der Familie, die Zuwendung brauchten! Hiltruds Geschwister waren nur wenig älter. Als sie geboren wurde, war das eine Kind zwei und das andere drei Jahre alt. Meine Mutter hat uns sehr oft besucht und uns geholfen. Sie hatte für alles viel Verständnis. Ich muß noch dazu sagen, daß meine Mutter Sonderschullehrerin gewesen ist an einer Schule für Schwerhörige. So hatte sie auch ein Herz für behinderte Kinder. Sie hat durch ihren Beruf auch sehr an Hiltruds Sprachentwicklung Anteil gehabt. Auch auf anderen Gebieten hat sie ihr viel gegeben. Dann natürlich auch die Frau N.; auch jetzt noch. Sie ist eine der wenigen Menschen, die wirklich – so glaube ich – wissen, was ein Spastiker für Probleme hat. Alles kann man mit ihr bereden.

Und mein Mann? Für Hiltrud macht er alles, was in seiner Macht steht. Er ist z. B. technisch sehr versiert. Abende, Stunden und Wochenenden – auch jetzt im Urlaub – sitzt er in seiner Kellerwerkstatt und baut einen leichten Rollstuhl für das Kind. Unsere landeseigenen Rollstühle sind unheimlich schwer. Und da wir kein Auto haben, ist es für uns eben ein echtes Problem, mit Hiltrud in die Stadt zu fahren. Sie kann ja die Treppen gehen, aber der Rollstuhl muß dann geschleppt werden. Er wiegt immerhin 19 Kilo, und außerdem hat man ja meistens noch irgendeine Tasche oder anderes Gepäck. Mein Mann hat der Hiltrud auch alle möglichen anderen Hilfsmittel angefertigt: Tische erniedrigt, Stühle erhöht und Fußbänke gebaut, Stehbrett und Kniebrett, ein Teil des Fahrrades für sie geändert, so mit Rädern hinten und mit Rücktritt. Darauf fährt sie auch ganz souverän. Das alles wäre ohne die Hilfe meines Mannes nicht möglich. So hat er auch einen großen Anteil an Hiltruds Entwicklung. Ich frage mich aber, wie kommen die körperbehinderten Kinder zurecht, bei denen keiner in der Familie oder Verwandtschaft ist, der so was alles bauen kann?! Die materiell-technische Versorgung der Körperbehinderten ist nämlich im allgemeinen noch sehr mangelhaft! So ergänzen wir uns in der Part-

nerschaft gut, sehr gut eigentlich. Ich bin in der Mentalität die Aktivere. Mein Mann ist der ruhende Pol in der Familie. Das ist ja auch wichtig. Ich bin manchmal schnell auf achtzig, und er bleibt unten. So ein Schicksalsschlag, wie es das mit einem behinderten Kind zunächst ja einmal ist, stellt doch auch eine unerhörte Bewährungsprobe für die Partnerschaft, für die Ehe dar. Ich denke, das ist ein echter Prüfstein. Manchmal muß wohl auch das behinderte Kind herhalten als Sündenbock für alles Negative in einer bröckeligen Beziehung, die bereits schon vor der Geburt des Kindes nicht stabil war, nur hatte man das vielleicht noch nicht ausgesprochen und vor sich selbst zugegeben. In dieser Hinsicht mache ich mir viele Gedanken, auch um andere ...
Man darf als Mutter das behinderte Kind auch nicht zum einzigen Sinn seines Lebens machen — man muß eben allen gerecht werden, auch dem Mann und den anderen Kindern. Manche sind eine 300%ige Mutter des behinderten Kindes, und dadurch nur noch in der Mutterrolle, gar nicht mehr die Frau des Mannes. Das geht nicht gut. Bei meinen früheren Hausbesuchen als Physiotherapeutin habe ich manchmal erlebt, daß das behinderte Kind im Ehebett liegt, und der Mann muß dann irgendwo auf der Couch schlafen ... Das geht natürlich nicht. Auch da muß man das rechte Maß halten.
Ja, und wie erleben meine drei anderen Kinder das Problem mit Hiltrud? Das ist schwer zu sagen. Sehr verschieden auf alle Fälle. Direkt mit ihnen darüber sprechen mag ich nicht.
Manchmal habe ich schon gedacht, ob sie die Phantasie haben, daß sie Hiltrud später mal in ihren Haushalt nehmen müßten? Das würde ich aber nie anstreben oder verlangen. Wenn sie das von sich aus machen würden, ja. Ich müßte ihnen aber wohl doch mal direkt sagen, daß ich das nicht erwarte. Wer weiß, was in ihren Gedanken vorgeht. Wir haben ja ein eigenes Haus. Da haben sie mal die Frage gestellt, wer später das Haus kriegt. Ich habe da gesagt, ich weiß noch nicht, wie sich das so ergibt ..., wahrscheinlich wird es die Hiltrud am nötigsten brauchen, ich weiß aber nicht, ob sie es allein schaffen würde und so. Aber ich habe nie gesagt und auch nicht gedacht, daß eines von den Kindern die Hiltrud aufgebürdet bekommt. Das wird ja auch ein Partnerproblem! ..., könnte ich mir jedenfalls denken. Sie werden vielleicht auch darin Schwierigkeiten haben, daß manche eben sagen: Der oder die mit der doofen Schwester. Bisher haben sie aber nie so etwas gesagt. Vielleicht erzählen sie auch nicht alles, sicherlich nicht. Meine Kinder sind sehr unterschiedlich. Äußerlich sehen sie sich sehr ähnlich, aber im Charakter sind sie sehr verschieden. Neulich ging es mal darum — ich weiß nicht, ob ich so ein Beispiel mal erzählen kann ...?: Der Älteste, der wird jetzt 18 Jahre und hat das erste Lehrjahr hinter sich.

Da war ich mal wieder so vollkommen verzweifelt, als ich vom Elternbeirat aus der Schule kam und gemerkt hatte, wie schwer es ist mit der Berufsfindung für die Behinderten. Und auch für Hiltrud wird es auf Grund ihrer Sprach- und Handbehinderung kompliziert sein, da bleibt ja nicht viel. Ich kam also nach Hause und der Junge kam ins Zimmer: Mensch Till, ich bin ja mal wieder vollkommen fertig, was soll da bloß später mal werden mit unserer Hiltrud, das ist ja so schwer – und es ist doch so wichtig für einen Menschen, einen richtigen Beruf zu haben. Und da hat er gesagt: Ach Mutter, da mach dir mal keenen Kopp, wenn ich erst mal Geld verdiene, würde ich schon was für Hiltrud abgeben. Da habe ich nach Luft geschnappt. Ich hatte es ja nicht wegen des Geldes gemeint. Aber die Einstellung! Das kam so spontan.

Ich glaube auch, daß er nicht so die sonstigen Probleme mit Hiltrud hat. Auch wenn wir verreist waren – er ist vor zwei Jahren noch mit uns verreist, mit Hiltrud. Die zweite Tochter nicht. Die wollte das dann schon nicht mehr. Ich nehme an, daß es wegen Hiltrud war. Wir waren damals in Puttbus und hatten dort eine Außerhausverpflegung, wo wir jeden Tag viel hin und her mußten – er hat den Rollstuhl geschoben und sich nichts draus gemacht. Für ihn ist das ganz normal. Wir halten es auch so und loben ihn dafür nicht extra. Unsere anderen Kinder fahren die Hiltrud nicht so selbstverständlich mit dem Rollstuhl. Besonders unsere Almut. Sie sagt nicht warum. Sie ist da verschlossen. Ich glaube, sie hat Hemmungen. Sie hat auch kein so gutes Verhältnis zur Hiltrud. Ich nehme fast an, daß sie sich ein bißchen vernachlässigt fühlt. Denn Hiltrud wurde bald nach ihr geboren, und alle Gespräche haben sich dann ja in erster Linie um das behinderte Kind gedreht. Mit Hiltrud wurde hier und da hingegangen, und sie ging da eben immer nur mit. Der Junge ist der Älteste. Hiltrud ist sowieso die Besondere, Heni ist die Jüngste, und Almut, sie ist das Kind in der Geschwisterreihe, das am wenigsten Besonderheiten in seiner Stellung hat. Ich meine, sie ist nicht aggressiv oder so. Aber sie ist eben ein in sich gekehrter Mensch. Sie hat auch eigentlich keine richtige Freundin. Sie sitzt in ihrer Bude und bastelt irgendwas. Sie ist eigentlich auch ganz zufrieden dabei und nicht so ein übergroßer Kontaktmensch wie Hiltrud. Vielleicht kommt sie in ihrer zurückhaltenden Art auch mehr nach dem Vater. Und das Beste, was wir für Hiltrud – und nicht nur für sie! – tun konnten, war, daß wir noch die Heni kriegten. Die Schwangerschaft mit der Jüngsten war schwer, weil ich so große Angst hatte. Ich wußte zwar, daß Hiltruds Krankheit nicht etwas war, was sich wiederholen mußte. Es war ein tiefer Sitz der Plazenta, und das kommt eben unter 1000 Fällen einmal vor – da hatte ich mich erkundigt. Das habe ich sozusagen als einen Unfall gewertet. Und die Wahrscheinlichkeit war sehr gering, daß sich das wiederholen mußte. Sonst hätte ich mich wahrscheinlich nicht zu einem weiteren Kind entschlossen. Aber wer weiß schon ganz genau ...? Wie ich die Zeit überhaupt überstanden habe, das war ganz schlimm. Um so glücklicher war ich dann später. Bin sofort beruhigt gewesen, als ich sah, das Kind kommt rund raus und nicht so langgezogen wie die Hiltrud. Das Trauma von Hiltruds Geburt habe ich gehabt, bis Heni geboren wurde. Die ersten Jahre waren so, daß kaum ein Tag vergangen ist, wo ich nicht an die Geburt von Hiltrud denken mußte. Können Sie sich so was vorstellen? Wenn ich daran dachte, habe ich sie vor mir gesehen, wie sie die so rausgezogen haben, so ganz lang und schlaff und ganz weiß. Also, das war eine schlimme Erinnerung ... das Kind war ja praktisch „tot". Auch so eine Frage, die ich mir stelle: Ist es in jedem Falle richtig, ein Kind um jeden Preis wiederzubeleben? Im Vergleich zu Hiltrud gibt es ja noch viel schwerere Schädigungen. Diese Frage kommt mir öfter in den Sinn... Jedenfalls habe ich bei Henis Geburt gleich gesehen, daß alles gut war. Sie war schnell geboren, hat gleich geschrien und war rund zusammengerollt, wie eben so ein Neugeborenes ist. Und ich brauchte das irgendwie auch für mein eigenes Lebensgefühl. Man behält die letzte Geburt wahrscheinlich besonders in Erinnerung. Aus dieser Erfahrung würde ich auch anderen Eltern ohne nachgewiesenes genetisches Risiko unbedingt zu weiteren Kindern raten, besonders, wenn das behinderte Kind das erste ist. Auf jeden Fall. Ich sage so manchmal im Scherz, daß bei mir nur 25 % meiner Kinder behindert sind. Wenn man nur ein Kind hat, dann sind es doch 100 %! Und noch etwas, auch wenn es vielleicht komisch wirkt: Früher, wenn ich mit Hiltrud irgendwo hinkam, sei es zum Arzt oder sonstwo, habe ich bewußt meine anderen beiden Kinder mitgenommen, um zu beweisen, daß ich auch gesunde Kinder habe. Können Sie das verstehen? Nach der Entbindung meines vierten Kindes war ich sehr glücklich. Auch mein Mann. Ich habe ihn selten so glücklich gesehen! Die Heni ist auch ein ganz reizender und lieber Kerl. Die beiden Jüngsten haben so eine schöne Kindheit zusammen gehabt. Durch die Heni konnte die Hiltrud so wunderbar spielen. Hiltrud ist ein Mensch voller Ideen, die sie ja aber selbst nicht so verwirklichen kann. Aber mit Hilfe von Heni konnte sie das. Sie war immer mehr der Anreger. Ihre Vorschläge hat sie aber stets in einer so netten Art gemacht. Es war nicht so, daß sie bestimmt, und die andere muß es machen – so überhaupt nicht. Jetzt sagt Hiltrud immer, daß das Spielen nichts mehr sei. Natürlich, sie ist 14! Aber sie haben doch viele Jahre gemeinsam wunderbar gespielt. Heni war eben auch froh, daß sie eine hatte, die gern mit ihr spielte. Das war also nicht einseitig, denke ich. Das war wirklich ein Geben und ein Nehmen.

Die erste offizielle Reaktion einer Lehrerin hatten wir auch von Henrike gehört; sie hat eine besonders nette Lehrerin.
Henrike kam einmal nach Hause und sagte: Heute haben wir in der Schule über Behinderte gesprochen, und die Lehrerin hat gesagt, daß ich eine gelähmte Schwester habe und daß da niemand drüber lachen soll, weil sie ja nichts dafür kann, daß sie so komisch läuft. Die Lehrerin hatte das den Kindern wohl mit einfachen und passenden Worten erklärt. Ich könnte mir auch vorstellen, daß von unseren Kindern eben die Henrike wirklich mal diejenige ist, die sich später am meisten um Hiltrud kümmert ... Vielleicht könnte das sogar mal in ihren Berufswunsch eingehen. Sie ist ja mit diesem Problem aufgewachsen, und das hat sie ganz positiv verinnerlicht und akzeptiert. Solche Menschen wären ideal, später mal mit Behinderten zu arbeiten. Aber das muß sie natürlich selbst entscheiden.
Die Hiltrud ist in ihrer Schülergruppe sehr anerkannt. Sie ist „in", so hat sie es kürzlich selbst aus dem Ferienlager geschrieben. Im Alter von 14 Jahren ist es doch wichtig, wie man so in der Gemeinschaft steht. In einer netten Art kann sie ihren Mitschülern klarmachen, was sie möchte oder nicht. Sie ist wirklich angesehen und fühlt sich wohl. Von anderen Menschen werde ich oft gefragt: Gibt es denn da keine Heilung? Man ist doch heute in der Medizin schon so weit ... Als ob wir alles mit ihr machen könnten, als ob uns nichts mehr unmöglich ist! Man möchte es eben nicht zur Kenntnis nehmen, daß es auch Behinderungen und Leiden gibt, die bleiben, mit denen man sich abfinden muß. Früher, da bekam ich sogar häufig gute Ratschläge. Zum Beispiel: mit Pferdemark einreiben und anderen Unfug. Ich habe mir bei allen Gesprächen über Hiltruds Behinderung angewöhnt, daß ich versuche, ganz ruhig zu bleiben und sachlich zu reden: Sie hat es seit ihrer Geburt, es war Sauerstoffmangel, und es ist ein bleibender Schaden. Ich sage immer, es ist eine Nervenlähmung, das klingt besser als ein Gehirnschaden. Das ist eigentlich auch einleuchtend. Früher war es mir auch unangenehm, wenn das immer vor Hiltrud verhandelt wurde. Ich habe dann versucht, das abzubiegen ... ein anderes Mal reden wir darüber! Auch heute ist es noch üblich, daß man über alles mögliche mit mir spricht, anstatt das Kind selbst zu fragen. Ich sage jetzt immer, daß meine Tochter selbst sprechen kann, und Hiltrud weiß, daß ich das auch vor Fremden von ihr erwarte; sie hat dann zwar manchmal Hemmungen mit ihrer Sprache, sie weiß aber, daß ich da konsequent bin. Sie sagt dann auch selbst, was zu sagen ist. Man nimmt sie eben im allgemeinen doch nicht für voll und denkt, daß man da in allem die Mutter fragen muß. Wie alt sie ist und andere Selbstverständlichkeiten. Als ob man sie nicht für mündig hält. Ich finde ganz selten einen

Menschen, der sich direkt an Hiltrud wendet. Aber ich bin überzeugt, dieses falsche Verhalten resultiert nur aus Unsicherheit, weil die Menschen im allgemeinen sowenig über Behinderte informiert sind. Dazu gehört wohl auch folgendes Erlebnis: Wir waren mit einem Kollegen meines Mannes befreundet, der uns auch einige Male im Jahr mit seiner Frau besucht hat – wie das so üblich ist. Und die haben sich nun –, seitdem wir die Hiltrud haben, vollkommen von uns zurückgezogen – mit der eigenartigen Begründung der Frau, sie könne so was nicht sehen. Das waren aber auch die einzigen, die sich direkt abgewandt haben. Wir haben ansonsten einige nette Bekannte, die sich bemühen, Hilftrud vor allem als Menschen und nicht nur als Behinderte zu sehen – das ist ja meistens das Problem. In bezug auf Hilfsbereitschaft haben wir jedoch viele positive Erlebnisse gehabt. Zum Beispiel ein Bruder von mir. Er und auch seine Familie kümmern sich sehr um Hiltrud. Ihre Kinder, so etwa in Hiltruds Alter, die haben uns oft besucht. Einer von den Jungen war meistens in den Ferien bei uns. Die haben immer schön mit Hiltrud gespielt. Kinder sowieso, die nehmen das alles viel normaler hin als die Erwachsenen, die sehen da keine großen Probleme. Mein Bruder hat Hiltrud auch zwei- oder dreimal mit im Urlaub gehabt – eben um mich mal zu entlasten und um Hiltrud was zu bieten. Das finde ich ganz großartig, auch von meiner Schwägerin. Sie sagen auch jetzt wieder, wenn wir mal mit Hiltrud kommen wollen ... Mein Bruder hat ein Auto, da fährt er uns dahin und dorthin. Und er hat auch für Hiltrud technische Sachen besorgt, zum Beispiel eine elektrische Schreibmaschine, was ja an ein Wunder grenzt. Es war seine eigene Initiative. Er war eben der Meinung, mit ihrer Handschrift kann sie niemals öffentlich in Erscheinung treten, da braucht sie eine Maschine, und er hat es geschafft. Ganz wunderbar finde ich das. Dann noch so ein gutes Beispiel aus dem Urlaub. Da hatten wir auch Hiltrud mit. Es war ein heißer Sommer, und wir waren im Erzgebirge. Wir hatten sie auf dem Fahrrad, sie war vielleicht etwa 9 Jahre alt. Da haben uns wildfremde Leute angehalten, die mit einem Trabant vorbeikamen, und gesagt, daß sie das mit der Hiltrud gesehen hätten. Sie würden morgen baden fahren und die Hiltrud gerne mitnehmen, damit sie auch mal baden kann. Das Angebot haben wir gern angenommen und haben alle zusammen dort gebadet. So was gibt es eben auch. Wir haben eigentlich auch immer versucht, Hiltrud überallhin mitzunehmen. Zum Beispiel waren wir als kinderreiche Familie in Oberhof im Urlaub. In dem großen Rennsteig-Hotel. Wir sind dann da auch in das oberste Geschoß, in das schöne Café, hochgefahren. Haben Eisbecher mit Früchten bestellt. Vor Aufregung und Freude hatte Hiltrud eine verstärkte Athetose, ein Impuls schießt ein ... und der Eisbecher mit

der Schlagsahne und den Früchten, alles runter vom Tisch auf den Polsterstuhl und den Teppich! Ich habe schnell versucht, mit Servietten alles aufzunehmen, mich nicht umgeguckt, ... bloß schnell weg! Die Bedienung hat dann auch kein Wort verloren! Über dieses Verständnis habe ich mich sehr gefreut. Aber der Schreck war wohl mehr auf Hiltruds und auf meiner Seite. Davon erzählen wir manchmal noch. Das war so an Mißgeschicken das Schlimmste, was uns in der Öffentlichkeit passiert ist. Meine Tochter kann ihre eigenen Möglichkeiten im allgemeinen erstaunlich gut einschätzen.
Was ich mir für die Zukunft wünsche? Eine Menge! Ich habe da so meine ganz speziellen Zukunftsphantasien, zum Beispiel daß der Eingliederungsgedanke für die Behinderten in unserer Gesellschaft überall zur Selbstverständlichkeit wird. Es ist ja in den letzten Jahren viel Positives geschehen, aber vieles ist doch noch zu tun. Wenn ich da nur an die Bereitschaft zur Einstellung von schwer Behinderten in den Betrieben denke! Und dabei gibt es doch die Möglichkeit zur Schaffung von geschützten Arbeitsplätzen. Die Gesetze in unserem Land sind ja sehr gut, aber wer ist der Vermittler zwischen Theorie und Praxis? Wo und wer ist der, der die Gesetze und die Menschen zusammenbringt? Ich glaube, in der allgemein-ethischen Erziehung wird zur Zeit auch noch viel verschenkt. Ich denke vor allem auch an die Schule. Wenn nicht von ihren Eltern, dann können die Kinder doch nur hier die richtigen sozialen Verhaltensweisen lernen. Und die Eltern wissen ja im allgemeinen auch nicht viel von Behinderten. Aber Pädagogen sollten das wissen, nicht nur die in den Sonderschulen, sondern alle! Die positiven Beispiele, die es gibt – und solche kenne ich ja persönlich –, die sind heute noch nicht die Regel, leider. Ich finde es auch sehr bedauerlich, daß die Behinderten irgendwie doch unter sich gelassen werden. Sie kommen in die zentral gelegene Körperbehinderteneinrichtung, und da sind sie dann „untergebracht". Aber sie gehören doch weiterhin zur Familie und somit auch zum Wohngebiet. Und da gibt es die regulären Schulen mit den Pionier- und FDJ-Gruppen; außerdem die Sozialkommissionen, die Volkssolidarität und alle anderen gesellschaftlichen Organisationen. Ist Ihnen bekannt, daß die sich schon allgemein und mit Selbstverständlichkeit um die Probleme der Familien mit Behinderten kümmern? Das wäre gut. Und warum sind nicht in allen großen Ferienlagern auch Gruppen mit behinderten Kindern dabei? Vereinzelt gibt es das ja schon. Aber warum müssen die Behinderten – wenn überhaupt –, meistens extra, getrennt von den sogenannten „Normalen" – und dann noch manchmal während der Schulzeit! – die Ferienlager besuchen? Eine Gemeinsamkeit würde doch auch schon ohne Worte erzieherisch auf alle wirken.

Ich denke auch, daß es viel besser wäre, wenn ein nicht zu schwer körperbehindertes Kind, wenn es nur irgendwie geht, mit in die Normalschule kommt. Ich meine auch, daß man da eine Chance für die anderen verschenkt. So könnten sie doch gleich in ganz natürlicher Weise das erleben, was man soziales Lernen nennt.

Vom Gesundheits- und Sozialwesen muß in Zukunft die materielltechnische Versorgung der Körperbehinderten, orthopädische Hilfsmittel und so, enorm verbessert werden. Qualitativ und quantitativ! Das hat ja übrigens auch das Ehepaar Wilhelm und Elfriede Thom in dem Buch „Rückkehr ins Leben" gut beschrieben (49).

Aber auch für die fürsorgerische Seite! Die orthopädischen Beratungsstellen müßten wohl personell verstärkt werden. Auch für eine systematische psychologische Elternarbeit. Das ist ja etwas, was bei Körperbehinderten in der Grundversorgung im allgemeinen noch ganz fehlt. In der Kinderpsychiatrie ist Elternarbeit, auch in Gruppen und so, ja wohl schon selbstverständlich.

Alles in allem möchte ich aber doch bekennen, daß ich hoffnungsvoll in die Zukunft sehe. Insgesamt ist in letzter Zeit ja schon viel bei uns erreicht worden. Wir müssen die noch offenen Probleme aber richtig erkennen, aussprechen und anpacken. Ich meine auch, daß wir nur dann im echten Sinne von einer sozialistischen Gesellschaft sprechen dürfen, wenn wir dabei das Behindertenproblem nicht ausklammern. Und daß ich dabei nicht nur das Materielle, sondern vielmehr noch das Ideelle, das Ideologische meine, ist ja wohl klar.

Diagnose: *Frühkindliche Hirnschädigung, perinatal-hypoxaemisch bedingt (Sauerstoffmangel unter der Geburt) mit*
— *spastisch-athetotischer Tetraparese als cerebraler Bewegungsstörung bei*
— *normaler Intelligenz.*

Zu der Behinderung von Hiltrud kann auf das Kapitel 2.4.5. im allgemeinen Teil des Buches verwiesen werden.

Ihr spezifisches Problem besteht darin, daß bei ihrer schweren Körperbehinderung, insbesondere durch die unwillkürlich ablaufenden Bewegungen, für den Laien der Eindruck einer psychisch geschädigten Persönlichkeit entsteht; und dabei „wohnt in diesem kranken Körper ein gesunder Geist"! Die normal intelligente Jugendliche erlebt also immer wieder, daß sie auf dem Verständnisniveau eines imbezillen Kindes angesprochen und behandelt wird.

Dadurch, daß die cerebralen Bewegungsstörungen – wie meist – auch den Bereich der mimischen und der Sprechmuskulatur mit betreffen, kann sich Hiltrud weder verbal noch im Ausdrucksverhalten in differenzierter Weise verständlich machen, obwohl ihre Sprache inhaltlich ganz gut zu verstehen ist. Wie es die Mutter schon zu Recht befürchtet, wird durch das Betroffensein von Hand und Sprache ja auch die Frage des späteren beruflichen Einsatzes kompliziert sein. Hiltrud hat es insgesamt schwer, ihre normale Intelligenz im praktischen Leben optimal zum Einsatz zu bringen.

Was in Hiltruds Kleinkinderzeit noch nicht in ausreichendem Maße bei uns üblich war (und zu Recht von der Mutter bedauert und beanstandet wird), hat sich in der Zwischenzeit erfreulicherweise in unserem Gesundheitswesen mehr und mehr durchgesetzt: freie Besuchszeiten in Kinderkliniken, auch Tages- und Wochenstationen.

Besonders hervorzuheben sind die Gedanken der Mutter zu der Geschwisterreihe ihrer Kinder mit der Einschätzung der Geschwisterbeziehungen im Verhältnis zu Hiltrud.

Ich möchte an dieser Stelle einen Vergleich mit den Gedanken der Eltern von Mirjam II anregen:

Wie Hiltruds Mutter es auch schon selbst andeutet, erscheint es sehr wichtig, mit den nicht behinderten Kindern in der Familie einmal ganz offen über Hiltruds Zukunft zu sprechen. Natürlich ist da nicht alles vorhersehbar, aber eins sollte auf jeden Fall klargestellt werden: Keines der gesunden Geschwister soll mit der belastenden Phantasie leben, daß es später einmal für die behinderte Schwester ganz allein zuständig und verantwortlich sein wird.

Es ist Hiltrud zu wünschen, daß sie trotz all der noch kommenden Sorgen und Probleme im wesentlichen doch immer ihr heiteres Wesen behält.

Matthias

Unser Matthias ist in diesem Jahr zum dritten Mal für eine Sonderschule (Hilfsschule) vorgeschlagen worden. Er wurde aber wieder abgelehnt, da seine Intelligenz nur knapp unter dem Durchschnitt liegt; er ist nicht „schwachsinnig". Und in der Oberschule? Da nimmt seine Entwicklung einen traurigen Verlauf.
Ich beneide jede Frau, die nur gesunde Kinder hat, mit ihnen Freude erlebt, sich qualifizieren kann, und abends zufrieden dem nächsten Tag entgegensieht.
Wenn meinem Jungen nicht geholfen wird, gehe ich als Mutter seelisch kaputt...

Matthias: 11 Jahre alt, z. Z. 4. Klasse OS
Mutter: 36 Jahre, Industriekaufmann/Stenotypistin
Vater: 43 Jahre, Elektromonteur mit Meisterbrief, tätig im 3-Schicht-Dienst
Bruder: Thomas, 9 Jahre alt, 3. Klasse OS (leistungs- und verhaltensmäßig guter Schüler)

Die Mutter berichtet:

Bald sollte unser erstes Kind geboren werden. Erwartungsvoll sahen wir der Entbindung entgegen. Endlich war es soweit! Morgens gegen acht Uhr kam ich auf die Entbindungsstation. Um 10 Uhr wurde ich in den Kreißsaal verlegt. Trotz heftiger Preßwehen wurde das Kind bis 11 Uhr nicht geboren. Gegen 11 Uhr beriet sich das Personal untereinander (für mich nicht zu verstehen), und alle, vier oder fünf Personen, verließen den Entbindungsraum. Die letzte Schwester sagte zu mir: Sie verhecheln (flach atmen) jetzt schön die Wehen. Die Wehen hielten ununterbrochen an; ich gab mir Mühe, nur ganz flach zu atmen, damit solange, wie niemand zugegen war, ja nicht das Kind kommt. Ich war fest überzeugt, daß ich ja in einer Klinik war, daß nichts schiefgehen könnte. Nachdem alle den Raum verlassen hatten, sah ich kurz nach 11 Uhr das erste Mal auf die Uhr. Als das Personal, es muß etwas nach 11.30 Uhr gewesen sein, wieder den Raum betrat, kontrollierte die Ärztin als erstes die Herztöne. Diese waren nicht hörbar. Hierauf geriet alles in Aufregung. Der Sauerstoffapparat wurde im Eilzugtempo herangefahren, und ich sollte plötzlich tief und schnell atmen, was ich nach besten Kräften versuchte. Die Herztöne wurden ununterbrochen kontrolliert, und die Hörbarkeit und Nichthörbarkeit wechselten laufend.

Das Kind wurde endlich gegen 12 Uhr geboren. Bei meiner Entlassung habe ich voller Freude für ein „gesundes Kind" unterschrieben. Welche Probleme auf uns zukommen sollten – wer konnte das ahnen! Seit frühester Kindheit machten sich bei Matthias Entwicklungsstörungen bemerkbar. Zuerst wurden diese als Rachitis gedeutet (verspätetes Sitzen, Stehen, Laufen usw.). Eine Ganztagsbeschäftigung mußte ich nach kurzer Zeit auf dringendes Anraten der Kinderärztin wieder aufgeben, weil Matthias zu oft erkrankte und alle Erkrankungen ihn schwerer trafen, als es normalerweise der Fall ist. Da er auch Schwierigkeiten beim Sprechen hatte, erhielt er Sprachheilunterricht und besuchte ein Jahr lang einen Sprachheilkindergarten. Das bedeutete für uns täglich eine Wegezeit von mindestens drei Stunden mit öffentlichen Verkehrsmitteln, und für mich persönlich: Arbeitsplatzwechsel in die Nähe des Kindergartens. Matthias wurde dann aufgrund seiner Entwicklungsverzögerung ein Jahr später eingeschult und besuchte bis dahin den normalen Kindergarten. Von hier aus wurde die Einschulung in eine Sonderschule (Hilfsschule) beantragt. Dieser Antrag wurde aber nach einem einstündigen Test durch eine Psychologin abgelehnt, da der Junge intelligenzmäßig ganz knapp unter dem Durchschnitt liegt. In der 1. Klasse machten sich Schwierigkeiten im Unterricht und auch im Hort bei der Erledigung der Hausaufgaben bemerkbar, da Matthias sehr unkonzentriert und leicht ablenkbar war. Auf Anraten der Hortnerin erledigte er ab dieser Zeit die Hausaufgaben zu Hause, und ich verkürzte meine Arbeitszeit aus diesem Grund auf fünfeinhalb Stunden. Im 1. Halbjahr des 2. Schuljahres war er in Mathematik versetzungsgefährdet. Nun stellte die Klassenleiterin nochmals einen Antrag zur Aufnahme in die Sonderschule. Wieder wurde der Antrag abgelehnt. Daraufhin strebten wir erfolgreich die Umsetzung in die POS in P. an, da hier die Klassenstärke statt 28 nur 13 Kinder betrug. Trotz der weiterhin bestehenden Konzentrationsschwäche besserten sich die Leistungen vorübergehend, an eine Versetzungsgefährdung war nicht zu denken. Leider traten während des Schuljahres epileptische Anfälle auf (Jackson-Anfälle), und es erfolgte stationär eine Untersuchung und Einstellung auf ein Medikament, das er regelmäßig einnehmen muß. Seit diesem Zeitpunkt gingen bei Matthias die Leistungen rapide abwärts. Lag er im 3. Schuljahr bei einer schwachen 3, so liegt er jetzt in Grammatik und Rechtschreibung bei einer 5, und in Mathematik sieht es nicht viel besser aus. Nach Aussage der Ärztin soll das Medikament nicht so einen starken Einfluß auf die Konzentration haben. Woran aber soll der plötzliche starke Abfall der Leistungen sonst liegen? Vielleicht haben die Anfälle die Hirnleistungsschwäche noch mehr verstärkt... Es besteht Hoffnung, daß das Medikament innerhalb von zwei bis drei Jahren abgesetzt werden kann. Im Unterricht befolgt Matthias nur sehr zögernd die Anweisungen der Lehrer, spielt mit allem nur möglichen, stört durch auffälliges Verhalten (lautes Gähnen, Strecken, Umdrehen, Dazwischensprechen, ungezogene Antworten, Trampeln mit den Füßen) laufend den Unterricht. Er ist bei allen gestellten Forderungen viel zu langsam und erfüllt diese nur nach mehrmaliger Aufforderung. Seine Schrift hat sich im letzten Jahr sehr verschlechtert. Der Psychologe hat Matthias für eine Sonderklasse für konzentrations- und verhaltensgestörte Schüler vorgeschlagen. Doch auch hier eine Ablehnung! Die Plätze reichen nicht aus, und wir wohnen nicht in L. Wir verstehen zwar, daß in einer solchen Klasse von den vielen Kindern nur wenige aufgenommen werden können. Aber wir sind nicht damit einverstanden, daß der Junge so einfach abgelehnt wird, ohne daß bei ihm eine gründliche Untersuchung bzw. eine Überprüfung durchgeführt wird. Wir hatten gehofft, daß wenigstens durch eine gründliche pädagogische Überprüfung unseres Sohnes in der Sonderschule für konzentrations- und verhaltensgestörte Schüler uns als Eltern wertvolle Hinweise für die Erziehung hätten gegeben werden können, denn er macht in der Schule und zu Hause gleichgroße Schwierigkeiten. Während er noch im vergangenen Jahr leichte Hausaufgaben allein anfertigte, ist das in diesem Schuljahr nicht mehr möglich. Ich muß ständig beim Anfertigen der Hausaufgaben neben ihm sitzen, ihn ständig ermuntern, die nächste Aufgabe bzw. das nächste Wort niederzuschreiben. Die Hausaufgaben dauern fast täglich vier Stunden. Bereits die Vorbereitungen dazu, das Auspacken usw., erledigt er nur mit Unlust und sehr schleppend. Keine Belohnung zwischendurch oder hinterher können ihn dazu bringen, sich mehr zu beeilen. – Es werden auch nicht zuviel Aufgaben aufgegeben. – Er ist zu Hause bei fast allen Tätigkeiten nicht bei der Sache, ausgenommen Spielen und Bilderansehen. Beim Essen vergißt er sehr oft das Weiterkauen, sieht dabei aber zu, wie andere essen. Er versucht auch immer wieder, mit den Fingern das Essen auf den Löffel oder die Gabel zu schieben. Beim Trinken aus Tasse oder Glas ist bei ihm grundsätzlich ein „Schnurrbart" unvermeidbar. Matthias spricht meist sehr nuschelnd, was selbst wir als Eltern kaum verstehen. Er kann aber ordentlich sprechen. Ermahnungen haben immer nur Erfolg für wenige Worte. Er führt fast ständig

Selbstgespräche und äußert diese dann auch, läßt sich aber von der Sinnlosigkeit nicht überzeugen. Zum Beispiel behauptete er kürzlich in seiner Klasse, daß er die Schule mit einer Bombe in die Luft sprengen will, das Sprengmittel will er selbst herstellen! Matthias fährt mit dem Fahrrad zur Schule. Wir haben versucht, ihn auf den Straßenverkehr gründlich vorzubereiten. Wie ich hörte, benimmt er sich auch hier unmöglich, tritt plötzlich nicht mehr, fährt über die Straßenmitte, schießt plötzlich wieder los, gibt nur ungenügend Obacht an Hauptstraßen. Die Klassenleiterin muß Matthias aufgrund seines unberechenbaren Verhaltens von Wandertagen und Klassenfahrten ausschließen, falls nicht jemand von uns als Eltern als Begleitperson teilnimmt.

Dreimal monatlich findet in unserem Betrieb eine Parteiveranstaltung statt. Ich beende meine Arbeitszeit mittags und versuche, Matthias an diesen Tagen sofort zur Erledigung der Hausaufgaben zu bewegen. Bis 16 Uhr, wenn ich wieder in den Betrieb möchte, ist er in den seltensten Fällen fertig. Wenn ich gegen 17.30 Uhr wieder zu Hause bin, hat er in der Zwischenzeit nichts fertig, auch die leichtesten Aufgaben nicht. Nach dem Abendbrot setze ich mich dann noch einmal mit ihm hin, und wiederholt dauerte dann das Erledigen der restlichen Hausaufgaben bis nach 20 Uhr. Das ist für ihn viel zu spät! Ich weiß nicht, wie ich mich verhalten soll: Der Besuch der Parteiveranstaltung ist für mich als Genossin die eine Pflicht – die Erziehung des Kindes, dazu gehört ja auch die ordentlich Erledigung der Hausaufgaben, die andere.

Sehr oft klappen die Hausaufgaben nur, wenn ich ihm „den Hintern versohle"; bricht er dabei noch in Tränen aus, dann gelingen sie ihm erstaunlicherweise immer sehr gut; dann, und nur dann, konzentriert er sich! Nur – das kann doch nicht das Mittel für die Dauer sein! Ich bin nach solchen Situationen immer so verzweifelt, daß ich – sind beide Jungen im Bett – selbst in Tränen ausbreche, und am nächsten Tag gehe ich mit Kopfschmerzen zur Arbeit.

Zum Teil muß ich mir erst selbst den behandelten Unterrichtsstoff anhand der Hausaufgaben aneignen, um Matthias diesen dann zu erklären, damit er die Hausaufgaben anfertigen kann. Im Unterricht versteht er nur wenig.

Seit Jahren wird unser Sohn auch durch die Beratungsstelle für Hörgeschädigte betreut, doch ein Besuch der Schwerhörigenschule kommt für ihn nicht in Frage, da keine Innenohrschädigung vorliegt. Der Junge soll wegen seines Gehörs in der 2. Bank sitzen. Doch die Klassenleiterin kann das nicht verwirklichen – sie hat es versucht! Matthias lenkt laufend durch auffälliges Verhalten die Blicke der anderen Kinder auf sich und stört so den Unterricht.

Aufgrund eines Flachrückens soll Matthias noch täglich eine halbe Stunde turnen, doch leider fehlt dazu meistens die Zeit.
Weiterhin hat Matthias unter einer Schuppenflechte zu leiden. Dieses erwähne ich nur, um deutlich zu machen, wie schwierig sich eines Tages bei ihm die Berufswahl gestalten wird, wenn es nicht möglich ist, ihm eine geeignete Schulbildung entsprechend seinen geistigen Fähigkeiten zu geben, bei der er angespornt wird und Erfolge hat. Bisher haben wir nur Ablehnungen erlebt:
- Die Sprachheilschule kam nicht in Frage, weil dort nur Stotterer aufgenommen werden.
- In die Schwerhörigenschule kam der Junge nicht, weil dort nur Kinder mit Innenohrschädigung aufgenommen werden.
- Die Sonderschule (Hilfsschule) nahm Matthias nicht, weil er „zu schlau" ist. Er wurde dreimal abgelehnt, da „kein Schwachsinn" vorliegt.
- Die Sonderschule für konzentrations- und verhaltensgestörte Schüler nimmt ihn nicht auf, weil wir wohnungsmäßig nicht zu L. gehören. Mit der Straßenbahn käme Matthias aber gut hin.

Also wird der Junge weiterhin in der Normalschule mit dem Unterrichtsstoff gequält, von anderen Kindern laufend aufgrund seiner Verhaltensauffälligkeiten geärgert, wird weiterhin Schwierigkeiten mit dem Gehör und mit der Sprache haben. Muß er da nicht zu einem Außenseiter werden? Dieses Jahr kann Matthias nicht versetzt werden. Er wird also noch einmal die 4. Klasse besuchen. So kommt in seiner Klasseneinordnung allmählich noch eine relative Überalterung hinzu. Unsere Bemühungen und Hilfen bei den Hausaufgaben waren also im Prinzip umsonst. Helfe ich ihm jetzt wieder intensiv, dann schafft er wahrscheinlich den Sprung zur 5. Klasse, aber damit entfällt normalerweise die Möglichkeit einer Überprüfung und evtl. Umschulung in eine Sonderschule. Gebe ich ihm keine Unterstützung, dann schafft er die 4. Klasse erneut nicht (da ihm der eigene innere Antrieb und Wille fehlt), dadurch aber wird erst eine Überprüfung möglich. Ich möchte aber dem Jungen gerne helfen, sehe jedoch mit Bangen den zermürbenden Bemühungen bei der Wiederholung der 4. Klasse in der POS entgegen, denn ich glaube nicht, daß sich bei Matthias im Verhalten viel ändern wird. Das Sitzenbleiben bedeutet auch, daß er in eine Klasse mit größerer Schülerzahl kommt und wieder eine schwere Eingewöhnungsphase durchmachen muß.
Gibt es denn keine Möglichkeit mehr, daß endlich einmal eine gründliche Überprüfung erfolgt? Vielleicht wäre eine Umschulung ab September in eine entsprechende Sonderschule doch richtiger? Wie wird der Junge, an den normale Anforderungen gestellt werden, diesen

aber nicht gewachsen ist, später einmal in seinem Leben zurechtkommen? Wir möchten nicht, daß er auf die „schiefe Bahn" gerät!
Ich habe mal eine Radiosendung gehört. Darin ging es um das Verhalten eines rowdyhaften Jugendlichen, der mit dem Gesetz in Konflikt geraten war und in dessen kindlicher Entwicklung ähnliche Störungen im Verhalten aufgetreten sind, wie es bei unserem Sohn der Fall ist. Zum Schluß kam zum Ausdruck, daß man heute weiß, daß in solchen Fällen häufig eine leichte Hirnschädigung vorliegt, die besonders dann negative Folgen haben kann, wenn die Umweltbedingungen, vor allem die schulische Einordnung, nicht auf die Besonderheiten dieser Kinder ausgerichtet sind. Ich bin im Moment so verzweifelt, weil unser Sohn von allen Sonderschulen ausgeschlossen worden ist und keine einzige gründliche pädagogische Überprüfung über seine weitere Schulfähigkeit und sein Verhalten vorgenommen wurde.
Zu meiner sechsstündigen Arbeitszeit (einschließlich Pausen) kommen meistens vier Stunden Hausaufgabenzeit dazu. Auch sonst benötigt man für die Betreuung des Jungen die dreifache Zeit, als es bei normalen und gesunden Kindern der Fall ist. Meine eigentliche Hausarbeitstätigkeit beginnt fast immer erst nach 20 Uhr, wenn die Kinder im Bett sind. Ich bin dann ständig restlos abgespannt. Auf die Wochenenden kann ich mich insofern freuen, als ich dann zum Wäschewaschen, Fensterputzen, Saubermachen usw. komme. Freizeit und Erholung – Fremdwörter für mich! Auch das ganze Familienleben leidet sehr stark darunter.
Die sozialpolitischen Maßnahmen im Arbeitsrecht werden auch von mir begrüßt. Doch leider betreffen diese nur Mütter, die voll arbeiten bzw. deren Kinder in speziellen Einrichtungen ganztags betreut werden. Bei uns werden aber doch jedem Kind die gleichen Bildungsmöglichkeiten garantiert! Ich habe Kenntnis von mehreren Kindern, die aufgrund einer Körperbehinderung jeden Tag mit einem Taxi in die entsprechende Sonderschule gefahren werden. Diese Mütter können täglich wahrscheinlich länger als fünfeinviertel Stunden berufstätig sein, erhalten vielleicht Pflegegeld, brauchen nicht täglich bis zu vier Stunden mit dem Kind bei den Hausaufgaben zu sitzen, um dann festzustellen, daß ein Jahr lang die aufgebrachte Zeit vergeblich war, da das Schuljahr wiederholt werden muß. Ich hab schon mal gedacht: Manches Langdon-Down-Kind macht den Eltern weniger Sorgen. Und eine Mutter, die ihre ganzen Bemühungen auf die Erziehung eines in seiner gesamten Entwicklung sehr komplizierten – wenn auch normal intelligenten – Kindes richtet, braucht wohl keine Hilfe und Unterstützung?
Ich beneide jede Frau, die gesunde Kinder hat, sich qualifizieren kann,

Erfolge erlebt, abends zufrieden dem nächsten Tag entgegensehen kann.
Wenn dem Jungen nicht geholfen wird, gehe ich als Mutter seelisch kaputt.

Diagnose: *1. Frühkindliche Hirnschädigung, wahrscheinlich perinatal-hypoxämisch bedingt.*
Folgezustand:
– chronisches hirnorganisches Psychosyndrom
– motorischer und Sprachentwicklungsrückstand
– Epilepsie
2. Psoriasis (Schuppenflechte), chronisch-rezidivierende Hauterkrankung.
3. Allergische Disposition (daraus resultiert zeitweise eine Hörminderung durch Schleimhautschwellungen, insbesondere nach allergischem Schnupfen).

Die Sorgen der Mutter sind verständlich, auch die Zukunft des Kindes betreffend. Matthias ist ein Beispiel dafür, daß die normale Intelligenz noch keine Lebenstüchtigkeit garantiert, da sie bei dem Jungen insbesondere durch das chronische hirnorganische Psychosyndrom erheblich blockiert ist.
Für Matthias wäre es günstig (gewesen), wenn er eine rehabilitationspädagogische Spezialklasse für konzentrationsschwache Kinder mit nur geringer Schülerzahl besuchen könnte.
Diese Ausgleichsklassen gibt es teilweise bereits, jedoch noch nicht in ausreichender Streuung und Anzahl.
Die Auswahl der so zu beschulenden Kinder erfolgt während, das Überprüfungsverfahren am Ende des 1. Schuljahres. Die rehabilitationspädagogische Kleinklassenbeschulung beginnt dann mit dem 2. Schuljahr nach dem POS-Unterrichtsprogramm. Für Matthias war also der Auswahlzeitpunkt bereits verpaßt. Für einen Teil dieser Kinder (mit normaler Intelligenz und hirnorganisch bedingten Konzentrations- und Verhaltensauffälligkeiten) ist auch die Einrichtung spezieller Vorschulgruppen sinnvoll.
Es kann auf das Kapitel 2.4.7. im allgemeinen Teil des Buches verwiesen werden.
Zur Familiensituation soll ergänzt werden, daß der Vater nicht ausreichend die Sorgen in der Erziehung und Betreuung dieses behinderten Kindes mitträgt, so daß sich die Mutter in der Familie mit diesem Problem allein gelassen erlebt.

Für Matthias' Zukunft bleibt nach dem bisherigen Verlauf vor allem zu wünschen, daß er weiterhin – wie bisher – verständnisvolle und einfühlsam-tolerante Lehrer hat und daß er trotz seiner Lernbehinderung wenigstens den Abschluß der 8. Klasse der POS erreichen kann. Zukünftig mehr Zuwendung durch seinen Vater würde auch dafür sehr hilfreich sein.
Weiterhin sollte sich der Junge unbedingt in einer kinderneuropsychiatrischen Dispensairebetreuung (einschließlich Familientherapie) befinden.

Annett

Ich denke manchmal an die Eltern, die mit einem schwer geschädigten Kind in einem Ort wohnen, in dem es noch keine spezielle Rehabilitationseinrichtung, keine Fördertagesstätte gibt. Häufig sind das ja kleine Orte außerhalb der Großstädte.
Da sind die Sorgen und auch die Isolierung mit dem behinderten Kind doch erheblich größer als bei uns.
Ich kann das gut verstehen, weil es uns ja auch einmal so ging, als wir noch nicht nach B. umgezogen waren ...

Diese Gedanken äußert der Vater von:
Annett: 12 Jahre, sie besucht eine Fördertagesstätte
Mutter: 38 Jahre, Finanzökonom, tätig als Betriebswirtschaftler
Vater: 47 Jahre, Dipl.-Ökonom
Bruder: Norbert, 16 Jahre, Abschluß der 10. Klasse OS
Lehrausbildung: Facharbeiter für Elektronik

Endlich war es soweit! Von der Entbindungsstation bekam ich die telefonische Auskunft: Der Mutter geht es gut, und dem Kind geht es gut – alles in Ordnung.
In meiner großen Freude habe ich das natürlich auch den Verwandten mitgeteilt. Am nächsten Tag merkte ich dann aber, daß das, was ich weitergeleitet hatte, eigentlich gar nicht stimmte. Ich weiß nicht, ob diese Art Information gut und richtig ist.
Meine Frau sagte mir später, sie hat die Schwestern gebeten – da sie mich und auch meine große Vorfreude kannte – es gleich ein bißchen vorsichtig zu sagen, eine Andeutung zu machen. Das haben sie aber nicht getan. Meine Frau hatte auch darum gebeten, daß sie selbst mit mir sprechen, daß sie telefonieren kann. Es wurde ihr aber nicht erlaubt. Und jetzt muß ich ganz persönlich sagen: Ich hätte die Wahrheit oder eine Andeutung zu diesem Zeitpunkt besser verkraftet als das Nacheinander, das Zurücknehmen meiner Information an Freunde und Verwandte, die Mitteilung, daß man sich geirrt hat. Die Freude über die gesunde Tochter war so groß und hinterher ...?
Der erste Besuch ging meiner Frau sehr nahe. Als ich kam und das Kindchen eingewickelt gesehen hatte, kamen wir gar nicht groß ins

Gespräch, weil sie nur geweint hat. Die Enttäuschung hat sie sehr belastet, zumal sie wußte, wie sehr ich mich auf das Kind freute, und besonders auf ein Mädchen. Meine Frau fühlte von Anfang an, daß sich sehr viel Sorgen für uns ergeben werden ... Auch in der Schwangerschaft hatte sie ja manchmal schon solche Befürchtungen. Sie hatte ja auch mehr Beschwerden als bei unserem ersten Kind. Die Untersuchungen machten eine Klinikbehandlung notwendig, weil man festgestellt hatte, daß bei ihr eine schlechte Blutzusammensetzung und Vitaminmangel vorhanden waren. Wegen des starken Erbrechens kam sie an einen Tropf. Nachdem sich die Werte dann wieder stabilisiert hatten, kam E. in ein Kurheim für Schwangere. In dieser Zeit hatte sie schon häufig das Gefühl, daß das Kind nicht gesund zur Welt kommen könnte. Ich versuchte natürlich, beruhigend und optimistisch auf sie einzuwirken, weil sie ohnehin ein wenig pessimistisch veranlagt ist. Meine Vorfreude blieb ungetrübt bis zur Entbindung, oder genauer: bis einen Tag danach. Gleich nach der Geburt von Annett hat meine Frau durch einen Blickwechsel der Hebammen gemerkt, daß mit dem Kind etwas nicht in Ordnung sein kann. Auf ihre direkte Frage sagten sie ihr, daß sie später noch darüber reden würden. Als man ihr dann das Kind gezeigt und sie das zu kleine Köpfchen und die Fehlbildungen an den Füßen gesehen hatte, da war sie überzeugt, daß das nicht nur eine rein äußerliche Abweichung ist, sondern daß da noch mehr herauskommen könnte, ohne genau zu wissen, was. Nach meinem ersten Gespräch mit dem Arzt hatte ich aber auch das Gefühl, daß der nicht alles gesagt hat. Er hatte nur auf die äußerlichen Fehlbildungen hingewiesen, ohne etwas vom Gehirn zu erwähnen. Wobei ich der Meinung bin, der Arzt muß es anhand ganz bestimmter Symptome gewußt haben, daß bei dem Kind die Gehirnentwicklung nicht ganz normal sein wird. Wir sind dann mit Annett sofort zur Poliklinik gegangen; wegen der Fußmißbildungen kam sie ein Vierteljahr in Gips. Zuerst der ganze Unterkörper, später nur noch bis zu den Oberschenkeln. Als Annettchen ein halbes Jahr alt war, sind wir aus eigener Initiative zu Professor P. gefahren, um sie dort gründlich untersuchen zu lassen und um uns Klarheit zu verschaffen, wie der Gesundheitszustand und wie ihre Entwicklungsmöglichkeiten sind. Da wurde es uns erst richtig bewußt, das Problem mit der Hirnschädigung.
Nach den Untersuchungsergebnissen hat uns Professor P. eine Einschätzung gegeben, die klar und sehr deutlich war, auch was die weitere Entwicklung von Annett betraf. Er sagte uns einfühlsam und realistisch, daß wir uns doch darauf einstellen sollten, daß unsere Tochter möglicherweise überhaupt nicht zur Schule gehen kann, daß sie evtl. auch gar nicht laufen wird und daß es auch Schwierigkeiten mit der

Sprachentwicklung geben kann. Es war eine sehr offene Einschätzung, und ich kann mich noch erinnern: Als wir die Klinik verließen, waren wir doch ziemlich bestürzt und betroffen. Diese Klarheit war wichtig für uns, und doch opponierten unsere Gefühle. In uns entstand die Hoffnung, daß es vielleicht doch nicht so schlimm sei. Vielleicht hat der Professor die Sache bewußt etwas schwarz gemalt, damit wir uns über jeden Teilerfolg freuen sollten ...
Wissen Sie, obwohl die erste klare Einschätzung damals sehr hart für uns war, so hat sie doch dazu geführt, daß wir mit unseren Freunden und Verwandten anders sprechen konnten, weil sie selbst ja nicht wahrhaben wollten, daß in unserer Familie solch ein krankes Kind sein könnte. Dadurch, daß wir nun doch ziemlich deutlich Bescheid wußten, haben wir das genutzt, und ich finde das auch nachträglich richtig. Unsere Verwandtschaft hat dann auch durchaus verständnisvoll reagiert und uns Hilfe angeboten. Konkret: Die Schwiegermutter kam ein Vierteljahr zu uns, weil es ja doch Probleme gab bezüglich der Betreuung und Aufsicht des Kindes. Auch von anderen Verwandten gab es viel Verständnis, wobei das aber unterschiedlich war, vor allem von der Einstellung her. Während es von meiner Schwester und auch von den Geschwistern meiner Frau eher sachlich-akzeptierend zur Kenntnis genommen wurde, waren bei meiner Schwiegermutter und auch bei meinen Eltern aber doch immer noch starke Zweifel ausgeprägt: Das kann doch nicht sein! In unserer Familie ist immer alles gesund gewesen, sicherlich wird die Entwicklung alles ausgleichen. Wenn das Kind 10 Jahre alt ist, dann wird es doch zur Schule gehen. So dachten und sagten sie es. Unsere Hinweise, daß es nicht so wäre, nahmen sie gar nicht zur Kenntnis. Es hatte dann auch keinen Zweck mehr, weiter zu diskutieren. Als es dann aber soweit war, daß sie es selber gesehen haben, hat sich in den Gefühlen zu Annett nichts zum Negativen verändert. Nein, im Gegenteil. Die Intensität der Gefühle hat nicht nachgelassen. Ich glaube, die Zuneigung zu Annett ist sogar noch stärker geworden.
Wir haben die Zeit, die uns zur Verfügung stand, gut genutzt, um uns mit dem Kind zu beschäftigen und seine Entwicklung zu fördern. Es ging ja oft sogar soweit, daß wir uns im stillen dachten, ob wir nicht unseren Norbert, der ja vier Jahre älter war, ein bißchen vernachlässigen. Es drehte sich alles nur um das Mädchen. Wir haben darüber gesprochen und uns entschieden, unser Verhalten zu ändern, damit sich nicht nur alles zu stark auf Annett konzentriert; daß wir auch sehen, daß unser Junge da ist und genauso Anspruch auf Zuneigung und Zärtlichkeit hat. Ich glaube, wir haben das rechtzeitig erkannt und verändert.
So mit etwa 3 Jahren lernte Annett laufen. Vorher kroch sie viel her-

um. Auf ihrer Seite war ein starkes Verlangen, sich immer zutraulich an Erwachsene zu wenden. Ganz egal wer kam. Sie wünschte immer Kontakt zu einer Person. Dabei hat sie auch kaum Angst gehabt und sich nicht gefürchtet, ganz gleich ob es ein völlig Unbekannter war oder vertraute Personen. Sie war immer sehr zutraulich. Sie ging auf die einzelnen zu und freute sich dann, wenn sich jemand mit ihr beschäftigte. Das hat sich übrigens noch bis heute erhalten. Wenn ich nach Hause komme und sie steht am Gartenzaun, dann läßt sie ihr Spielzeug fallen und kommt mir entgegengerannt, und ich muß sie dann in die Arme nehmen. Das war früher auch schon so. Wir freuten uns ja damals auch, daß sie uns erkennt. Ich war oft auf Dienstreisen, und wenn ich zurückkam, war meine Frau mit den Kindern auf dem Bahnhof. Der Norbert hatte mich schnell erkannt und blieb ruhig. Wir haben es dann erwartet und gefördert, daß Annett den Vater unter den vielen Menschen selbst entdeckt, was auch geschah.
Und zwischenzeitlich kam ja die Situation, wo wir gefragt wurden, ob wir bereit wären, unsere Republik im Ausland zu vertreten. Das war 1969, und es war die Hauptstadt eines afrikanischen Landes im Gespräch. Ich wies damals gleich auf die Schädigung meines Kindes hin, muß aber sagen, daß die verantwortlichen Dienststellen großes Verständnis für unsere Situation und auch keine Einwände hatten. Wir gingen also, als Annett 1 Jahr und 3 Monate alt war, in ein tropisches Land. Von ärztlicher Seite war uns auch nicht abgeraten worden. Wir hatten aber doch ein bißchen Angst, wie das Kind die ganzen klimatischen Bedingungen überstehen wird mit durchschnittlich 35 Grad Wärme, und das mehrere Monate hintereinander. Vom Körperlichen her hat Annett die Umstellung bestens bewältigt. Aber auch in jeder anderen Hinsicht. Da meine Frau dort von den Hausarbeiten weitgehend entlastet war, hatte sie viel Zeit für die Kleine. Und diese Zeit hat sie tatsächlich intensiv genutzt, um sich mit Annett zu beschäftigen. Wir stellten dann auch fest, daß mit der körperlichen Reife und der Bewegungsentwicklung auch eine größere geistige Reife erfolgte und dann sogar ein gewisser Sprung eintrat, der gar nicht so vorauszusehen war: Annett lernte laufen und sprechen. Für uns ist es ja heute noch erstaunlich, daß sie so relativ gut spricht, aber die anderen Dinge, z. B. das Lesen und Schreiben, nicht begreift. Unser Norbert hat sich in dieser Phase auch sehr intensiv mit dem Schwesterchen beschäftigt. Ich muß sagen, daß die Mitarbeiter in der Auslandsvertretung auch viel Verständnis für unsere Situation hatten. Ich sage mit Nachdruck das Wort Verständnis und nicht Mitleid. Und das war vielfach wohltuend.
Wir kamen nach knapp zwei Jahren zurück. Die Umstellung ist uns

dann sehr schwer gefallen. Es ergaben sich für uns auch einige neue Konfliktsituationen insofern, als die Umwelt, und zwar sowohl Nachbarn, als auch Kollegen – dann doch teilweise im Verhalten und in den Äußerungen uns gegenüber sehr verletzend waren. Man hat gesehen, daß unser Kind insgesamt doch sehr zurückgeblieben war ... Und plötzlich mußten wir uns nun mit dem Verhalten der anderen Menschen befassen, und das hat uns viel Kraft gekostet und nervlich sehr belastet. Mit solchen Enttäuschungen durch die Umwelt hatten wir auch nicht gerechnet. Da haben z. B. Eltern zu ihren Kindern gesagt, spielt doch nicht mit Annett, die ist doch doof. Wir haben dann immer mit den Eltern gesprochen und ihnen gesagt, wie unsere Situation ist, sie möchten ihre Haltung doch mal überdenken. Aber auch im Kollegenkreis kam es mal so durch: Na ja, es wurde ja höchste Zeit, daß er mit diesem Kind aus dem Ausland zurückkam, der blamiert ja sonst die ganze Innung. Solche Bemerkungen sind gefallen, solche Vorurteile. Ich möchte damit nicht sagen, daß dieses Verhalten typisch ist. Aber diese Einstellung ist eben doch von einigen geäußert worden. Und ich bin der Meinung, daß auch eine Stimme schon zuviel war. Es ist dann alles doppelt so deprimierend für uns gewesen, weil wir es vorher im Ausland nicht so erlebt hatten. Und plötzlich hörten wir solche Meinungen, die uns direkt oder indirekt erreichten.

Wir mußten dann zusehen, daß wir uns nicht zu sehr darüber aufregten. Zu der Problematik, die doch unmittelbar verbunden war mit der weiteren intensiven Arbeit mit Annett, kam dann noch diese nervliche Belastung dazu, und wir haben uns damals eine klare innere Position erarbeitet, da wir unsere Kraft ja brauchten für die Entwicklung beider Kinder und für die Entwicklung von uns selbst.

Wir haben dann versucht, die Kränkungen ein bißchen zu überhören, sie also gar nicht wahrzunehmen, um uns nicht aufzuregen. Wir haben es versucht, aber manchmal gelang es uns nicht, die Ruhe zu bewahren, da mußte man sich doch manchmal sehr zusammenreißen. Unsere Erschöpfung nahm zu, und wir waren damals dann bald soweit, daß wir über Dienststellen nachfragten, ob uns Annett nicht mal für 4 Wochen abgenommen wird, daß wir uns mal in einem Urlaub erholen können. Dem ist auch zugestimmt worden, und wir haben unser Kind 4 Wochen in einer medizinischen Einrichtung zur Betreuung gehabt, so daß wir dann zu dritt in Urlaub fahren konnten. Auf der anderen Seite war da aber ein gewisser Schuldkomplex, weil wir das hilflose Kind weggaben und Urlaub machten. Aber im Grunde genommen hat es uns doch gut getan, denn so konnten wir unsere „Batterie wieder aufladen", wir hatten wieder Kräfte gesammelt und uns auf neue Aufgaben eingestellt. Ich muß aber auch sagen, daß das mit der vorübergehenden

„Weggabe des Kindes" in ein Heim eine wesentliche Erfahrung für uns wurde, die dann auch für später unsere ganze Haltung wesentlich beeinflußt hat. Wir bekamen Annett nach 4 Wochen in einem ziemlich apathischen Zustand zurück. Sie erkannte uns kaum, die gesamte Kommunikation war nur gering. Wir waren regelrecht bestürzt. Es hat dann ziemlich lange Zeit gebraucht, um wieder den Kontakt zu bekommen, den wir vorher zu Annett hatten. Als wir sie in der schlechten Verfassung sahen, mit der sie aus dem Heim kam, reifte bei uns der Entschluß, den wir aber wohl unbewußt schon vorher hatten, daß wir das Kind grundsätzlich nicht auf Dauer in ein Heim geben können, jedenfalls nicht mit gutem Gewissen, daß wir versuchen werden, es unter allen Umständen bei uns in der Familie zu behalten. Wir wollten uns aber bemühen, Annett in einer Tagesstätte, einem Sonderkindergarten unterzubringen. In unserem damaligen Wohnsitz gab es aber keine Tagesstätte. Man hatte uns gesagt, daß wir 7 bis 8 Jahre warten müssen, um eventuell zu erreichen, daß Annett in ein Heim käme, was nicht nur ein Pflegeheim ist, sondern ein Förderheim. Einen Pflegeheimplatz wollten wir auf keinen Fall. Davon rieten uns auch alle Ärzte ab, denn das Kind war kein „Pflegefall". Meine Frau konnte nun nicht arbeiten gehen, obwohl es ihr Wunsch gewesen wäre. Die Aussichten waren insgesamt recht deprimierend, und wir fühlten uns doch ehr isoliert.

1972 erhielten wir dann noch eine Möglichkeit für einen Auslandseinsatz. Aber diesmal nicht für Afrika, sondern Lateinamerika. Es entstand natürlich wieder die Frage: Können wir das verkraften?, weil ja solche Auslandseinsätze immer auch mit einer weiteren intensiven Arbeit, nicht nur des Mannes, sondern auch der Frau verbunden sind, allein schon die Fremdsprache. Wir haben uns aber gesagt, wir müssen eine solche Synthese finden, daß wir ein Optimum an Betreuung und Fürsorge für das Kind, aber auch eine günstige Entwicklung von allen Familienmitgliedern erreichen. Die Sprachenqualifizierung hat uns in dieser Hinsicht auch viel gegeben. Ich kam auf einen Intensivkurs, meine Frau nicht. Später habe ich das dann noch autodidaktisch vervollständigt und mit E. zusammen gelernt. Das war eine schöne Gemeinsamkeit in unserer Weiterbildung, das hat sich auch positiv ausgewirkt auf unseren Zusammenhalt. Ich möchte es mal deutlich sagen: Es hat meine Frau auch ein bißchen abgelenkt von der Einseitigkeit, nur Hausfrau zu sein, nur Verantwortung zu tragen für das Kind. Es hat auf eine andere Ebene hingelenkt, auf die allgemeine Verantwortung im Leben, in der Gesellschaft, die ja noch ein bißchen weiter zu stecken ist ... Annett war damals 4 Jahre alt, als es wieder los ging. Norbert war die ersten 2 Jahre auch mit, ab 5. Klasse mußte er zu

Hause bleiben wegen der Schule. Annett hat das Leben in Lateinamerika von uns allen gesundheitlich am besten überstanden. Ich meine da vor allem die klimatischen Bedingungen. Sie ist kaum krank gewesen, sie hatte einen gesunden Appetit und Schlaf. Nach etwa einem Jahr ergab sich auch für sie die günstige Möglichkeit, mit in den Kindergarten zu gehen, der unserer DDR-Schule angeschlossen war. Es waren da 7 Kinder in der Gruppe, und sie ist dort mit gleichaltrigen bzw. etwas jüngeren Kindern zusammen gewesen. Ich meine heute noch, daß gerade diese Verbindung unseres hirngeschädigten Kindes mit gesunden Kindern unter der Anleitung einer wohlwollenden und erfahrenen Pädagogin, für Annetts Gesamtentwicklung, aber auch für uns sehr wichtig war.

Meine Frau konnte in dieser Zeit auch mitarbeiten, was ihr seelisch sehr gut getan hat; sie war nicht nur auf das behinderte Kind konzentriert. Das führte dazu, daß wir uns abends auch mal über eigene berufliche Erlebnisse meiner Frau und andere Dinge unterhalten konnten und nicht nur in erster Linie immer über das Kind. Ja, das war sehr positiv. Diese Erfahrung führte dazu, daß wir uns gesagt haben: unbedingt anstreben, Annett später in eine Fördertagesstätte zu geben, damit meiner Frau die Möglichkeit bleibt, berufstätig zu sein. So daß sie sich auch weiterentwickeln kann; und die Proportionen des Lebens sind so besser verteilt.

Wir waren 4 Jahre in Lateinamerika. Da ergaben sich auch teilweise Kontakte mit der Bevölkerung. Dazu muß ich sagen, das Verhältnis zu den Kindern hat mich in beiden Ländern sehr beeindruckt, sowohl in Afrika als auch in Lateinamerika. Die Menschen haben dort eine viel intensivere Beziehung zum Kind ganz allgemein und auch zum behinderten Kind. Bei uns ist das vergleichsweise nicht so. Die Ursachen dafür einzuschätzen, ist nicht leicht, es werden vielfältige sein. Aber Fakt ist, daß Annett gerade im Ausland sehr viel Zuneigung erfahren hat. Dafür hat sie auch selbst ein feines Gespür. Ich merke jetzt, daß sie sich oft enttäuscht von Menschen abwendet, zu mir kommt und dann die Worte wiedergibt, die sie so hört: Die ist ja blöd, oder: die ist ja doof... sowas bekommt sie direkt von anderen gesagt!... daß sie sich abwendet, ist relativ neu, das habe ich vorher nicht bei ihr bemerkt. Zweifellos haben die Kinder bei uns generell vorbildliche materielle Lebensbedingungen, aber wir haben – ähnlich wie in der Sowjetunion – in den beiden fernen Ländern bei den Menschen ganz allgemein eine größere Herzlichkeit und Toleranz den Kindern gegenüber erlebt. Und wenn man dort bei Annett bemerkt hatte, daß sie ein behindertes Kind ist, dann hat das die Beziehung irgendwie verändert, aber keineswegs negativ, sondern eindeutig im Positiven! Ich kann sogar sagen, daß es in mancher Hinsicht rührend war, wie man sich dann um das Kind bemüht hat.

Als wir wieder nach Hause kamen, gab es in unserem Ort immer noch keine Förderungsstätte. Wir entschlossen uns umzuziehen und fanden eine Möglichkeit, Annett in einem Heim unterzubringen, das nicht speziell für förderungsfähige Kinder war, sondern für körperlich Schwerstgeschädigte, die geistig völlig normal entwickelt waren. In diesem Heim war Annett vorübergehend.

Als wir dann in B. wohnten haben wir sie nachgeholt, so daß sie dann wieder in unserer Familie war. Nach einer klinischen Durchuntersuchung zur weiteren Prognose in der Kinderneuropsychiatrischen Klinik in L. erhielten wir für Annett einen Platz in der schönen Neubau-Tagesstätte V. So hatten wir es uns ja auch gewünscht. Diese Möglichkeit war mit ein wesentlicher Grund für unseren Umzug nach B., obwohl ich – auch aus beruflichen Gründen – nicht gern aus G. weggezogen bin.

Was ich noch erzählen möchte, ist, daß wir uns wundern über die Gedächtnisleistung von Annett, daß sie Erlebnisse wiedergibt nach einigen Jahren, wo wir dann staunen, wie das Kind manche Dinge behält und wie intensiv sie auch vieles empfindet. Ein Beispiel: Wir sind in diesem Jahr in den Wintersport gefahren. Und weil Annett sich ja nicht so gut fortbewegen kann und wir auch mal aktiv Sport treiben wollten, haben wir das Kind diese zehn Tage zur Oma, zu meiner Schwiegermutter gebracht. Annett hatte gespürt, daß für sie die Koffer gepackt wurden und plötzlich holte sie – ohne daß wir je darüber gesprochen hatten – ein kleines Fotoalbum hervor, betrachtete sich das ganz intensiv und war sehr traurig. Und als wir es bemerkten, erinnerten wir uns, daß wir ihr dieses Bilderalbum, in dem Familienfotos drin sind, gegeben hatten, als sie damals im Heim war – so als Brücke, damit sie sich immer an alle erinnert und immer mal wieder nachschlagen kann. Wir waren sehr erstaunt, daß sie sich noch nach vier Jahren an das Album erinnerte, das monate- bzw. jahrelang überhaupt nicht angesehen wurde, und es jetzt zielbewußt aus einer Ecke in ihrem Zimmer hervorgekramt hat. Irgendwie muß sie nun das traurige Gefühl gehabt haben, daß sie wieder „weggegeben wird", und so holte sie nun aus der Erinnerung dieses Album hervor, betrachtete es und hatte mächtige Angst. Sie hat uns immer wieder gefragt: Wann kommt ihr zurück, muß ich das Album mitnehmen? Und ich muß sagen, wir waren da sehr gerührt. Hier hat es sich auch wieder bestätigt, daß man gerade bei geistig behinderten Kindern wissen muß, daß sie oft eine ausgeprägte Gefühlswelt haben, auch wenn sie sich rational nicht so umfangreich am Leben beteiligen können.

Was noch typisch bei Annett ist: sie ist sehr neugierig und wißbegierig. Das zeigt sich besonders, wenn es klingelt. Wenn irgend jemand kommt, dann will sie als erste die Tür öffnen und sehen, wer da ist und die Gäste begrüßen. Das hat aber auch dazu geführt, daß es zwischen ihr und dem Bruder doch ein bißchen zu Zankereien kam, weil der Junge doch auch oft Besuch für sich persönlich erwartete, Schulfreunde oder auch Freundinnen aus seiner Klasse. In einer Phase war es ihm dann doch oft peinlich, daß Annett die Tür aufmachte und mit den anderen Kindern sprach. Hier mußte er erst langsam nach und nach die Erfahrung machen, daß es das Beste ist, ganz normal zu reagieren und mit der größten Selbstverständlichkeit auch von Annett sowas machen zu lassen. Wir haben uns auch als Eltern bemüht, bei Norbert die Erkenntnis zu wecken, daß ein Verstecken unserer Annett überhaupt keinen Zweck hat, sondern daß man dadurch die Situation nur zusätzlich dramatisiert und zuspitzt. Ich glaube auch, daß unser Sohn das jetzt versteht und bewältigt, wenn es auch eine ganze Weile gedauert hat. Aber das ist jetzt überstanden. Auch die anderen Kinder, die uns und auch die Annett kennen, die führen mit ihr jetzt in ganz natürlicher Weise Gespräche. Annetts Neugier bezieht sich auch auf Telefonanrufe, wo sie mit Vorliebe zuerst zum Telefonhörer läuft. Sie ist dann auch in der Lage, uns sehr deutlich auszurichten, wer angerufen hat oder zu bestellen, daß die Mutti oder der Vati ans Telefon kommen soll. Das macht sie im allgemeinen ganz gut. Wir haben sie aber auch sehr zu diesem Verhalten ermuntert.
Echte Hilfsbereitschaft von anderen? Das ist sehr zu differenzieren. Uns ist öfter Hilfe angeboten worden, gerade jetzt in der Zeit, wo wir in B. wohnen. Alleinstehende Frauen oder auch ältere Ehepaare sind ab und zu gekommen und haben gesagt, sie würden gern auf Annett aufpassen, wenn wir zeitlich mal sehr belastet sind. In manchen Situationen haben wir das Angebot auch schon angenommen, und wir können sagen, daß der Kontakt durch Annett zu den Nachbarn enger geworden ist. Vielleicht ist es auch darauf zurückzuführen, daß wir, als wir nach B. gezogen sind, von Anfang an Annett bei unseren Nachbarn vorgestellt haben. Wir haben ihnen gesagt, was mit dem Kind ist und haben sie praktisch gebeten, ein bißchen ein Auge mit auf Annett zu haben. Denn wenn sie sich auf der Straße aufhält, geht sie nicht immer auf dem Bürgersteig, oder wenn sie mal allein in eine Nachbarstraße geht... Letztlich auch mit dem Hintergedanken, wenn Annett sich mal verläuft, daß dann die Nachbarschaft ungefähr weiß, wo sie wohnt und daß sie auf eine gewisse Hilfe angewiesen ist. Diesen Kontakt, den wir so offensiv betrieben haben – ich meine, der hat sich sehr positiv ausgewirkt. Dadurch hatten sie Verständnis in der Wohngegend und da-

durch haben auch unsere Nachbarn Hilfe angeboten. Diesen Offensivkontakt würde ich auch unbedingt anderen Familien mit einem behinderten Kind empfehlen. Es gibt aber auch in der Wohngegend noch unschöne Äußerungen von Familien, die ein bißchen weiter weg wohnen. Aber es hat in dieser Hinsicht bei Annett ein Erkenntnisprozeß stattgefunden, so daß sie von sich aus, so ganz instinktiv dieses Haus und diese Menschen meidet. Sie geht aber gern und auch öfter zu Familien, zu denen wir guten Kontakt haben. Sie klingelt da und fragt, wie es geht, und in den meisten Fällen reagieren die Nachbarn auch recht nett und wenn sie mal zu lange bleiben will, dann schicken sie sie eben zu uns nach Hause. In der Hinsicht ist eigentlich unsere nähere Umgebung sehr verständnisvoll.

Vielleicht sollte ich noch ein Beispiel erzählen. Meine Frau und ich haben eine gemeinsame Kur bekommen. Nun stand natürlich die Frage, wo in diesen drei Wochen das behinderte Kind unterbringen? Einerseits haben wir ja die Oma, aber durch das Älterwerden brauchen unsere Eltern doch mehr unsere Hilfe, als daß sie uns noch Hilfe geben können, so daß diesmal eine Betreuung durch die Oma nicht mehr in Frage kam. Andererseits wird aber auch von der Tagesstätte mit Recht oft die Bitte geäußert, den Prozeß der Förderung und Ausbildung der Kinder nicht zu unterbrechen, auch nicht für drei Wochen, sondern das Kind möglichst in der Tagesstätte zu belassen. Und da haben wir ein wunderbares Angebot bekommen: Die Annett wurde praktisch in der Woche, von Montag bis Freitag, tagsüber weiter in ihrer gewohnten Kindergruppe betreut und fuhr abends mit in die Familie der in der Tagesstätte tätigen Pädagogin Frau M., die sie ja gut kannte. Und am Wochenende hat unser Sohn die Annett nach Hause geholt. Die Oma war zu uns in die Wohnung zu Besuch gekommen. So war es eine ideale Kombination. Ich weiß, daß auch schon andere Kolleginnen der Tagesstätte, z. B. die Psychologin, gelegentlich vorübergehend behinderte Kinder bei sich zu Hause betreut haben, um einmal die Eltern zu entlasten und ihnen konkret zu helfen. Ich glaube, auf diese Art und Weise könnten sich doch auch Familien mit behinderten Kindern untereinander öfter beistehen. Diese echte Hilfe für uns hat auch dazu geführt, daß Annett neue Eindrücke bekommen hat. Daß wir sogar anschließend weniger „Trödelprobleme" mit ihr hatten, z. B. beim Aufstehen und selbständigen An- und Ausziehen. Da hatte wohl die Fremdautorität offensichtlich sehr viel bei ihr bewirkt. Ein origineller Ausspruch von ihr war: Ich beeile mich aber nur ganz langsam! Sie hatte mal eine Phase, wo sie uns morgens mit ihrem Trödeln, Greinen und Heulen ganz schön tyrannisiert hat. Da erhielten wir den Rat, ihr Verhalten auf Tonband aufzunehmen und damit auch unsere Reaktionen, mit denen wir auf sie eingewirkt haben. Und immer, wenn Annett früh dann ihre Schwierigkeiten machen wollte, haben wir in aller Ruhe gesagt: So, jetzt wollen wir mal erleben, wie sich das auf dem Band anhört, und haben dann das Gerät angestellt. Diese Methode hat Wunder bewirkt! Annett wollte absolut nicht hören, wie sie sich da so benommen hatte. Das gefiel ihr gar nicht. Diese Methode bewirkte dann, daß sie sich im Verhalten besserte. Vielleicht können auch andere Eltern diese Erfahrung von uns als Anregung aufnehmen.

Was den Kontakt zu anderen Eltern behinderter Kinder betrifft, muß ich sagen, daß es hier für uns verschiedene Phasen gibt. Als wir noch in G. wohnten, hat sich praktisch kaum ein Kontakt zu anderen Eltern ergeben. Das hat sich dann geändert, seit wir in B. wohnen und vor allem hier gleich die Möglichkeit bestand, Annett in eine Tagesstätte zu bringen, so daß wir hier schon dadurch eine Kommunikation zu anderen Eltern hatten. Das sind aber doch mehr Gespräche am Rande, weil wir es im Alltag ja doch alle mehr oder weniger eilig haben. Erweitert und vertieft hat sich dann der Kontakt durch die Elterngruppe in K., die ja abends zusammenkommt. Wo verschiedene Probleme, die die Eltern selbst betreffen, aber auch die Beziehungen Eltern-Kind, mitgeteilt und diskutiert wurden und wo wir praktisch aus der Schilderung der anderen Ehepaare ihre Gefühle, ihre Erlebnisse und Konflikte und zum Teil auch ihre Lösungen erfahren haben. Und ich muß im nachhinein sagen, es wäre sicherlich besonders in jungen Jahren sehr nützlich gewesen, diese Art der Kontakte zu haben. Wir waren damals ziemlich allein auf uns selbst angewiesen, auf Gespräche im engeren Familienkreis... mit der Scheu, sich anderen mitzuteilen, das will ich nicht verhehlen. Es fällt ja nicht leicht, sich anderen in dieser Hinsicht ganz zu öffnen. Das müssen dann wirklich vertrauenswürdige Personen sein, und man weiß nie, ob sie einen richtig verstehen können, wenn sie nicht selbst ein behindertes Kind haben. Allein Kinder zu haben, genügt meiner Ansicht nach nicht, um eine ernsthafte Kommunikation zu erleben, weil das Verstehen nur bis zu einer gewissen Schranke geht, da ist dann eine Barriere. Dann besteht die Gefahr, daß man aneinander vorbeiredet, daß man sich doch nicht richtig versteht. Und darum meine ich, wäre es für uns in jüngeren Jahren sehr nützlich gewesen, einen solchen Kontakt, eine solche Gesprächsrunde wie hier in der Elterngruppe zu haben. Manchmal ist gerade die Nachbereitung eines solchen Abends das Wertvollste, weil man Denkanregungen oder auch Infragestellungen bekommt, ob z. B. die eigene Position richtig ist oder wie muß man sich in ganz bestimmten Situationen verhalten oder wie kann man auch Fehlverhaltensweisen anderer Menschen vermindern. Man kann aus anderen Beispielen doch einiges für

sich selbst übernehmen. Ich kann sagen, wir haben nachher immer noch sehr gründlich über die Gruppengespräche geredet, wenn wir teilgenommen haben, meine Frau oder ich, oder wir beide, ... über die Probleme und Hinweise, die gegeben und diskutiert worden sind. Ich kann auch sagen, manchmal hat es uns aufgerichtet, wenn wir z. B. festgestellt haben, daß die Belastungen in anderen Familien doch noch wesentlich ernster sind als bei uns. Mit welchem Elan manche Familien die Schwierigkeiten und Probleme zu meistern versuchen! Da haben wir uns dann immer wieder gesagt: Daran können wir uns ein Beispiel nehmen, besonders wenn bei uns auch mal depressive Erscheinungen auftraten. Das ist ja nicht ausgeblieben. Ich sage das hier gerade für junge Ehepaare, die in unserer Situation sind. Es ist so wichtig, daß sie sich nicht isolieren, sondern Kontakte zu anderen Eltern halten, sei es durch die Begegnungen in der Tagesstätte oder – besonders wenn das Kind noch nicht in der Tagesstätte ist – über solche Elterngruppen wie bei uns. Auch der Besuch von Fachvorträgen ist anzuraten, z. B. im Haus des Lehrers. Dadurch kommen Eltern schon etwas aus der Isolation heraus, in der sie sich möglicherweise befinden.
Selbstverständlich bleibt der größte Anteil der Belastung immer bei der Familie. Man sollte aber nicht von vornherein das aktive Reagieren der Umwelt, der Gesellschaft ausschließen, und ich meine, solche Kontaktmöglichkeiten sollten vielleicht sogar noch mehr gesteuert werden durch staatliche und gesellschaftliche Einrichtungen. Man sollte ganz gezielt mit den betroffenen Familien in diesem Sinne sprechen.
Die Auswirkungen des behinderten Kindes auf Partnerschaft und Familiensituation sind wohl sehr unterschiedlich. Man muß es aber nicht von vornherein negativ sehen. Allerdings sind die Frauen im allgemeinen wohl doch noch weitaus stärker belastet als die Männer: Es gibt da ganz nüchterne Fakten. Die Lasten sind auch bei uns noch ungleich verteilt, das möchte ich als Mann doch sagen. Es gibt noch nicht die ideale Gleichberechtigung. Solche Fragen sind ja wohl gesellschaftlich auch nicht von heute auf morgen zu lösen, da muß man wohl viel Zeit veranschlagen. Ein behindertes Kind zu haben bedeutet, sein eigenes Leben darauf einzustellen. Der eine oder der andere Partner kann nicht immer seine Idealvorstellung von seinem Leben, von seiner eigenen Entwicklung durchsetzen. Man ist meist gezwungen, hier Abstriche zu machen. Wenn ich etwas sagen will, wie sich unser behindertes Kind auf unsere Ehe ausgewirkt hat, dann kann ich mitteilen, daß unsere Tochter uns in vielen Fragen näher zusammengeführt hat. Ganz allgemein hängt das ja wohl auch davon ab, wie die Ehe war, bevor das behinderte Kind zur Welt kam. Ich meine, je besser und tiefer

die Beziehungen waren, um so eher wird man dann dieser Situation gewachsen sein. Wir haben bei allen Schwierigkeiten und bei allen Tiefs, die entweder meine Frau oder ich – oder wir beide – hatten, doch erkannt, daß unser Zusammenhalt wichtig ist. Ich möchte es so sagen: Auf keinen Fall muß die Anwesenheit eines behinderten Kindes in der Ehe zu einer Krise, zu einer labilen Haltung führen. Unsere Partnerschaft ist in mancher Hinsicht inniger geworden, irgendwie ist die Qualität jetzt anders als vorher, es ist bei uns eine Vertiefung der emotionalen Beziehungen eingetreten. Vielleicht ist es mir gar nicht so bewußt geworden wie jetzt, wo ich es sage. Es hat sich einfach aus der Situation heraus ergeben. Da ist das Gefühl, füreinander da zu sein, und die Gewißheit, daß man nur mit gemeinsamen Anstrengungen diese Situation bewältigen kann, und zwar nicht nur in der Gegenwart, sondern vor allem auch in der Zukunft. Ich möchte behaupten, daß eine wirklich gute Ehe im allgemeinen durch ein solches Kind nicht gefährdet wird.

Was wünsche ich mir für mein Kind in der Zukunft?...Ich würde mir wünschen, daß Annett ein solches Niveau erreicht in ihrer Entwicklung als Persönlichkeit, daß sie vielleicht mal einen geschützten Arbeitsplatz einnimmt und dort erkennt, daß sie praktische, nützliche Arbeit verrichten kann. Ich bin der Meinung, daß eine sinnvolle Beschäftigung, eine produktive Tätigkeit sich auch später bei Annett noch positiv auswirken werden.

Ich habe auch die Hoffnung, daß sie darin eine gewisse innere Befriedigung findet; denn ich muß feststellen, daß sie sehr wohl zu unterscheiden weiß, was ihr gelingt und was ihr nicht gelingt. Sie ist unzufrieden und traurig, wenn sie merkt: Das schaffen andere Kinder oder andere Erwachsene und sie nicht. Sie zeigt gewisse Trotzreaktionen, wenn sich ein erwartetes Erfolgserlebnis bei ihr nicht einstellt. Darum muß ja auch die geschützte Arbeit den Möglichkeiten der Behinderten angemessen sein. Und wenn ich die Zukunft jetzt mal im weiteren sehe, dann wünsche ich mir, daß Annett dann mit 30 oder 40 Jahren – oder schon vorher – auch einen solchen Grad an Selbständigkeit erreicht hat, daß sie mal in einem – nennen wir es einmal so – geschützten Wohnhaus, in einer geschützten Gemeinschaft leben kann. Nicht isoliert von der Bevölkerung oder nur zusammen mit anderen gleichfalls behinderten Menschen, sondern in einem normalen Wohnhaus, wie es sich territorial so ergibt, daß man solche behinderten Menschen unterbringen kann. Und daß Annett sich später als integrierter Bestandteil der Gesellschaft fühlt. Und daß die Gesellschaft auch merkt, daß es nicht nur den völlig gesunden Menschen gibt, sondern daß wir als Gesellschaft auch eine bestimmte Verpflichtung haben gegenüber Be-

hinderten. Ich meine, das ist ein obligates Moment in der Entwicklung zum Kommunismus.
Für alle behinderten Menschen wünsche ich mir, daß sie mehr Verständnis, mehr Achtung bei den Mitbürgern finden. Im weitesten Sinne auch: mehr Achtung und mehr Verständnis bei allen Institutionen, bis hin zu der medizinisch-technischen Betreuung. Alle Mitglieder unserer Gesellschaft müßten ein solches Maß an Wissen, an Verständnis haben, daß sie sich spontan auch richtig verhalten können gegenüber behinderten Menschen. Daß sie sie nicht provozieren, nicht beleidigen und ausgliedern. Ich habe den Eindruck, hier ist noch sehr viel zu tun, und ich hoffe, daß es uns gelingt, hier ein größeres Maß an Wissen zu vermitteln. Besonders für die Erzieher – aber nicht nur für die Erzieher in Behinderteneinrichtungen, sondern für alle. Es ist ja im Grunde ein ideologischer Beeinflussungsprozeß. Wenn in allen Lehreinrichtungen ein Mindestmaß an Kenntnissen und richtigen Verhaltensnormen vermittelt wird, wie man mit behinderten Menschen am besten zusammenleben kann, wenn das in Zukunft gelänge, dann wäre ich sehr froh.

Diagnose: *Pränatale (vorgeburtliche) Entwicklungsstörung*
  – Hirnschädigung mit geistiger Behinderung ohne Schulbildungsfähigkeit
  – Fehlbildungen an den Extremitäten (Füße, Zehen)
  – Leichte Sehbehinderung (Brille)
Für die Prognose des Kindes ist anzunehmen, daß Annett später in der Lage sein wird, in einer Rehabilitationswerkstatt zu arbeiten.
Aus dem Bericht des Vaters soll insbesondere die lebenserfahrene und menschlich reife Betrachtung der Partnersituation, ganz persönlich und auch allgemein für Eltern eines behinderten Kindes hervorgehoben werden.
Annett war 1980 gemeinsam mit anderen geistig behinderten Kindern in einem Ferienheim. Wie bereits bei anderen Durchgängen, haben wir auch in diesem Jahr von den Mitarbeitern des Wirtschaftsbereiches und der Verwaltung bestätigt bekommen, daß sich „unsere Kinder" insgesamt weitaus freundlicher und rücksichtsvoller verhalten als „normale".
So sind in diesem – wie auch in einigen anderen Lebensbereichen – schon Vorurteile gemindert worden.
Ich bin sicher, daß der Erlebnisbericht des Vaters auch insgesamt in diesem Sinne wirksam wird.

Uwe

Ich wurde an eine für mich bedeutsame Begegnung in meiner Kindheit erinnert, als ich in dem Buch von Professor KAUL (23) las, in welch infam-raffinierter Weise die Nazipropaganda jungen Menschen die Theorie vom „werten und unwerten Leben" nahezubringen versuchte. Da waren in dem von Adolf Dorner verfaßten „Lehrbuch der Mathematik für höhere Schulen", Aufl. 1935/36, folgende Rechenaufgaben enthalten:

„Aufgabe 94:
In einer Provinz des deutschen Reiches sind 4400 Geisteskranke in staatlichen Heilanstalten untergebracht, 4500 in der Obhut der öffentlichen Fürsorge, 1600 in örtlichen Heilanstalten, 2000 in Heimen für Epileptiker und 1500 Personen in Wohltätigkeitsheimen. Der Staat allein zahlt mindestens 10 Millionen Reichsmark im Jahr für die angeführten Institutionen.
a) Was kostet durchschnittlich ein Patient den Staat im Jahr?
I. 868 Patienten blieben länger als 10 Jahre
II. 260 Patienten mehr als 20 Jahre
III. 112 Patienten länger als 25 Jahre.
b) Was kostet ein Patient der Gruppe I (II, III) den Staat während des ganzen Zeitraumes seiner Unterbringung nach den niedrigsten Durchschnittsszahlen wie unter a) aufgeführt?
Aufgabe 95:
Der Bau einer Irrenanstalt erfordert sechs Millionen RM. Wieviel neue Wohnblocks á 15 000 RM würden für diese Summe gebaut werden können?"
In diesem Sinne geht es bei der Formulierung der nächsten Mathematikaufgaben weiter.
Solche Überlegungen gehören in unserer Gesellschaft, in der der Schutz geschädigten Lebens Bestandteil des sozialistischen Humanismus ist, der Vergangenheit an.
Ich frage aber: Setzt dem jeder einzelne von uns schon genug entgegen?

Dies fragt die Mutter von:
Uwe: 9 Jahre, Hilfsschüler
Mutter: 44 Jahre, Lehrerin an einer OS
Vater: 47 Jahre, Lehrer an einer OS
Bruder: Torsten, 20 Jahre, Abitur, z. Z. bei der NVA
Schwester: Claudia, 17 Jahre, 11. Klasse

Also, ... daß mein Jüngster eine Hirnschädigung hat, daß er nicht die normale Schule besuchen kann, sondern in die Hilfsschule geht (und wer weiß, ob er die schafft?) – das wissen Sie ja alles. Ich möchte Ihnen lieber erzählen, was so in mir vorging, seitdem ich dieses Kind habe, diesen Jungen, der so ... anders ist. Es kommt auch eine Menge von früher in mir hoch. Nie hatte ich gedacht, daß mir so etwas passieren könnte. Und dabei hatte ich doch Franziska gekannt, die wir so gern hatten. Sie sah uns Kinder mit ihren dunklen, braunen Augen an wie aus einer anderen Welt. Sie konnte gut singen und uns auch schöne Geschichten vorlesen. Manchmal erzählte sie auch seltsame Dinge, die nicht zusammen paßten. Eine Frau aus dem Hause von nebenan fragte mich einmal, ob wir denn keine Angst hätten „vor der"? Wenn du wüßtest, wo die hergekommen ist! Ich war damals so sieben, acht Jahre alt und wußte nicht, wo Franziska hergekommen war. Eines Tages war sie eben bei uns, und Mutter sagte, sie gehört jetzt erst einmal zur Familie. Sie wird bei uns wohnen, helfen und schlafen. Vater war eingezogen. Wir hatten eine geräumige Wohnung. Franziska war vielleicht so Mitte bis Ende zwanzig. Gelegentlich kam ihre Mutter. Sie wohnte in einem kleinen Häuschen am anderen Ende unserer Straße und war eine schüchterne, verhärmte, ängstlich wirkende Frau.
Aber warum sagte sie: Fein, daß sie bleiben kann, so können sie ihr nichts tun, sie ist doch mein ein und alles. ... Die Zusammenhänge konnte ich damals nicht begreifen, wie so vieles nicht. Aber ahnen konnte ich eine Menge. So auch, warum es heimlich geschehen mußte, wenn meine Mutter Kriegsgefangenen, „Fremdarbeitern", die es bei uns in der Nähe gab und die erbärmlich aussahen, Lebensmittel zukommen ließ. Meine Großeltern hatten ja einen Bauernhof.
Dies alles ist sicher nicht zufällig in mir „aufgestiegen". Da muß es irgendwie einen Zusammenhang geben. Mutter blieb nämlich immer ruhig und mutig. Männer, die sich ängstlich zeigten, hat sie immer etwas ratlos angeguckt. Nicht daß Mutter das Emotionale bei Männern nicht mochte, o nein. Sie mag Gefühle, auch Abschiedstränen fand sie nicht unmännlich. Aber ich glaube, es ging gegen ihr Gefühl, wenn ein Mann mit der Angst, die ja nun einmal in der Welt und in uns ist, schlechter fertig wird als sie selbst, sie als Frau. Das ist es wohl, was sie gelegentlich von den „richtigen Männern" sprechen ließ.
Werner, mein Mann, der würde jetzt grinsen, wenn er mich so erzählen hörte, weil das indirekt wohl auch unser Problem berührt, sonst wäre es mir wohl auch nicht eingefallen.
In unserer Verwandtschaft denken sie, es liegt an dem behinderten Kind, daß wir uns scheiden lassen wollen, aber – unseren Konflikten ganz auf den Grund gesehen – stimmt das so nicht. Wir hatten vorher

schon Probleme, eigentlich sollte der Uwe so etwas wie ein Ehe-Rettungs-Kind sein. Ach, warum ist das Leben bloß so kompliziert! Als ich noch ganz jung war, da habe ich gedacht: Wenn ich viel lerne und um alles, was getan werden muß, sehr bemüht bin, dann kann es gar nicht anders sein, als daß dann auch Glück und Erfolg da sein werden. Erfolg habe ich ja eigentlich immer gehabt, aber „Glück"? ... Ich meine das Glücklichsein in der Liebe. Seltsamerweise hat sich das mit meinem sogenannten Erfolg schlecht vertragen, ich meine speziell in meiner Beziehung zu Werner. Wir waren früher ja beide junge Lehrer voller Ideale und Elan –, aber der Elan war wohl schon immer stärker bei mir ausgeprägt, das ist ja wohl auch mit eine Temperamentssache. Werner war in allem zurückhaltender, dabei aber genauer und gründlicher als ich. Ich war immer besser im Ideenhaben, auch im Improvisieren; er lieferte in der Familie – und auch sonst – immer die Genauigkeit und die zuverlässige Absicherung im Detail. Und obwohl das so wichtige Eigenschaften sind, war ich mit meiner Art in allem erfolgreicher, im Beruf und auch sonst, ich meine im Kontakt mit den Menschen allgemein. Und als ich dann stellvertretende Direktorin wurde... na! Erst habe ich wirklich gedacht, wir freuen uns beide, aber sein enttäuschtes Gesicht, und dieser verlorene Blick deuteten mir schon an, daß sich bei mir bald ein großer Lebensirrtum auftun würde. Seltsamerweise störte es ihn sogar, daß ich jetzt mehr verdiente als er. Wir haben uns natürlich auch über die neue Situation unterhalten, aber er ist ja ein recht verschlossener Mensch. Auf jeden Fall war es erst mal richtig, daß wir nun an verschiedenen Schulen arbeiteten. Die neuen Aufgaben füllten mich sehr aus, und wenn ich abends sprudelnd erzählte, was so alles losgewesen war, kam von ihm meist nur ein mürrisches Schweigen oder Nörgeln. Er ärgerte sich über alles, rauchte wie ein Schlot und kriegte Herz- und Magenbeschwerden. Funktionelle Störungen, sagte man. Etwa ein Jahr später sprach er dann öfter von „noch ein Kind...". Ich wollte ja eigentlich gar nicht mehr, aber wenn ich in einen fremden Kinderwagen sah, dann kriegte ich gleich andere Gefühle zu diesem Thema. Und Werner war dann auch so zärtlich; na, und bei Zärtlichkeiten, da werde ich schwach. Ich glaube, für die meisten Frauen ist Zärtlichkeit mindestens so wichtig wie Sex, auf die Dauer wahrscheinlich noch wichtiger. Etwa in dieser Zeit, wenn auch noch nicht ganz bewußt, begann ich zu erkennen oder zu ahnen, daß Werners Unzufriedenheit mit meinem beruflichen Erfolg zusammenhing. Spielte das sogar in seinen Babywunsch mit hinein? Jedenfalls war ich schwanger, und natürlich habe ich mich gefreut. Werner blühte auf! Jetzt hatte er mich ja wieder zu beschützen. Jetzt bist du wieder ganz mein Weibchen, sagte er mal. Ich habe wohl dabei ein bißchen die

Stirn gerunzelt, es aber trotzdem genossen. Beruflich mußte ich ja jetzt kürzertreten. Die frühere Ahnung wurde in dieser Zeit für mich zur Gewißheit: Werner brauchte mich „schwach", dann war er selber stärker. Die Relation war für ihn wichtig. Aber ich konnte doch nicht ein Leben lang schwanger sein! Unser Problem war nur verschoben, aber nicht gelöst. Obwohl ich's eigentlich nicht zulassen wollte, kam da ein leiser Groll in mir hoch. Anstatt seine eigene Bequemlichkeitshaltung aufzugeben, nahm er es mir übel, daß ich so aktiv und deswegen auch erfolgreicher war als er. Außerdem empfand ich mich selber deswegen keineswegs etwa als besser oder wertvoller.

Im Schwangerenurlaub hatte ich dann ja viel Zeit, auch zum Nachdenken. Da habe ich mir überlegt: Ich werde nach der Entbindung die Stellvertreterfunktion in der Schule nicht wieder übernehmen. Sicherlich wird ihm das guttun. Und auf das Kleine, unseren Nachkömmling, habe ich mich sehr gefreut. Das alles noch einmal erleben: den ersten Schrei, das wunderbare Einssein mit dem Kind beim Stillen und all die schönen Beobachtungen bei der Entwicklung. Aber leider waren die dann ja nicht so schön! Und alles hing ja damit zusammen, daß der erste Schrei so spät kam... Lassen wir die Einzelheiten. Sie wissen ja, daß ich mich viel zu lange damit vertröstet habe: Er ist ein Spätentwickler, es wird schon noch alles kommen. Daß ich ein hirngeschädigtes Kind haben könnte, schien mir völlig undenkbar. Ich doch nicht! Ich hatte ja damals auch eine große Wut auf Sie, als Sie den ersten Verdacht andeuteten. Aber was wußte ich da eigentlich vom Gehirn? Ich als Lehrerin! Und dabei gibt es kein Denken, Fühlen, Wahrnehmen, Lernen und Verhalten, ohne daß dieses komplizierte Organ die Basis dafür bildet. Doch Sie wissen das ja. Als ich dann die Tatsache, daß unser Uwe ein bleibend geschädigtes Kind ist, schließlich akzeptiert hatte – eine Hilfe war ja dabei auch die Elterngruppe – da habe ich mich dann in Fachbücher vertieft. Eine völlig neue Welt tat sich mir da auf...

Ich habe meinem Mann immer davon erzählt und ihm auch Bücher gegeben, denn ich dachte doch, er will sich auch informieren, – dachte ich aber nur. Der hockte mit seinem Bier vor dem Fernseher, wenn ich über den Büchern saß und von den neuen Erkenntnissen sehr angezogen war. Und dabei hätte das eine so wichtige Gemeinsamkeit zwischen uns bedeuten können, denn es war ja bedeutsam für unser Kind – und auch für unseren Beruf, wie ich immer mehr und mehr feststellte. Was wußte ich vorher schon von LRS, Akalkulie, epileptischen Anfällen und hirnorganischem Psychosyndrom mit der Konzentrationsschwäche, die doch den Lernprozeß so erheblich beeinträchtigen kann. Ich frage mich natürlich auch, wie vielen Eltern habe ich als Leh-

rerin bisher wohl Unrecht getan, weil ich alle Lern- und Verhaltensstörungen nach meinem damaligen Wissen immer und ausschließlich als erziehungsbedingt angesehen habe. Ob da nicht auch zum Teil leichte, ich meine unerkannte Hirnschädigungen mit dabei waren? Trotzdem bleiben natürlich die Erziehung, die Umwelt immer das Wichtigste, aber die Ursache einer Fehlentwicklung muß richtig aufgeklärt werden, sonst gibt man doch vielleicht ganz falsche Ratschläge. Ich habe früher z. B. nicht gewußt, daß es Hirnschädigungen mit normaler Intelligenz gibt. Wenn überhaupt, dann habe ich mir vorgestellt, daß da mindestens eine geistige Behinderung und schwere seelische Verwirrung dabei sind. „Hirnschaden" – wenn ich das überhaupt mal gehört habe – klang für mich wie ganz weit weg, gar nicht wie unter uns. Vielleicht liegt das aber auch an der ausgesprochenen Negativwirkung dieses Begriffs. – Ja, sehen Sie, und jetzt fällt mir wieder Franziska ein. Von der habe ich Ihnen ja schon vorhin etwas erzählt. Sie war sicherlich nicht hirngeschädigt wie Uwe. Nach meinen jetzigen Kenntnissen muß sie aber wohl eine Schizophrenie gehabt haben. Ich werde meine Mutter noch mal fragen. Vielleicht weiß sie das genau. Sie hatte sie ja in unseren Haushalt genommen, damit für Franziska eine Arbeit nachgewiesen war. Dadurch war sie ja erst mal geschützt. Aber eines Tages mußte sie wieder zurück in ... die Anstalt (so sagte man damals wohl). Was aus Franziska geworden ist, weiß ich nicht. Wahrscheinlich aber das, was in der Nazizeit mit so vielen psychisch Kranken und Behinderten geschah, – sicher hat man sie umgebracht. Nach der Theorie vom „werten und unwerten Leben". Bei dem Gedanken daran könnte man ja noch nachträglich verrückt werden! Nach deren Menschenbildmoral war Hitlers Leben „wert" und Hölderlins Leben „unwert". Und wie viele Geister der Kultur- und Wissenschaftsgeschichte wären hier noch zu nennen!
Ich hatte neulich bei unserer Direktorin ein Kadergespräch, Perspektive und so. Da habe ich ihr das gesagt, was in mir schon lange gereift war: Ich möchte bei behinderten Kindern arbeiten. Am liebsten in einer Sonderschule, vielleicht bei Hilfsschülern oder „Verhaltensgestörten". In einer Fördereinrichtung des Gesundheitswesens wäre es mir auch recht. Unsere beiden Großen brauchen mich ja nicht mehr so. Vielleicht kann ich mich auch noch rehabilitationspädagogisch weiterbilden. Das ist doch ein riesig interessantes Gebiet. Ich möchte das nicht nur, um dann unseren Uwe noch besser zu verstehen... Ich bin allmählich überzeugt, dieses ganze Gebiet braucht noch engagierte Mitkämpfer. Und mich hat es gepackt. Auch für die Lehrer der Normalschulen müßten da spezielle Fortbildungsseminare eingerichtet werden. Wenn bei uns in einer Schule die Ausdrücke „Conti" und

„Spasti" als Schimpfworte auftauchen, dann muß der Lehrer reagieren können!
Und was weiß der von dem Problem? So allgemein fast gar nichts. Hab' ich ja an mir erlebt.
Es tut mir richtig gut, mit Ihnen über diese ganzen Dinge mal so ausführlich zu reden.
Ich finde, das ganze Thema ist eigentlich ein Politikum. Wo, wenn nicht in unserer Gesellschaft, können diese Dinge richtig angepackt werden? Ich meine, so richtig bewußt ideologisch. Kommunistische Erziehung – dazu gehört auch das alles. Das hat auch zu tun mit der „Revolution nach innen", in jeden Menschen hinein...; daß wir gründlich aufräumen mit überholten Denk- und Gewohnheitshaltungen, in uns selbst und bei anderen.
Mir fällt heute immer wieder Franziska ein. Vielleicht finden Sie mich jetzt rührselig, aber ich habe so das Gefühl: ein bißchen bin ich es auch ihr schuldig... weil ich sie als Kind doch gern hatte, – und sie ist ja an einem falschen Menschenbild gestorben.
Ich meine auch, wir haben eigentlich bei uns alle Möglichkeiten, das Behindertenproblem nach außen und nach innen zu lösen. Selbstverständlich nimmt das nicht dem Einzelfall die Tragik, ich meine es so insgesamt. Wir können bei uns ja auch das ganze Wohltätigkeitsgesäusel weglassen. Diese Bettel-„Aktion Sorgenkind" in der BRD basiert doch eigentlich auf einem Almosenstatus der Behinderten.
Wie ist es denn eigentlich zur Zeit bei uns in der medizinischen Ausbildung? Werden da für den ärztlichen Nachwuchs die richtigen Maßstäbe, Einstellungen und Haltungen vermittelt? Eine Cousine von mir ist Ärztin, sie hat in den fünfziger Jahren studiert. Die erzählte mal aus ihrer Studentenzeit folgenden „Scherz": Da ließ in der Nervenklinik ein Professor, der auch unbefangen von seinem „Patientenmaterial" sprach, ein junges Mädchen in den Hörsaal kommen. Die Patientin sah sich scheu um, ihre Mutter war dabei. Zum Gaudi der Studenten erklärte der Dozent: Meine Herren, ich zeige Ihnen hier den Typ der idealen Ehefrau – hübsch, schwachsinnig und gefügig... Der Lacherfolg war ihm gewiß. Nun wollen wir ja nicht humorlos sein, aber meine Cousine meint, sie mußten unheimlich viel Anatomie, Chemie, Pathologie und all die vielen Lernfächer pauken, was ja wohl auch nötig ist. Aber: Psychologie, medizinische Ethik und auch Psychotherapie seien absolut zu kurz gekommen.
Wie ist das eigentlich heute? Gibt es ausreichend Lehrstühle und auch geeignete Dozenten für diese Fächer?
Mit der Auswahl der richtigen Bewerber, ich meine geeignete Persönlichkeiten für einen speziellen Beruf, ist es ja wohl bei den Ärzten

gleich schwierig wie bei den Pädagogen. Sie wissen ja, ich habe in letzter Zeit recht viel gelesen; natürlich über Behinderten-Psychologie und Sonderpädagogik, aber auch ein bißchen Psychotherapie und Gruppenarbeit. Was da vielfach als typische Frauenproblematik von Autoren aus der BRD angegeben wird – dabei ist mir so richtig klargeworden, daß die in ihrer Gesellschaft eben eine ganze Epoche zurück sind! „Die materielle Abhängigkeit der Frauen von den Männern" und „die zwangsweise Einsamkeit der Hausfrau", das sind die großen Themen in ihren Frauen-Solidaritätsgruppen. Wir haben da doch im allgemeinen schon andere Sorgen. Ich und meine Ehe sind ja auch ein Beispiel dafür. Wir haben bei uns die Probleme, die dann entstehen, wenn die Gleichberechtigung der Frau vom Staat grundlegend akzeptiert und gefördert wird. – Aber interessant, was im Sozialismus für ganz neue Mann-Frau-Konflikte entstehen und welche alten sich auch teilweise halten! Ich glaube, da haben unsere Soziologen auch ein weites Betätigungsfeld.
Ob ich mit Werner doch zusammenbleibe? Ich möchte ja, aber ich weiß nicht, ob das geht. Ich bin ja nun nicht mehr in der Direktion. Ich habe aber gemerkt, es liegt nicht nur daran. Ich müßte mich – auch als Mensch – einfach kleinermachen als ich wirklich bin. Na, und geht das auf Dauer? Sagen Sie mir das doch mal! Ich glaube nicht, denn dann wäre ich ja nicht ich, sondern ganz unecht, das kann ich doch nicht. Ich glaube, da würde ich depressiv. Manchmal denke ich über Werner: Und der war mal als junger Mann so revolutionär eingestellt. Der wollte mal die Welt verändern! Das überläßt der jetzt nur noch anderen... Ach nee, Solidaritätsmarken kassiert er ja noch! – Das ist auch so etwas: Ich finde das richtig gut, daß es bei uns so zur Selbstverständlichkeit geworden ist, daß jeder im Monat etwas abgibt für die internationale Solidarität. Und damit etwas tut gegen die großen Ungerechtigkeiten in der Welt, gegen den Hunger und die Ausbeutung und die hohe Kindersterblichkeit in so vielen Ländern – und für die Befreiungsbewegungen. Ich meine aber, konsequenterweise sollten wir den Begriff der Solidarität einmal ganz neu überdenken und ihn noch erweitern. Ich sage, wir müssen zu einer selbstverständlichen Solidarität mit den Schwachen kommen, die nicht nur nach außen, sondern auch nach innen gerichtet ist. Nach innen, da meine ich nicht vordergründig das Geld, sondern die Einstellung. Und das Wissen um vieles, was Solidarität braucht, eben auch in unserem eigenen Land.
Sicherlich kann man weitverbreitete Fehleinstellungen nicht so schnell überwinden wie es gelingt, neue Einrichtungen und gute Gesetze zu schaffen. Da ist bei uns ja Grundlegendes geschehen, besonders in den letzten zehn Jahren.

Wie lange wird es aber wohl dauern, bis wir auch die verschiedenen Vorurteile gegenüber behinderten Menschen beseitigt haben? Ich muß mich da selbst zur Geduld ermahnen, aber Sie wissen ja, ich bin Optimist.

Diagnose: *Frühkindliche Hirnschädigung, perinatal-hypoxämisch bedingt (Sauerstoffmangel unter der Geburt).*
Folgezustand:
— Debilität,
— chronisches hirnorganisches Psychosyndrom.
Uwe ist in der Lage, Hänseleien und Diskriminierungen durch andere Kinder („Du gehst in die Doofenschule!") sinngemäß zu verstehen, so daß er deswegen oft in trauriger Stimmung ist. Wenn er auch von seinen Eltern immer Schutz und Beistand erfahren wird, so ist es doch für ihn — wie für die soziale Rehablitation aller Hilfsschüler — wichtig, daß ganz allgemein noch sehr viel für eine achtungsvolle Haltung ihnen gegenüber getan wird.
Zur Ehesituation der Eltern befindet sich ein Hinweis im Kapitel 2.5. Es ist anzunehmen, daß das besondere Interesse und Engagement der Mutter in bezug auf das Behindertenproblem im allgemeinen zumindestens teilweise seine Wurzeln in ihrer eigenen Kindheit hat. Mit großer emotionaler Anteilnahme hatte sie da das Schicksal einer psychisch kranken jungen Frau erfahren, die vorübergehend mit in ihrer Familie lebte und dann durch das „Euthanasie"-Programm in der Nazizeit ermordet worden war. „Sie ist an einem falschen Menschenbild gestorben": etwa 100 000 psychisch Kranke und Behinderte (Erwachsene, — die Zahl der betroffenen Kinder ist unbekannt —) sind in der Nazizeit unter der Ideologie des „unwerten Lebens" systematisch getötet worden. — Es scheint verständlich, daß das Wissen um diese Dinge und das persönliche Kindheitserlebnis mit Franziska bei Uwes Mutter eine besondere Sensibilität für die Probleme psychisch behinderter Menschen mit stimuliert hat.
Aus den Mitteilungen dieser Mutter, die insgesamt das Problem der Behinderung ihres eigenen Kindes konstruktiv verarbeitet hat, spricht eine Hochachtung für alle schon vorhandenen, aber auch alle noch zu entfaltenden Aktivitäten unserer Rehabilitationspädagogik, die ja für die Entwicklungsprognose bei geschädigten Kindern eine vorrangige Bedeutung und Verantwortung hat.

2. Allgemeiner Teil

Psychisch-physische Normabweichungen in der Entwicklung eines Menschen sind, sowohl was die biomedizinischen Ursachen als auch die soziokulturellen Folgen betrifft, außerordentlich vielfältig. Zumindest ein Teil davon scheint mir durch die Erlebnisberichte der Eltern deutlich geworden zu sein. Selbstverständlich war es nicht möglich, alle verschiedenen Arten von Schädigungen und Behinderungen in dieser Form darzustellen. Aber darauf kam es auch nicht vordergründig an. Ich wollte aufzeigen, wie es sein kann, wie es den Eltern behinderter Kinder ergeht – überall, aber auch bei uns, in unserer Gesellschaft, im Hier und Jetzt. Und dabei sollte deutlich werden, was schon alles getan wurde und was unbedingt noch getan werden muß. Für die Nichtfachleute scheinen aber auch noch sachliche Informationen zum Behindertenproblem notwendig zu sein; deswegen folgt dieser allgemeine Teil.
Gesundsein, frei sein von Behinderung ist kein persönliches Verdienst. Im allgemeinen jedenfalls nicht. Und wer trägt einen Garantieschein bei sich, daß er immer gesund und unbehindert bleiben wird? Ein Unfall z. B. kann das sehr plötzlich ändern. Die physische Unversehrtheit, das Funktionieren der Sinnesorgane kann danach bleibend beeinträchtigt sein; eine mögliche Kopfverletzung kann auch die Psyche verändern. Und ein Unfall wäre ja auch nur eine Ursachenmöglichkeit.
Durch diesen Hinweis möchte ich aber auf keinen Fall den gesunden Menschen in seinem optimistischen Lebensgefühl beeinträchtigen oder ihn gar hypochondrisieren! Ich möchte ihn nur ein bißchen nachdenklich machen und seinen Blick mit der Haltung des Akzeptierens auf diejenigen lenken, die anders sind, anders als er in seiner strotzenden Unversehrtheit, die manchmal auch einen illusionären Glücksanspruch einschließt.
Mit den nachfolgenden Kapiteln kann und soll kein Lehrbuch über behinderte Kinder entstehen. Systematische und spezielle Informationen sind bei Bedarf den vorhandenen Fachbüchern zu entnehmen. Mit den von mir beschriebenen Einzelheiten und Zusammenhängen möchte ich jedoch insgesamt gewisse Grundkenntnisse über das Be-

hindertenproblem vermitteln, und zwar insbesondere in den Bereichen, die sehr stark in das Soziale, in den gesellschaftlichen Alltag hineinreichen.

Schema 1: Biologische und soziale Faktoren der Individualentwicklung

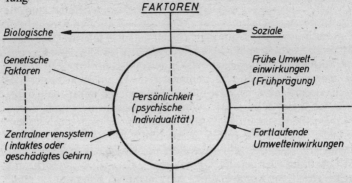

Die Ursachenmöglichkeiten der verschiedenen Schädigungen haben sich im Laufe der Zeit gewandelt. Noch vor Jahrzehnten gab es z. B. bei den Körperbehinderten mehr Folgezustände nach Poliomyelitis (Kinderlähmung). Diese früher so gefürchtete Volkskrankheit ist ja als ein Erfolg der modernen Medizin bei uns beseitigt. Heute stehen bei den Körperbehinderten die Folgezustände nach Unfällen und frühen Hirnschädigungen, z. B. das sogenannte Spastikerproblem, im Vordergrund (s. Kap. 2.4.5.).

2.1. Frühkindliche Hirnschädigung

Da die Einzelheiten beim Unfallgeschehen auch für den medizinischen Laien im allgemeinen nicht schwer verständlich sind, möchte ich an dieser Stelle den Begriff der „frühkindlichen Hirnschädigung" näher erläutern.
Das zentrale Organ für die ganzkörperliche Entwicklungssteuerung ist das Gehirn. Frühe Hirnschäden haben also eine besondere Bedeutung für eine gestörte individuelle Entwicklung. Das Zentralnervensystem (Gehirn) stellt die höchstentwickelste lebende Materie dar. Von allen Organen ist es in seinem Bau am kompliziertesten und am differenziertesten. Es hat deswegen in der Relation auch den höchsten Sauerstoffbedarf. So ist es z. B. nicht erstaunlich, daß bei einem Neugebore-

nen mit einem Atemnot-Syndrom nicht primär eine Leber- oder Nierenschädigung, sondern am ehesten eine Hirnschädigung eintreten kann.

Begriffsbestimmung nach GÖLLNITZ: Unter einer frühkindlichen Hirnschädigung versteht man einen Sammelbegriff ätiologisch, zeitlich und pathologisch-anatomisch verschiedenartiger Störungen, denen das eine gemeinsam ist, daß sie das noch in der Entwicklung befindliche Zentralnervensystem eines Kindes betroffen haben. In der Praxis bekommen wir gewöhnlich erst die mehr oder weniger ausgeprägten psychopathologisch-neurologischen Residuärzustände nach einer solchen Schädigung mit Störungen und Abweichungen der kindlichen Entwicklung zu sehen. Diese Folgeerscheinungen werden in der Literatur wiederum mit dem Sammelbegriff „Enzephalopathie" (encephalon – Gehirn; griech.) bezeichnet.

2.1.1. Ursachen früher Hirnschädigung

a) **Einteilung nach Entstehungszeitraum:**
– Pränatal = vor
– perinatal = während   der Geburt
– postnatal = nach

b) **Einteilung nach der Art der Ursache:**
– Hypoxämisch (durch Sauerstoffmangel)
– toxisch (giftige Stoffwechselstörungen)
– entzündlich (Encephalitis und Meningitis = Hirn- und Hirnhautentzündung; z. B. Röteln, Toxoplasmose)
– traumatisch (Unfälle; auch Hirnprellungen bzw. -quetschungen unter Geburt, z. T. mit Blutungen)
– chromosomal-genetisch (z. B. Langdon-Down-Syndrom oder Phenylketonurie = Föllingsche Krankheit)
– innersekretorisch-hormonell (z. B. Kretin = Schilddrüsenmangel)
– degenerativ (z. B. infantile Hirnsklerose)
– intrakranielle raumfordernde Prozesse (Tumoren = Geschwülste)
– Strahlenschäden
– vereinzelt auch gleichzeitig oder nacheinander mehrere schädigende Einwirkungen.

2.1.2. Folgen einer frühen Hirnschädigung

Es können auftreten:
– Eine Oligophrenie = geistige Behinderung = Intelligenzminderung = geistige Retardierung (überholter Begriff „Schwachsinn")

I. Grades = Debilität (Hilfsschulprognose)
II. Grades = Imbezillität (in der Prognose nicht schulbildungs-, jedoch lebenspraktisch förderungsfähig)
III. Grades = schwerste geistige Behinderung (Förderungsfähigkeit nicht vorhanden; „Pflegefälle"; überholter Begriff „Idiotie")
– Cerebrale Bewegungsstörungen (z. B. spastische Paresen, Athetose)
– Cerebrale Anfallsleiden (Epilepsie)
– Schädigungen der Sinnesorgane (z. B. Seh- oder Hörbehinderungen)
– Hirnorganisch bedingte Verhaltensauffälligkeiten
– Kombination zweier oder mehrerer Schädigungen;
Extremfall:
Es kann z. B. ein geistig behindertes, halbseitig spastisches Kind epileptische Krampfanfälle haben, sehgeschädigt sein und zu hirnorganischen Verhaltensstörungen (ängstlichen Erregungszuständen) neigen
– Es soll nicht unerwähnt bleiben, daß bei objektivem Vorliegen einer frühkindlichen Hirnschädigung die subjektiven Folgen auch kaum oder gar nicht ausgeprägt sein können (kompensierte Schädigung).

2.1.3. Häufigkeit der Hirnschädigung

Bei uns – wie auch in anderen sozial hochdifferenzierten Ländern – sind z. Z. etwa 7 % aller Neugeborenen eines Geburtenjahrganges hirngeschädigt, wobei die Folgen und deren graduelle Ausprägung sehr unterschiedlich sind.

0,5 %:	sind nicht schulbildungsfähig, wobei der größere Teil förderungsfähig ist; Intelligenzminderung II. und III. Grades
2,5 (– 3) %:	Hilfsschulbedürftigkeit bei Intelligenzminderung I. Grades = Debilität
>3 %:	**hirngeschädigte Kinder ohne Intelligenzminderung,** z. B. mit Verhaltensstörungen, Lernbehinderungen, Sprachstörungen: Bildung in der Polytechnischen Oberschule, teilweise in Sonderschulen (z. B. Körperbehinderten- oder Sprachheilschule).
2–3 ⁰/oo:	**Kinder mit cerebralen Bewegungsstörungen** (dabei verschiedene Intelligenzgrade).

Nach dem jetzigen Stand der Entwicklung der Medizin ist anzuneh-

men, daß die Zahl der durch äußere Ursachen geschädigten Kinder prozentual nicht weiter ansteigen wird.
- Die Schädigungsursachen nach der Geburt, z. B. durch Infektionskrankheiten (Masern-Gehirnentzündung), sind durch prophylaktische Maßnahmen, z. B. Impfungen, wesentlich geringer geworden.
- Die Schädigungsursachen während der Geburt durch die stürmische Entwicklung der perinatalen Medizin (Neonatologie) sind zweifellos ebenfalls anteilmäßig geringer geworden. Wenn in diesem Zusammenhang evtl. an das Beispiel der Hiltrud aus dem Elternreport gedacht wird, so ist
a) dieses Beispiel nicht zu verallgemeinern,
b) andererseits festzustellen, daß in gutausgerüsteten Spezialabteilungen, z. B. durch eine gezielte Intensivüberwachung der Geburt und entsprechende therapeutische Maßnahmen, ganz sicher auch Geburtsschäden verhindert werden können. Das wird in Zukunft zunehmend mehr der Fall sein.

Der prozentuale Anteil der genetisch bedingten Entwicklungsstörungen wird auch in absehbarer Zeit noch eine bedeutende Rolle spielen. Objektiv werden auch in Zukunft viele nicht vor der Geburt erkannt bzw. erfaßt werden können (z. B. bei nicht bekannter Disposition). Daß wir jedoch zunehmend mehr durch genetische Beratungsstellen bei entsprechend disponierten Eltern eine gezielte Diagnostik und Aufklärung veranlassen und dadurch auch die Zahl der genetisch geschädigten Kinder prophylaktisch vermindern, ist eine der sozialmedizinischen Aufgaben unserer Zeit.

Die absolute Zahl der schwergeschädigten Bürger (Kinder, Jugendliche und Erwachsene) nimmt in jedem Jahr – außer durch Unfälle und unheilbare Krankheiten – durch den Anteil der geschädigten Neugeborenen zu. Etwa 1 % eines Geburtenjahrganges sind (nicht nur geistig) schwer geschädigt.

2.2. Ist Schädigung gleich Behinderung?

Genaugenommen nicht, auch wenn diese beiden Begriffe in der fachlichen Umgangssprache häufig synonym gebraucht werden. Die nachfolgenden Ausführungen beziehen sich auf eine WHO-Studie (WHO = World-health-Organisation = Weltgesundheitsorganisation) zur Vorbereitung einer weiteren Differenzierung und Verbesserung der „Internationalen Klassifizierung der Krankheiten" = ICD (International classifikation of diseases).

In der jetzt gültigen Fassung der ICD ist übrigens der alte Begriff „Schwachsinn" nicht mehr enthalten; es finden sich dafür die Bezeichnungen „geistige Retardierung", „Intelligenzminderung" und „Oligophrenie".
Im Zusammenhang mit der Gesundheitsbetreuung ist „Schädigung" im wesentlichen ein biomedizinischer Begriff; der Gebrauch dieses Terminus ist insofern neutral, als er nicht unbedingt anzeigt, daß eine Krankheit vorliegt oder daß das Individuum als krank betrachtet werden sollte. Zur Behinderung gehören die Nachteile, die einer Schädigung folgen können.

Eine mögliche Kausalkette ist:
   Krankheit -> Schädigung -> Behinderung

Während also Schädigung mehr ein biomedizinischer Begriff ist, stellt Behinderung ein soziales Phänomen dar (sozial-ökonomische, soziologische Gesichtspunkte). Das eine befaßt sich mit den Beziehungen des Individuums, das andere mit seiner Identität. Schädigung ist ein absoluter, Behinderung hingegen ein sehr relativer Begriff.
Das grundlegendste Kennzeichen der Relativierung der Behinderung ist die Abhängigkeit dieses Phänomens von den kulturellen Normen, den Wertungen der Gesellschaft oder der Gruppe, in der sich das Individuum befindet. Somit kann eine Person in der einen Gruppe behindert sein, in der anderen hingegen nicht. Zeit, Ort, Zustand und Rolle wirken mit. Die Möglichkeiten einer behinderten Person sind vor allem auf der Basis der Reaktionen der nichtbehinderten Mitglieder ihrer primären und sekundären Gruppen einzuschätzen (Beispiel: künstlich kleingeschnürte und dadurch verstümmelte Füße der Frauen im alten China galten als vornehm).
Haben wir bei uns nach einer erfolgten Schädigung die geeigneten medizinischen Maßnahmen in ausreichendem Maße veranlaßt, wird der Haupteinfluß auf die übrigbleibende Behinderung unvermeidlich von der Reaktion der Gesellschaft abhängen. Dazu gehören persönliche Versorgungsmaßnahmen, fürsorgerische Betreuung, heilpädagogische Förderung, Umschulung, geschützte Arbeitsplätze, finanzielle Unterstützung, Förderung sozialer Aktivitäten und das Gesamt der psychosozialen Einstellungen und Begegnungen. Das Ziel besteht darin, die Benachteiligung oder Behinderung auf ein Mindestmaß zu beschränken und eine weitgehende Kompensation der Schädigung zu ermöglichen.
Es kann in der Praxis eine Organschädigung ohne wesentliche Behinderung (Adolf Menzel hatte eine Hirnschädigung mit Hydrocephalus)

und auch eine Behinderung ohne vorliegende Schädigung geben. Die Relativität dieser beiden Begriffe, insbesondere die soziale Determiniertheit von „Behinderung" soll durch weitere Beispiele erläutert werden:
1. Ein junger Mensch hat nach einem Unfall beide Beine verloren. Er ist also objektiv organisch (seine unteren Extremitäten betreffend) schwer geschädigt. Durch eine optimale prothetische Versorgung, verschiedene organisatorische und auch seelische Rehabilitationshilfen der Umwelt und eine hohe Eigenmotivation des Betroffenen kann die aus der Schädigung resultierende subjektive Behinderung in bezug auf die weitere Lebensbewältigung – im Rahmen des möglichen – relativ geringgehalten werden. Als Beispiel aus der Literatur ist hier „Der wahre Mensch" von Boris POLEWOI (36) zu nennen.

Das andere Extrem, ein hoher Behinderungsgrad, wäre bei einem doppelbeinamputierten bettlägerigen Menschen mit totaler pflegerischer Umweltabhängigkeit und sozialer Isolierung vorhanden.

Dem Körperbehinderten kommt im allgemeinen in seiner Rehabilitation zugute, daß er nicht mit den so vielfältigen Negativreaktionen der Umwelt rechnen muß, wie z. B. ein psychisch Behinderter (Ausnahme: Körperbehinderte mit einer Athetose).
2. Eine Familie hat ein hirngeschädigtes Kind mit einer Intelligenzminderung. Die Angehörigen haben sich schließlich auf diese Realität eingestellt; das Kind besucht eine Fördereinrichtung und hat selbst kein Leidensgefühl. Durch falsche Reaktionen der Umwelt (Vorurteile, Fehlinformationen) kommt jedoch bei den Eltern immer wieder ein Leidensdruck auf, so daß sie sich vielleicht mißtrauisch zurückziehen und isolieren. Die aus der Intelligenzschädigung des Kindes resultierende soziale Behinderung, vor allem auch für die Familie, ist natürlich objektiv viel größer, wenn keine Fördereinrichtung im Territorium existiert und die Mutter mit dem Kind in depressiver Stimmung hoffnungslos zu Hause sitzt.

Die soziale Behinderung der Familie ist also sehr relativ und nicht nur abhängig von der organischen Schädigung des Kindes, sondern vielmehr noch von Einstellungen, Haltungen und rehabilitativen Aktivitäten der Gesellschaft.
3. Ein Beispiel dafür, daß sich eine soziale Behinderung entwickeln kann, ohne daß überhaupt eine Schädigung vorliegt: Ein Mensch bekommt eine psychische Krankheit. Nach der Behandlung in einer Nervenklinik kann die Entlassung mit voll wiederhergestellter Gesundheit erfolgen. In der weiteren Sozialeinordnung kann diesem Menschen aber nun (aufgrund von Vorurteilen) evtl. das

Stigma des „psychiatrischen Patienten" anhaften, was für ihn erhebliche soziale Benachteiligungen und Behinderungen bedeuten kann.

Diese Beispiele machen wohl zusammen mit den vorherigen allgemeinen Ausführungen klar, daß Krankheit, Schädigung und Behinderung keine synonymen Begriffe sind, obwohl sie umgangssprachlich oft so verwendet werden.

2.3. Behandlung/Rehabilitation

Es ist verständlich, daß die Eltern eines hirngeschädigten Kindes, wenn die Diagnose gestellt wird, erwarten, daß von medizinischer Seite eine Heilung eingeleitet wird. Das ging ja zum Teil auch aus den Erlebnisberichten hervor.

Aber genauso wie ein amputiertes Bein nicht wieder organisch neu regeneriert werden kann, es sei denn durch eine anorganische Prothese, so kann abgestorbenes Nervengewebe im Gehirn nicht wieder belebt und funktionstüchtig gemacht werden. Das geht weder durch Medikamente, noch durch Operationen.

Es muß alles, was therapeutisch für den Patienten, für den Geschädigten zu geschehen hat, nicht vordergründig auf seinen „Defekt", sondern auf seine gesunden Funktionsbereiche gerichtet sein. Es gilt, diese in optimaler Weise zu aktivieren und dadurch zur Kompensation anzuregen. So wird deutlich, daß sich in der Rehabilitation Geschädigter Mediziner, Pädagogen, Psychologen, Fürsorger(innen), Physiotherapeuten, Krankenschwestern und weitere Mitarbeiter in enger und harmonischer Kooperation ergänzen müssen.

Akute oder chronische Erkrankungen des Zentralnervensystems oder anderer Organe müssen selbstverständlich primär medizinisch behandelt werden, z. B. Entzündungen (Meningitis, Encephalitis), Tumoren, aber auch Cerebralanfälle (Epilepsien) und Psychosen (sogenannte Geistes- und Gemütskrankheiten im engeren Sinne; Schizophrenie, Depression, Manie).

Ist aber z. B. ein geistig behindertes Kind im eigentlichen Sinne krank? Genau genommen nicht. Denn eine Krankheit hat einen Beginn, einen Verlauf und ein Ende, wie z. B. eine Lungenentzündung oder eine Halsangina. Unsere geschädigten Kinder fühlen sich in ihrem Selbstverständnis im allgemeinen auch nicht als Kranke, das wurde ja durch die diesbezügliche Frage der blinden Gabi sehr deutlich. Medizinisch müssen wir bleibend Geschädigte als „gesunde Behinderte" einstufen (die natürlich auch – wie alle anderen Menschen – eine Krankheit bekommen können, z. B. eine Grippe).

Anteilmäßig sind bei der Betreuung Geschädigter medizinische Methoden indiziert:
- Physiotherapie
- Psychotherapie, einschließlich Musiktherapie
- orthopädische Hilfsmittel
- chirurgisch-operative Hilfen
- Medikamente, z.B. Psychopharmaka
- Logopädie.

Unter Rehabilitation verstehen wir (Wörterbuch der Medizin, 11. Auflage, Verlag Volk und Gesundheit, Berlin 1980) Wiederherstellung eines höchstmöglichen Grades an Erwerbsfähigkeit bzw. Lebenstüchtigkeit und Eingliederung oder Wiedereingliederung in das gesellschaftliche Leben bzw. in den Prozeß der Arbeit für physisch oder psychisch geschädigte Menschen. Die Rehabilitation erfolgt durch medizinische und pädagogische, arbeitspsychologische, technische, ökonomische und soziale Maßnahmen auf der Grundlage gesetzlicher Bestimmungen. Im sozialistischen Staat ist die Rehabilitation Teil des Gesundheitsschutzes und damit gesamtgesellschaftliche Aufgabe.

2.4. Einige Sondergruppen behinderter Kinder

2.4.1. Das Langdon-Down-Syndrom

Nach der Entstehungsart handelt es sich um eine genetische Störung, eine chromosomale Abnormität (Trisomie 21). Bei der Zellteilung kommt es zu einer Störung, die dazu führt, daß das Chromosom mit der Nummer 21 statt einfach zweimal in der Samen- oder Eizelle enthalten ist. Man spricht in diesen Fällen von einer freien Trisomie. Dieser Typ einer chromosomalen Störung stellt das Hauptkontingent des Down-Syndroms dar.

Eine andere, weit seltenere chromosomale Störung ist die sogenannte „Translokation". Hier kommt es bei einer früheren Zellteilung zur Anlagerung eines Chromosoms mit der Nummer 21 an ein anderes Chromosom, so daß eine scheinbar normale Chromosomenzahl (46) vorhanden ist. Down-Syndrome, die aufgrund einer solchen Chromosomenstörung entstanden sind, können unter bestimmten Umständen als vererbt angesehen werden, nämlich dann, wenn bei einem Elternteil die Störung vorhanden ist, obwohl er äußerlich als gesund (bzw. unauffällig) erscheint. Es besteht dann die Möglichkeit, daß ein Drittel seiner Nachkommen als Down-Syndrom erscheint, ein Drittel äußerlich unauffällig aber Träger der chromosomalen Störung ist und das letzte Drittel im Erscheinungsbild und auch chromosomal ohne spezifische Normabweichung bleibt.

Der Vollständigkeit halber sei schließlich noch eine dritte Form erwähnt, das sogenannte Mosaikmuster. Hier finden sich bei einer Untersuchung der Zellkerne sowohl solche mit 46 (normal) als auch mit 47 (Trisomie) Chromosomen. Je nachdem wie hoch der Prozentsatz der Zellen mit Trisomie ist, um so ausgeprägter zeigen sich die Symptome im Erscheinungsbild.

Die wissenschaftliche Erforschung der Ursachen dieser chromosomalen Störung ist noch nicht abgeschlossen. Während man früher angenommen hatte, die Trisomie komme nur in den Eizellen vor, weiß man jetzt, daß auch Väter Träger dieser Störung sein können. Die Angaben über die Häufigkeit der lebend geborenen Kinder mit Down-Syndrom schwanken in der Literatur sehr. Es besteht auch eine gewisse Abhängigkeit zum Alter der Erzeuger. Geht man nur vom Gebäralter der Mutter aus, so muß man bis etwa zum 30. Lebensjahr mit einer Häufigkeit von einem Kind mit Down-Syndrom auf 600 Geburten rechnen, zwischen dem 34. und 41. Lebensjahr steigt die Häufigkeit jedoch auf das siebenfache, d. h. es kommt mit zunehmendem Alter zu einer jährlichen Verdoppelung.

Die Bezeichnung Langdon-Down bezieht sich auf den Erstbeschreiber. Man hört auch häufig den Begriff „Mongolismus", abgeleitet von der Physiognomie dieser Kinder, insbesondere von der Anatomie der Augenfalten. Zu einer anderen Rasse gehören sie nicht. Insofern ist die Bezeichnung „Mongolismus" unwissenschaftlich.

Konstitutionsbiologische Merkmale: häufig kleiner Kopf mit flachem Hinterhaupt; schräge Lidspalte mit Epicanthus („Mongolenhäutchen"). Die Zunge ist häufig relativ groß und stark gefurcht; meist hoher, spitzer Gaumen. Ohrmuscheln im allgemeinen klein und tief angesetzt, Konturen wenig differenziert. Der Hals ist gewöhnlich kurz, ebenfalls die Finger. Überdurchschnittlich häufig findet sich bei den Langdon-Down-Kindern eine Abnormität der Handlinien (sogenannte Vier-Finger-Furche). Die Gelenke sind überstreckbar. Die Kinder lernen auch meist verspätet Sitzen, Stehen und Laufen. Häufig besteht ein vergrößerter Abstand zwischen der ersten und zweiten Zehe (= Sandalenlücke). Es liegt im allgemeinen eine Intelligenzminderung vor (von der Debilität bis zur geistigen Schwerstbehinderung). Die meisten Langdon-Down-Kinder sind imbezill, also nicht schulbildungs-, aber gut förderungsfähig. Im allgemeinen besteht bei ihnen eine erhöhte Infektanfälligkeit.

In ihrer **Wesensart** gibt es viele übereinstimmende Merkmale: Diese Kinder haben so ihren ganz speziellen Charme. Sie sind im allgemeinen freundlich und kontaktfreudig, zärtlich-anschmiegsam und anhänglich, manchmal mit verstärktem Trotz, fast immer aber in bezug auf ihr Äußeres eitel. Es ist ihnen z. B. meist nicht gleichgültig, was sie anziehen; da entwickeln sie ganz eigene Ansichten, die sie der Umwelt auch deutlich machen, wenn sie nicht (bzw. noch nicht) gut sprechen können. Sie sind meist in der Lage, viele einfache hauswirtschaftliche Verrichtungen zu erlernen und auch zu übernehmen. Vorsicht mit Verwöhnungen! Es kann sonst dadurch sehr unangenehme Entwicklungen geben.

In ihren Aussprüchen und Verhaltensweisen sind die Kinder meist drollig-originell, anderen gegenüber auch einfühlsam und hilfsbereit. Es lernen aber nicht alle Kinder Sprechen. Wenn man eine gemischte Gruppe noch jüngerer behinderter Kinder besucht, dann hat man schnell – ehe man sich's versieht – ein schmusendes Langdon-Down-Kind auf dem Arm. So sind sie eben in ihrer Zutraulichkeit! – (und wir wollen doch kein Kind vorziehen). Die meisten essen gern, und in der Pubertät neigen sie dann zum Dickwerden. Also bitte zu beachten bei der Erziehung der Eßgewohnheiten!

In unseren Förderungseinrichtungen sind die Langdon-Down-Kinder nach ihren rehabilitativen Möglichkeiten meist noch die Privilegierten. Selbstverständlich gibt es Ausnahmen.

2.4.2. Autismus

Das bedeutet vom Begriff her ein „Auf-sich-selbst-zurückgezogen-Sein". Im Vergleich zum Langdon-Down-Syndrom sind Autisten (als Problemkinder) seltener zu beobachten. Jungen sind häufiger betroffen als Mädchen. In bezug auf die sozialen Verhaltensweisen im zwischenmenschlichen Kontakt sind diese beiden Gruppen (Autisten und Langdon-Down-Kinder) gewissermaßen Antipoden. Ein autistisches Kind ist nicht kontaktfreudig, es zieht sich gern zurück und neigt zum Einzelgänger. Es hat eine geringere emotionale Äußerungsfähigkeit und dementsprechend auch keine lebhafte Mimik und Gestik, häufig wird Blickkontakt gemieden.

Vielfach wirken Autisten in ihrer Gesamterscheinung, in der psychischen Haltung und auch in den Bewegungsabläufen starr. Häufig weichen diese Kinder Zärtlichkeiten aus („Er macht sich steif", sagt die Mutter). In einer Gruppe nimmt ein autistisches Kind keinen oder kaum Kontakt zu anderen Kindern auf. Es zieht sich gern zurück und

ist dankbar, wenn es in Ruhe gelassen wird. Auf keinen Fall dagegen Druck oder gar Gewalt anwenden wollen, damit kann man nichts bessern, sondern nur verschlimmern! Es kommt relativ häufig vor, daß autistische Kinder spezielle Sonderinteressen entwickeln, die sich aber niemals auf den Kontakt mit anderen Menschen beziehen, eher auf physikalische Vorgänge der unbelebten Natur oder auf Zahlen. Häufig sieht man stereotype Bewegungen und das Manipulieren mit sich drehenden oder kreisenden kleinen Gegenständen oder Bindfäden. Meist sind diese Kinder „Gewohnheitsfanatiker" in bezug auf ihren Lebensrhythmus, Veränderungen lieben sie nicht. Ihre Wesensart kann ausgesprochen zwanghaft wirken. In der Intelligenzausstattung können alle Abstufungen vorkommen, von der Hochbegabung bis zum Intelligenztiefstand. Etwa $^2/_3$ der autistischen Kinder haben psychische Retardierungen (Entwicklungsrückstände), bei $^1/_3$ ist die Intelligenz normal. Allerdings sind Sonderbegabungen in bezug auf einzelne Teilgebiete bei ihnen häufiger (z.B. Musikalität, Rechenkünstler, auch bei sonstiger Oligophrenie). Die Sprachentwicklung ist sehr unterschiedlich, bei etwa 50% erheblich verzögert. Nur $^2/_3$ der Kinder erlernen überhaupt das Sprechen, bei $^1/_3$ bleibt es ganz aus. Die Fachliteratur zum autistischen Syndrom ist umfangreich. Die Erstbeschreiber sind ASPERGER (1939) und KANNER (1943). Sehr unterschiedlich, auf jeden Fall umstritten sind die Einschätzungen der Ursachen des Autismus. Im Extrakt daraus ist jedoch folgendes als wahrscheinlich anzunehmen:
— Folgezustände nach frühkindlicher Hirnschädigung in Kombination mit besonderen Umwelteinwirkungen (emotionaler Kontaktmangel) oder in Kombination mit einer anlagebedingten schizoiden Persönlichkeitsstruktur. (Hier ordnet sich am ehesten der von KANNER beschriebene Autismus ein.)
— Die autistische Wesensart kann sich auf der Basis einer anlagebedingten schizoiden Persönlichkeitstruktur durch besondere Umweltverstärker in den ersten Lebensjahren (im Sinne einer Frühprägung) entwickeln („Autistische Psychopathie" nach ASPERGER).
— Das autistische Syndrom kann Ausdruck einer (im Kindesalter selten zu beobachtenden!) Schizophrenie sein.
Durch die hochgradige Kontaktstörung ist der pädagogische Prozeß wesentlich beeinträchtigt und erschwert. Unterricht bzw. Förderung in einer großen Kindergruppe sind meist nicht möglich. Ein individuelles Eingehen ist erforderlich. In der Gesamterziehung sind (nach ASPERGER) knappe, klare Anweisungen an das Kind langen, bittenden Überredungsversuchen vorzuziehen. Eine Wohlwollensbasis

mit emotionaler Annahme dieser psychisch schwer gestörten Kinder ist aber eine notwendige Voraussetzung für alle Bemühungen um ihre Weiterentwicklung. Allerdings bleiben auch bei optimalen Bedingungen die Grundzüge der autistischen Wesensart meist das ganze Leben über bestehen. Dies sollte sowohl respektiert als auch genutzt werden (z.B. keine berufliche Eingliederung mit Publikumsverkehr). Die einzelnen Lebensläufe richten sich im wesentlichen nach dem jeweiligen – individuell sehr verschiedenen – objektiv nutzbaren Intelligenzpotential und dem Vorhandensein adäquater Umweltbedingungen. Selbstverständlich gibt es auch von vornherein eine unterschiedlich starke Ausprägung des autistischen Syndroms.
Rehabilitationspädagogisch stellen diese Kinder eine besondere Aufgabe dar. Die Entwicklung und Anwendung praktikabler pädagogischer Programme erscheint bei uns dringend notwendig. Darin sollten z.B. auch Richtlinien für Hilfsschullehrer enthalten sein, die diese Kinder im jährlichen Hilfsschul-Aufnahmeverfahren z.T. ja auch mit überprüfen. Ein schwer kontaktgestörtes, aber nur leicht debiles Kind kann in der Überprüfungssituation als imbezilles, nicht schulbildungsfähiges verkannt werden; und dieser Irrtum würde sich ja höchst verhängnisvoll auf die gesamte Biographie eines autistischen Kindes auswirken.

2.4.3. Cerebrale Anfallsleiden (Epilepsie)

Die Bezeichnung „Epilepsie" kommt aus dem Griechischen und geht auf Hippokrates zurück. „Epilambanein" bedeutet soviel wie „plötzlich gepackt werden".
Häufigkeit der Epilepsie: 0,5% der Bevölkerung, etwa 1:200, also nicht so selten.
Kleine (petit mal; Plural: petits maux), große (grand mal; Plural: grandes maux) und noch andere Cerebralanfälle können als Folge einer Hirnschädigung auftreten.
Bei einem Teil der Anfallskranken lassen sich die Ursachen nicht aufklären, hier spielen genetische Faktoren eine Rolle, die zu einer Bereitschaft des Gehirns führen, auf bestimmte Beeinträchtigungen mit Krampfanfällen zu reagieren.
Ich möchte jedoch auch an dieser Stelle besonders hervorheben, daß der Verlauf eines cerebralen Anfallsleidens sehr wesentlich von der zuverlässigen Einnahme der verordneten Medikamente und einer allgemein-regelmäßigen Lebensweise (ausreichend Schlaf!) abhängt. Krampfleiden kommen bei Kindern aller Intelligenzstufen vor, kön-

nen also in der Normalschule genauso auftreten wie in allen Sonderschulen und anderen Einrichtungen, ebenso in der Öffentlichkeit und überall da, wo Kinder sind, wo Menschen sind. Deswegen ist es so wichtig zu wissen, wie man als Außenstehender am besten auf einen epileptischen Anfall reagiert. Oberstes Gebot: Ruhe bewahren! Weder Hektik noch Panik entfachen. Neugierigen evtl. erklären, daß der bewußtlos Krampfende nichts von dem ganzen Geschehen merkt. Enge Kleidung an Hals und Bauch lockern; einen evtl. Zungenbiß verhindern, indem man gleich zu Anfang etwas Festes zwischen die Zahnreihen schiebt (ohne Gefahr des Verschluckens!), evtl. einen zusammengedrehten Taschentuch-Zipfel. Das Kind nach dem Anfall ausschlafen lassen, solange es das Bedürfnis danach hat (wenn nötig, nach Hause transportieren, was aber nicht immer erforderlich ist). Bei drohendem Status epilepticus (wenn der Krampf nicht in einigen Minuten vorbei ist bzw. immer wieder neu beginnt) ärztliche Hilfe holen lassen!

Nach dem Anfall bitte das ganze Geschehen nicht vor dem Kind dramatisieren, sondern ihm möglichst unbefangen begegnen, denn: „Der Anfallskranke erlebt sich im Spiegel seiner Umwelt" (JANZ).

In den meisten (leider noch nicht in allen) Fällen ist die Prognose der Epilepsie heute aufgrund der sich ständig verbessernden medikamentösen Behandlungsmöglichkeiten günstig. Wo es noch vorkommt, daß Kinder mit cerebralen Anfällen diskriminiert werden, sollte solchen Haltungen taktvoll, wenn nötig auch energisch entgegengewirkt werden. Es ist nicht richtig, diese Kinder von vielen Gemeinsamkeiten auszuschließen, z. B. Klassenfahrten, Ferienlager, Wanderungen. Wenn unterwegs ein Anfall auftritt, dann sollte dieser nicht zum Drama hochgespielt werden. Es ist allerdings eine besonders vertrauensvolle Beziehung zwischen den Eltern des Kindes und den Lehrern bzw. Vorschulpädagogen notwendig.

2.4.4. Unruhig-aggressive (erethische) Kinder

Wohlangepaßte, ruhige und ausgeglichen-freundliche Kinder sind im allgemeinen relativ beliebt. Wenn aber nun ein Kind eine psychomotorische Unruhe, eine erhöhte Reizbarkeit, eine Neigung zu Schreiattacken und zu explosiven Affektentladungen mit aggressiven und destruktiven Handlungen hat, dann ist das zweifellos eine sehr hohe Sozialbelastung für die Umwelt. Solche Verhaltensweisen können Symptome des chronischen hirnorganischen Psychosyndroms, als Folgezustand der Hirnschädigung sein.

Bei diesen Kindern müssen alle Verantwortlichen, die Eltern, Pädagogen, Psychologen und Ärzte, besonders eng und wohlabgestimmt zusammenwirken. Im allgemeinen ist es erforderlich und auch ratsam, ärztlicherseits zumindest zeitweise spezifische Medikamente mit einzusetzen, um für pädagogische und evtl. auch verhaltenstherapeutische Maßnahmen günstige Voraussetzungen in der psychonervalen Reaktionslage des Kindes zu schaffen. Man sollte nicht so leicht resignieren, sondern im geduldigen Bemühen einen dem einzelnen Kinde individuell angepaßten Therapieplan finden und wirken lassen. In den meisten Fällen stellt sich der Erfolg – oder auch Teilerfolg – ein, und die Familie (ebenfalls die entsprechende Kindergruppe) ist wieder entlastet. Manchmal geht es jedoch nicht ohne klinisch-stationäre Hilfe. Für die Eltern erethischer Kinder ist es jedoch häufig ein Problem, wenn nicht eingeweihte Personen der Umwelt die hirnorganischen Verhaltensstörungen des Kindes für eine reine Unerzogenheit halten und den Eltern als persönliches Versagen anlasten. Einfühlungsvermögen und Verständnis ist für die Angehörigen erethischer Kinder besonders vonnöten.

2.4.5. Kinder mit cerebralen Bewegungsstörungen, insbesondere mit Spastik und Athetose

Häufigkeit: Es ist anzunehmen, daß unter 1000 Lebendgeborenen sich 2 bis 4 Kinder mit cerebralen Bewegungsstörungen (als Folge einer Hirnschädigung) befinden. Zählt man leichte und latente Manifestationsformen mit hinzu, dann ist die Zahl höher (> 6 ‰). Die Zahlen 2 bis 3 ‰ betreffen solche Bewegungsstörungen, deren Art und Umfang einen durchgängig normalen Entwicklungs- und Bildungsweg nicht gestatten (KRESSIN).
Aus der Diffrenzierung dieser Zahlenangaben geht schon hervor, daß die Ausprägungsgrade der Bewegungsstörungen in der Praxis unterschiedlich sind. Ebenso können sie sich mit sehr unterschiedlichen Intelligenzgraden kombinieren. Die meisten dieser Kinder sind schulbildungsfähig. Schätzungsweise kann etwa 1/3 nach dem POS-Programm unterrichtet werden, 1/3 ist debil (Hilfsschulprognose), und 1/3 ist nicht schulbildungsfähig (LOHFELD). Letztere besuchen entweder eine rehabilitationspädagogische Fördereinrichtung oder sind „Pflegefälle". Sehr kompliziert sind insbesondere alle sozialen Fragen zu lösen, wenn es sich um Mehrfachbehinderungen handelt.
Die sogenannte **spastische Lähmung** (Parese, Plegie) ist im allgemeinen keine totale Bewegungsunfähigkeit, sondern eine Bewegungsein-

schränkung mit Muskeltonuserhöhung und (dadurch bedingten) teilweisen Fehlstellungen einzelner Glieder. Mehr oder weniger kann eine **Athetose** vorhanden sein (Athetose bedeutet sinngemäß „ohne feste Haltung").
Aus dem Elternreport gehört das Beispiel der Hiltrud hierher. Bei athetotischen Bewegungsstörungen handelt es sich um unwillkürliche, das normale Maß überschreitende bizarre Bewegungen, vor allem im Bereich der Finger, Hände, Arme und des Gesichts. Die für das Essen und Sprechen verantwortlichen Muskeln sind immer mitbetroffen, so daß diese Funktionen meistens schwerbehindert sind. Bei affektiven Erregungen und Bewegungsversuchen verstärken sich die überschießenden motorischen Störungen oft derart, daß jede bewußte Steuerung verlorengeht (SCHWARZBACH).
Wer kennt nicht normalerweise schon den sogenannten „Vorführ-Effekt"! Wenn man etwas besonders richtig und gut machen möchte, dann geht es gerade daneben! Das ist das Hauptproblem des Athetotikers in vielen sozialen Bewährungssituationen. Emotionale Spannungszustände, schon das Gefühl, daß er beobachtet wird, verstärken unwillkürlich seine ausfahrenden und ziellosen Bewegungsabläufe, auf die er keinen Einfluß hat. Versetzen wir uns einmal ganz bewußt in seine Situation! Da läuft etwas an ihm, an seinem Körper ab, dem er hilflos ausgeliefert ist mit dem Ergebnis, daß er deswegen – auch wenn er z. B. über eine gute Intelligenz verfügt – von Fremden für geistig tiefstehend und überhaupt für nicht zurechnungsfähig gehalten wird. Welch ein tragisches Mißverständnis! Prophylaktisch hilft hier nur mehr sachliche Information darüber, daß es so etwas gibt, und nüchternes Wissen um diese Zusammenhänge. Behandeln Sie also einen Menschen mit einer Athetose trotz seines erheblich scheinenden Andersseins bitte nicht wie einen Unmündigen! Sehen Sie seine Persönlichkeit hinter der Bewegungsstörung, den Menschen im Behinderten!
Allen Angehörigen, Freunden und Betreuern von cerebral bewegungsgestörten Kindern sollen an dieser Stelle unbedingt folgende Veröffentlichungen empfohlen werden:
– SCHWARZBACH, Brigitte / WALTER, Ursula: „Das Kind mit cerebralen Bewegungsstörungen in der Familie" (42)
– LOHFELD, Karl-Heinz: „Mein Kind ist bewegungsbehindert" (30).

2.4.6. Nicht förderungsfähige Kinder („Pflegefälle")

Diese Behindertengruppe ist besonders problematisch. Schon die Bezeichnung beinhaltet die fragwürdige Abstempelung eines Menschen

zu einem „Fall", einem Pflegefall. Gemeint sind Schwer- und Schwerstbehinderte, die nach adäquaten und zeitlich ausreichenden Förderungsversuchen (bei vorangegangener gründlicher Diagnostik) sich als nicht förderungsfähig erweisen. In der Eigenversorgung werden diese Menschen nicht selbständig, sind also immer auf eine vollständige oder überwiegende pflegerische Fremdhilfe angewiesen. Nicht alle „Pflegefälle" sind bettlägerig. Die Behinderungsursache ist entweder eine schwerste Oligophrenie ohne Förderungsfähigkeit oder eine Komplexschädigung mit Kombination verschiedener Behinderungen (z. B. schwer oligophren, spastisch-körperbehindert, blind und/oder taub). Eine Pflegefallerklärung darf niemals leichtfertig bzw. zu früh erfolgen und sollte niemals von einer einzelnen Person, sondern immer von einer Fachkommission entschieden werden. In der Praxis gibt es hierzu bedauerliche Irrtümer! In meiner eigenen Dienststelle hatte ich u. a. über frühgeborene Zwillinge eine Pflegefall-Diagnose (mit dem alten Begriff der „Idiotie") vorzuliegen, die von einer anderen Einrichtung gestellt worden war, als die Kinder etwa 2 bis 3 Jahre alt waren. Unsere Beobachtungen ergaben dann, daß diese beiden Jungen den Abschluß der 10. Klasse der POS erreicht hatten! So extrem ist es nicht oft; aber auch schon der Grenzbereich zwischen „förderungsfähig" und „nicht förderungsfähig" ist ja für die weitere Entwicklung eines Kindes und damit auch für seine Familie von entscheidender Bedeutung. Wenn sich in unseren rehabilitationspädagogischen Tagesstätten für förderungsfähige Kinder zum Teil auch nur bedingt Förderungsfähige befinden, so meine ich, daß das durchaus gerechtfertigt und offiziell zu vertreten ist. Auch das ist Rehabilitation! Denn diese bezieht sich ja nicht nur auf das einzelne Kind, sondern vor allem auch auf seine Familie. Und es ist ein großer Unterschied, ob eine Mutter mit einem schwer behinderten Kind ohne Berufstätigkeit zu Hause sitzt und sich allein ihrem Schicksal überlassen fühlt oder ob auch sie berufstätig sein kann und damit in ihrem eigenen Lebensrhythmus, in ihrer eigenen Persönlichkeitsentwicklung nicht oder doch wesentlich weniger beeinträchtigt ist.
Die mögliche Tragik eines Einzelfalles ist im Elternreport am Beispiel der Manuela dargestellt.
Es ist erforderlich, im Bereich des Gesundheits- und Sozialwesens über das bisher Erreichte hinaus mehr Kapazitäten von Pflegeplätzen zu schaffen. Es muß jedoch an dieser Stelle gesagt werden, daß das nicht leicht ist: Schichtdienst, meist körperlich, z. T. auch psychisch schwere Arbeit, die zur Zeit gesamtgesellschaftlich noch nicht die ihr gebührende Anerkennung findet. Hier muß sich unbedingt etwas än-

dern. Ich meine auch, daß Mitglieder sozialistischer Brigaden aus anderen Arbeitsbereichen unserer Volkswirtschaft hier mit freiwilligen Arbeitseinsätzen ihre „Solidarität nach innen" beweisen könnten. Zum Teil gibt es schon erfreuliche Ansätze und Initiativen in dieser Richtung. Auch unsere FDJ hätte hier noch mehr Möglichkeiten, jugendliche Menschen zu gesellschaftlich notwendiger Sozialarbeit und damit auch grundsätzlich zu den in diesem Zusammenhang richtigen Einstellungsbildungen zu veranlassen und zu begeistern.

2.4.7. Hirngeschädigte normal intelligente Kinder mit Lern- und Verhaltensstörungen

Diese Population ist nicht klein. Es muß angenommen werden, daß mindestens 3 % der Neugeborenen eines Geburtenjahrganges später zu dieser Gruppe gehören (im Elternreport: Matthias). Diese Kinder sind aufgrund ihrer im Normbereich gelegenen Intelligenz im allgemeinen Schüler der POS (bei Debilität: Hilfsschüler).
Der Ausprägungsgrad der Behinderung ihrer Lern- und Verhaltensfähigkeit ist unterschiedlich. Keineswegs sind für alle Betroffenen sonderpädagogische Maßnahmen bzw. gesonderte Organisationsformen (Ausgleichsklassen) erforderlich. Aufgrund der relativ großen Zahl dieser Kinder wird es jedoch keinen Pädagogen geben, der in seiner Berufslaufbahn nicht auch sie zu unterrichten bzw. zu erziehen hätte. Schon deswegen ist es aus rein sachlichen Erwägungen unbedingt erforderlich, daß alle Pädagogen ausreichende Kenntnisse über diesen Problemkreis haben bzw. erwerben.
Im Bericht einer Pädagogin heißt es: „Thomas besucht die Klasse 1b. Nach seiner Intelligenz könnte er zu den leistungsstärksten Schülern gehören. Er konzentriert sich jedoch nicht so, wie es für den Lernprozeß erforderlich ist. Im Laufe des Vormittags nimmt die Konzentrationsschwäche zu. Der Junge ist dann abgelenkt, gereizt-mürrisch oder clownhaft-albern, in der Pause teilweise recht aggressiv. Durch sein Verhalten stört er den Unterricht. Das Familienleben erscheint geordnet; die Zusammenarbeit zwischen Elternhaus und Schule ist gut."
– Das Kind wird untersucht, und es ergibt sich folgende Diagnose: „Leichte perinatal-hypoxämische Encephalopathie (Hirnschädigung durch Sauerstoffmangel bei der Geburt) mit chronischem hirnorganischem Psychosyndrom bei normaler Intelligenz."
Was bedeutet diese Diagnose? Sie ist relativ häufig und bezeichnet eine als Krankheitsfolge vor, während oder nach der Geburt entstandene Funktionsstörung des Zentralnervensystems, die sich im wesent-

lichen durch folgende Symptome äußern kann: Konzentrationsschwäche, erhöhte Reizempfindlichkeit, die bei dem betroffenen Kind zu leichter Ablenkbarkeit führt; es können Störungen des Antriebs und der Steuerungsfähigkeit, eine Labilität des Willens und der Affekte (Stimmungen) vorkommen. Sehr typisch ist eine vorzeitige Ermüdbarkeit; die Toleranzgrenze gegenüber äußeren Einwirkungen ist deutlich vermindert. Bei einem bestimmten Ausprägungsgrad der Symptome sind trotz des formal im Normbereich gelegenen Denkvermögens erheblich herabgesetzte Leistungen gegeben, denn das Kind ist nicht in der Lage, sein vorhandenes Intelligenzpotential optimal zum Einsatz zu bringen. Die Lehrer sagen: „Er könnte, wenn er wollte" und erwarten vom Neuropsychiater Maßnahmen, die sowohl die Leistungen als auch die Anpassungsfähigkeit solcher Schüler im Klassenverband verbessern.

Da das beschriebene Syndrom jedoch nicht Ausdruck einer akuten Krankheit ist, sondern eine chronische Konditionsschwäche darstellt, wird durch medizinische Maßnahmen (z. B. Medikamente) zwar eine unterstützende, aber keine grundlegende Hilfe für das Anliegen des Kindes oder des Pädagogen geschaffen. Wie vergleichsweise ein Kind mit einer chronischen Stoffwechselstörung (z. B. Diabetes) für seine gesunde Lebensweise eine Ernährungsdiät einhalten muß, so ist für das hirnorganisch leistungsgeminderte Kind gewissermaßen eine „Umweltdiät" notwendig. Das bedeutet: Die Anforderungen durch die Umwelt (Lern- und Lebensbedingungen) sind so zu gestalten, daß es zu einem möglichst optimalen sozialen Anpassen kommt, wobei das reale Leistungsvermögen berücksichtigt werden muß.

Bei hirnorganisch lernbehinderten Kindern in der Polytechnischen Oberschule ist dieses Gleichgewicht oftmals gestört, denn bei ihnen stimmen die inneren Prozesse (Leistungsmöglichkeiten) nicht mit den Erfordernissen der Umwelt überein. Die bestehende chronische soziale Überforderung im großen Klassenverband wirkt sich auf die Dauer erheblich psychisch belastend für diese Kinder aus. Deshalb wird aus therapeutischen bzw. prophylaktischen Gründen für einen Teil von ihnen erwogen, sie in Ausgleichsklassen mit kleiner Schülerzahl, einem sonderpädagogisch orientierten Lehrer und einer veränderten Pausenform, die auf die Konzentrationsschwäche Rücksicht nimmt, zu unterrichten. Denn unter diesen Umweltbedingungen ist es durchaus möglich, den Lehrplan der Oberschule einzuhalten.

In mehreren Großstädten der DDR sind vor einigen Jahren solche Spezialklassen (nicht zu verwechseln mit Hilfsschulen!) eingerichtet worden, wobei sich ein enges Zusammenwirken zwischen Pädagogen, Psychologen und Medizinern (Kinderneuropsychiatern) besonders

bewährt hat. Die bisher existierenden Klassen waren erste Versuche und sind leider noch nicht in der Lage, das Problem allgemein zu lösen. In den nächsten Jahren sollten weitere Klassen dieser Art eingerichtet werden, entsprechend den Ergebnissen des problembezogenen Forschungsprojektes (Rostock).
Wird ein hirnorganisch leistungsgemindertes Kind über längere Zeit schulisch überfordert, und muß es dabei überwiegend Mißerfolge oder gar einen Liebesverlust der Eltern seelisch verarbeiten, so kommt es häufig zu einem Oppositionsverhalten und zu allgemeiner Schulunlust. Meist entstehen zunächst Ausweichsreaktionen, wie Verheimlichen von Zensuren, Lügen oder Schuleschwänzen. Die Gefahr einer chronischen Außenseiterrolle ist gegeben. In der Pubertät kann das bei einer zugespitzten Entwicklung zur sozialen Gefährdung oder sogar zur Kriminalität führen, wenn die Umwelt versagt und die besonderen Lern- und Leistungsbedingungen des Kindes nicht genügend beachtet werden. Der Jugendliche sucht und findet dann „Erfolge im Negativen". So ist es erklärlich, daß auch solche Jungen und Mädchen (in der Praxis mehr Jungen) grobe Fehlverhaltensweisen zeigen können, die einem äußerlich und innerlich intakten Elternhaus entstammen. Nicht selten handelt es sich hier um – vielfach unerkannte – leichte Hirnschädigungen, auf deren Grundlage sich eine Entwicklungsstörung angebahnt hat.
Bei dieser Form der „leichten Encephalopathie", die keinen Intelligenzdefekt aufweist, kann die Prognose im allgemeinen als günstig angesehen werden, da das sich entwickelnde Nervensystem eine weitgehende Plastizität aufweist und die überwiegend intakt gebliebenen Hirnbereiche die ausgefallenen Funktionen allmählich kompensieren können. Allerdings sind dafür solche Lern- und Lebensbedingungen erforderlich, die der spezifischen Kondition des Kindes entsprechen. Ein intaktes Gehirn ist glücklicherweise außerordentlich belastbar; Kinder mit einer cerebralorganischen Labilität sind aufgrund ihrer leichten Störbarkeit in erhöhtem Maße umweltabhängig, so daß sie oft schon auf durchschnittliche Milieuschwankungen mit neurotischen Symptomen reagieren. Deshalb muß im Elternhaus eine stabile, liebevoll-konsequente, Ruhe und Geborgenheit vermittelnde Atmosphäre walten, in der sich das Kind trotz seiner Leistungsminderung innerlich angenommen, geliebt und bestätigt fühlt. Falscher, einseitiger Leistungsehrgeiz ist völlig unangebracht.
Das Kind sollte aber auch nicht verzärtelt oder gar als „krank" bezeichnet werden (im ursprünglichen Sinne ist es das auch nicht, sondern als Krankheitsfolge nur entwicklungsbehindert). Aus pädagogischen Erwägungen heraus empfiehlt es sich allerdings, dem Kind von

diesen Zusammenhängen nichts mitzuteilen, da es dadurch nur zusätzlich unsicher werden oder unter Hinweis auf die „Krankheit" generell ein bequemes Ausweichverhalten entwickeln könnte, das dann sekundäre Erziehungsschwierigkeiten erzeugt. Alle wesentlichen Kontaktpersonen sollten indessen klare Vorstellungen von der psychischen Kondition und den objektiven Leistungsbedingungen des Kindes haben, vor allem Eltern und Pädagogen. So wird verständlich, daß auch eine rechtzeitig gestellte fachärztliche Diagnose nur dann optimal für die Lebensentwicklung des Kindes wirksam werden kann, wenn überall eine gute Zusammenarbeit aller vorhanden ist. Das bedeutet für die staatliche Ebene: gemeinsame Konzeptionen zwischen den Abteilungen Volksbildung und Gesundheitswesen.

Es sei für diesen Problemkreis die sehr informative Schrift „Das verhaltensgestörte Kind in Familie, Schule und Beratungsstelle" von GROSSMANN, G., FITZNER, D., und GERTH, A. (13), zur gründlichen Lektüre empfohlen.

Die Eltern dieser Kinder sind teilweise einer hohen Dauerbelastung ausgesetzt. Das geht ja auch deutlich aus dem Erlebnisbericht von Matthias' Mutter hervor. Auch die besonderen Belastungen der Kinder mit sogenannten Teilleistungsstörungen sind hier zu erwähnen:
– Legasthenie LRS = Lese-Rechtschreibschwäche
– Dyskalkulie, Akalkulie = Rechenschwäche
(beides mit hirnorganischer Verankerung).

Zum allgemeinen Verständnis ist jedoch an dieser Stelle folgendes hervorzuheben: Nicht bei allen Kindern mit Lern- und Verhaltensschwierigkeiten (bei normaler Intelligenz) liegt ursächlich eine Hirnschädigung vor. Häufiger sind sogar milieubedingte psychosoziale Fehlentwicklungen. Der große Problemkreis der Neurosen schließt sich hier an. Die „Gesellschaft für ärztliche Psychotherapie der DDR" definiert als Neurose: „Erlebnisbedingte Störungen der Person-Umwelt-Beziehung mit psychischer und/oder körperlicher Symptomatik von Krankheitswert."

Es können sich auch neurotische Symptome auf der Basis einer leichten Hirnschädigung entwickeln, da diese ganz allgemein die Belastbarkeitsgrenze für schädliche Umwelteinflüsse herabsetzt.

Eine diagnostische Abgrenzung der einzelnen Anteile gehört zum Arbeitsgebiet der Kinderneuropsychiatrie und ist für die Erziehungsberatung eminent wichtig.

Zum allgemeinen Verständnis dieser Zusammenhänge sei auf das Schema „Biologische und soziale Faktoren der Individualentwicklung" auf Seite 136 verwiesen.

2.5. Allgemeines zur Situation der Familien mit geschädigten, insbesondere mit geistig behinderten Kindern

Aus dem Elternreport ist wohl deutlich geworden, daß hier keineswegs eine homogene Problematik vorliegt. Die sozialen Konflikte, die für eine Familie aus der Tatsache entstehen, daß ein Mitglied eine bleibende Schädigung hat, sind sehr unterschiedlich. Diese Differenziertheit hängt natürlich ab von der Art und vom Grad der Schädigung, weiterhin von einer evtl. Kombination mit anderen Behinderungen, insbesondere auch hirnorganischen Verhaltensstörungen, von der subjektiven Erlebnisweise und Persönlichkeitsstruktur, von ihrer individuellen Lebenseinstellung und Tragfähigkeit.

Wenn die Schädigung des Kindes für die Eltern zur Gewißheit wird, dann beginnt für sie meistens eine Phase schwerer seelischer Bedrückung und Belastung, ein Gefordertsein im tiefsten menschlichen Wesen, eine Selbst- und Partnererfahrung in bezug auf bisher vielleicht noch nicht so erprobte Tragfähigkeit, Geduld und echtes Liebesvermögen. Dieser Prozeß dauert unterschiedlich lange. Vom Darunterkommt es allmählich zum Darüberstehen, aber nicht ohne Enttäuschungen und Rückschläge. Im Elternreport wurde in diesem Zusammenhang auch von einer Reifungschance für die eigene Persönlichkeit gesprochen.

Bei manchen Eltern eines geistig behinderten Kindes löst die erste Gewißheit eine eigene Selbstwertproblematik aus. An vielen Eltern ist zu beobachten – z. T. berichten sie das auch selbst –, daß sie im weiteren Verlauf ihrer Erlebnisverarbeitung dann zu einer neuen Sicht des Lebens im allgemeinen, zu einer Relativierung bisher vollkommen akzeptierter Normen und häufig überhaupt zu einer generellen emotionalen Neuorientierung kommen.

In diese ganze Problematik spielt mit hinein, daß die **geistige Behinderung** – wie überhaupt psychisches Anderssein – insgesamt mit den negativsten Vorurteilen belastet ist. In der **Ansehenshierarchie der unterschiedlichen Schädigungsarten** steht sie ganz unten. Als Indikator dafür können die verschiedenen Witze gelten, die sich unter der Bevölkerung im Umlauf befinden und einen „Humor" auf Kosten geschädigter Menschen verbreiten wollen. Da ist zu beobachten, daß Blinde kaum oder nur höchst selten verspottet werden; relativ selten Körperbehinderte, Hinkende z. B. Bei Gehörlosen wird es schon anders. Besonders zahlreich sind jedoch die Witze über sprachgestörte Menschen (Stottererwitze), und am allerhäufigsten werden Menschen verhöhnt, die geistig-psychisch anders sind (Idioten- und Verrücktenwitze). Was mögen wohl die Angehörigen eines sprachgestörten (stotternden) oder auch geistig behinderten Kindes empfinden, wenn sie sich mit solchen „Scherzen" unterhalten fühlen sollen?! Und weiß der leichtfertige Witzeerzähler eigentlich immer, vor wem er da seine „Unterhaltung" ausbreitet? Wenn solche Entgleisungen auch noch in offiziellen Kulturveranstaltungen (Filmen, Theater, Vorträgen) vorkommen, dann sollten wir dagegen auftreten. Ich meine, wenn so etwas geschieht, dann hat das nichts mit Kultur zu tun, sondern ist eher eine Kulturschande, wenn auch „nur" aus Gedankenlosigkeit. Unabhängigkeit davon ist es jedoch ratsam, sich vor allzu großen Empfindlichkeiten zu bewahren und das Lachen nicht zu verlernen. Und außerdem: Ein geistig behindertes Kind ist im allgemeinen kein unglückliches Kind! Im Gegenteil. Ich habe so viel Fröhlichkeit unter geistig behinderten Kindern erlebt, — mit so viel herzlicher und ursprünglicher Freude, da ist jedes Hochspielen zur Tragödie („die armen unglücklichen Kinder!") unangebracht. Geistige Behinderung bedeutet nicht auch emotionale Behinderung. Dagegen kann ein hochintelligenter Mensch durchaus ein „emotionaler Analphabet" sein.

Ja, und wie ist das mit dem „Wert" eines oligophrenen Kindes (wenn wir überhaupt schon einmal so fragen wollen)?

Ist es weniger wert und bezieht sich das nun auch auf seine Eltern? Ich möchte das hier einmal so deutlich formulieren, weil ich weiß, daß solche Gedanken bei den Betroffenen immer mal wieder hochkommen; nicht selten allerdings durch negative Anregungen aus der Umwelt. Als mein Gegenargument möchte ich folgendes zu überlegen geben: Richtet sich der „Wert" eines Menschen vordergründig nach seiner formalen Intelligenzausstattung? — Wenn vielleicht auch überspitzt, aber konsequent zu Ende gedacht, wäre dann ein „intelligenter" Verbrecher, auch ein Napalmbomber-Pilot und der Erfinder der Neutronenbombe, im Vergleich zu einem Langdon-Down-Kind „wertvoller"! Bei einem oligophrenen Kind bin ich jedoch sicher, daß es so etwas nie tun könnte, ich meine z. B. Bomben erfinden. Zu so etwas gehört ja „Intelligenz". Ich bin mir natürlich bewußt, daß dieser krasse Vergleich provozierend wirkt. Aber ich habe ihn nicht in erster Linie für unsere philosophisch sehr versierten Gesellschaftswissenschaftler aufgeschrieben, sondern vor allem z. B. für die Angehörigen eines oligophrenen Kindes, die sich vielleicht gerade aktuell in einer „Wert"-Krise befinden. Ich meine, durch diesen krassen Vergleich wird doch einiges klar, — auf jeden Fall die Relativität aller in dieser Richtung

versuchsweise angelegten Wertmaßstäbe und die Aussichtslosigkeit, den „Wert" eines Menschen irgendwie präzise messen oder auch nur einschätzen zu können. Ich möchte bei diesen Erörterungen auf den Artikel von A. THOM „Sozialistischer Humanismus und geschädigtes Leben" (47) hinweisen, in dem es zu diesem Problemkreis – auszugsweise – heißt: ...„In diesem weiter gefaßten Sinn des Person-Seins sind alle von Menschen geborenen Lebewesen, unabhängig von ihren konkreten sozialen Qualitätsmerkmalen, allein durch ihre Bindung an die soziale Gemeinschaft, Träger von Werten, die ihre Stellung grundlegend von denen anderer Lebewesen abhebt und ihnen den Schutz ihres Lebens sowie soziale Fürsorge moralisch und rechtlich garantiert. Aus philosophischer Sicht ist es deshalb unbezweifelbar, daß psychisch schwer Geschädigte auch im Extremfall der Unfähigkeit zur aktiven Teilnahme am gesellschaftlichen Leben Menschen sind, deren Lebenswert nicht nach ökonomischen Kriterien beurteilt werden kann. Deshalb ist die Gesellschaft und sind auch die Eltern allen psychisch schwer geschädigten Kindern gegenüber verpflichtet, sämtliche Möglichkeiten auszuschöpfen, ihnen menschenwürdige Lebensbedingungen zu schaffen – die nicht nur die Befriedigung materieller, sondern vor allem auch die Beachtung sozialer Bedürfnisse nach Kommunikation, Anerkennung und Liebe umfassen – ihnen das Leben lebenswert zu gestalten und alle Potenzen zu nutzen, ihre sozialen Eigenschaften zu fördern..."
Bei den meisten geistig behinderten Kindern wird übrigens gerade durch die Oligophrenie verhindert, daß bei ihnen ein subjektives Leidensgefühl entsteht. Dafür ist dies jedoch bei den meisten Eltern, besonders im Anfangsstadium der bewußt werdenden Gewißheit, deutlich vorhanden. Ganz sicher spielen hierbei auch negative Umweltreaktionen (demonstratives Mitleid oder gar sichtbare Ablehnung des Kindes) eine entscheidende Rolle. Unabhängig davon bleiben natürlich die Zukunftssorgen für ein Kind, das niemals im Leben ganz selbständig werden kann, bestehen.
Zu diesem ganzen Problem zusammengefaßt **einige Gedanken aus unserem Elternkreis:**
„Warum gerade ich? – Wie wird mein Leben mit dem behinderten Kind sein, vor allem in der Zukunft? – Ob andere etwa denken, daß ich Schuld habe? – Was werden die Kollegen im Betrieb sagen? – Ob wir einen Heimantrag stellen? Wie paßt dieses Kind überhaupt in unser bisheriges Leben? Vielleicht gehört es aber gerade mit zu meiner individuellen Selbstverwirklichung, daß ich mein „Schicksal" annehme?! Später möchte ich doch einmal sagen können, ich habe jetzt nicht versagt... Werden wir aber immer die notwendige Kraft haben? – Wer-

den mich andere evtl. für „minderwertig" halten, weil ich kein gesundes Kind habe?
Und wie erlebe ich das selbst? – Eine zweite Schwangerschaft nach dem ersten Kind, das geschädigt ist? – Ob sich die Untersucher nicht vielleicht geirrt haben mit der Diagnose?"
Für eine alleinstehende Mutter: „Ob ich mit meinem behinderten Kind nun immer allein bleiben muß oder vielleicht doch einen Familienvater finden kann, der auch mein behindertes Kind liebt?"
Für Familien mit mehreren Kindern: „Wie reagieren die Schulkameraden und Lehrer unserer gesunden Kinder darauf, daß wir auch ein behindertes Kind haben?"
Wie und wo werden wir in diesem Jahr unseren Urlaub verleben? Welches Selbstbild hat eigentlich unser Kind von sich und seinen geringeren Möglichkeiten? – Nimmt es seine eigene Behinderung überhaupt wahr? Wenn ja, in welchem Maße? Sollen wir ihm seine Illusionen lassen oder es nüchtern realisieren? (Aber wieviele hochintelligente Menschen haben auch Illusionen?!) – Unser großer Sohn hat eine Freundin; ob sie glaubt, daß sie unser behindertes Kind später „übernehmen" müßte...? Und was denkt eigentlich unser Großer selbst darüber? Hoffentlich fühlt er sich nicht belastet! –
Wo werden wohl die geschützten Wohnheime gebaut werden, denn unser behindertes Kind wird ja länger leben als wir... Ob die anderen Eltern auch so grübeln wie ich? – Mit wem spreche ich wohl darüber?"...
Im folgenden Schema 2 wird die **Lebensentwicklung geistig schwer Geschädigter** (Förderungsfähiger) dargestellt, einschließlich der anzustrebenden Organisationsformen der modernen Rehabilitation.
Es ist ohne Zweifel im Rahmen der Behindertenbetreuung sinnvoll und notwendig, nicht nur den Kindern, sondern auch den Eltern differenzierte Hilfen anzubieten.
Bei der Betreuung von Familien mit geschädigten Kindern besteht bei den Eltern ganz natürlich ein Kausalitätsbedürfnis bezüglich der Frage: Warum und wodurch hat unser Kind eine gestörte Entwicklung? Wenn dann die individuellen Ursachen erörtert und erklärt werden, herrscht manchmal Betroffenheit oder Leugnung, wenn auch genetische Faktoren in Betracht gezogen werden. Eine Schädigung des Kindes durch eine Entzündung des Gehirns, eine Hirnblutung oder Sauerstoffmangel unter der Geburt wird bezüglich der Kausalität eher akzeptiert als eine genetisch bedingte Entwicklungsstörung. „An uns liegt es nicht! – Wir sind gesund! – In unserer Familie ist so etwas noch nicht vorgekommen!", so etwa werden die Abwehrmechanismen formuliert, als ob es um die Unterstellung einer persönlichen Schuld geht!

Wir haben uns gefragt, ob es sich bei diesem Erleben – bewußt oder unbewußt – um ideologische Reste der Vergangenheit handelt. Das scheint jedoch vordergründig nicht immer der Fall zu sein. Die Motivation für diese Leugnung ist häufig viel weniger abstrakt: Real erlebte oder befürchtete Kränkungen durch diskriminierend-spekulative Redewendungen Außenstehender lassen die Eltern so reagieren.
Ein Bespiel: Im wütenden Streit sagt ein Nachbar zu dem Vater eines geschädigten Kindes: Daß bei Ihnen im Kopf nicht alles stimmt, sieht man ja an Ihrem idiotischen Jungen! – Das trifft natürlich doppelt und tief, auch wenn diese gezielt bösartige Beleidigung in ihrem Inhalt sachlich falsch ist. „Genetisch bedingt" ist nicht gleichbedeutend mit „direkt vererbt". Eine zufällige disharmonische Genkonstellation nach der Verschmelzung der Keimzellen beider Eltern kann bei einem Kind eine gestörte Entwicklung programmieren, während mehrere Geschwister unauffällig sind.
Und selbst wenn in anderen Fällen auch eine direkt familiär-erbliche Ursache für eine Entwicklungsstörung vorliegt, so handelt es sich da-

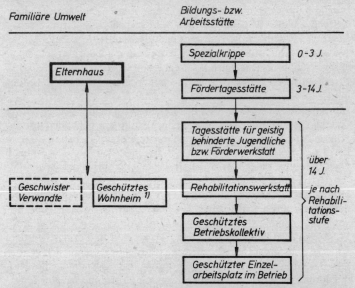

1 Teilweise ist mit dem Bau bzw. mit der Inbetriebnahme derartiger Wohnheime in der DDR innerhalb der letzten Jahre begonnen worden. Es ist jedoch dringend erforderlich, in allen Bezirken unseres Landes den objektiven Bedarf festzustellen und entsprechende Realisierungsmöglichkeiten für geschütztes Wohnen konkret planwirksam zu machen. Dabei sollte berücksichtigt werden, daß hierbei verschiedene Rehabilitationsstufen beachtet werden müssen: geschützte Wohnheime; geschützte Gemeinschaftswohnungen; geschützte Einzelwohnungen (s. auch im Elternreport: Väter von Mirjam I/II und Annett).

bei jedoch keinesfalls um eine Schuldfrage, wie auch umgekehrt eine genetisch-konstitutionelle Plusvariante kein persönliches Verdienst ist. (Wieviel „unverdiente" Auszeichnungen mag es wohl geben?!) Diese Zusammenhänge sind auch dem gebildeten Laien bei uns im allgemeinen noch zu wenig bekannt.

Wenn es sich bei den verschiedenen Ursachenmöglichkeiten für eine Hirnschädigung im allgemeinen auch nicht um eine schuldhafte Kausalbeziehung handelt, so scheint in dem Gedankenkreis der Eltern hierzu teilweise ein Entlastungsmechanismus wirksam zu sein, der in folgendem Sprichwort zum Ausdruck kommt: Jedes Unglück erträgt sich leichter, wenn man jemand anschuldigen kann.

Zweifellos ist so ein Teil der Vorwürfe der Eltern behinderter Kinder gegenüber medizinischen Einrichtungen zu erklären und zu verstehen; wohlgemerkt: ein Teil. Alle **Mitarbeiter des Gesundheitswesens**, die direkt oder indirekt mit der Problematik geschädigter Kinder und ihrer Familien zu tun haben, sollten sich in ihrer Wirkungsweise selbstkritisch in Frage stellen und herausfinden, was verbessert werden kann und muß.

Da ist vor allem an die Art und Weise des Umgangs mit Behinderten zu denken, aber auch nach dem notwendigen Einfühlungsvermögen den Angehörigen gegenüber zu fragen. Wieviel „bedeutungsvolle Kleinigkeiten" sind da zu beachten, z. B. der „Ton", der Blick, die Art und Weise der Mitteilungsform, wenn sich die Diagnose einer bleibenden Schädigung bei einem Kind ergeben hat. Es soll ja bei den Angehörigen weder Panik noch Resignation ausgelöst werden, sondern die Fähigkeit und Bereitschaft, das Anderssein des Kindes wahrzunehmen und anzunehmen, auch wenn dies in vielen Fällen sicherlich nur stufenweise erfolgen kann. Ärzte und ihre Mitarbeiter sollten die verständlichen Abwehrmechanismen der Eltern nicht durch eigene Unsicherheiten oder gar ein Sichdrücken vor der Wahrheit (und der Mitteilung!) unterstützen, weil dieser Aufschub keine echte Hilfe ist, sondern den ganzen Prozeß der emotionalen Verarbeitung der ungewollten Realität bei den Angehörigen nur verlängert und erschwert. Im Gegensatz hierzu ist jedoch keine brutale Offenheit erwünscht, sondern eine Mitteilungsform, die sowohl den objektiven medizinischen Erkenntnissen als auch der individuellen Persönlichkeit der Eltern gemäß ist und sich durch einfühlendes Verstehen auszeichnet.

Um für dieses so wichtige Geschehen in der Arzt-Patient-Beziehung mehr Aufmerksamkeit zu wecken, ist die medizinische Aus- und Weiterbildung in den letzten Jahren vielfältig erweitert und verbessert worden, jedoch gibt es hier ganz bestimmt auch noch offene Probleme und Möglichkeiten. Die spezielle Nachfrage hierzu im Elternreport

(Mutter von Uwe) hat ihre volle Berechtigung. Ethische Haltungen und Einstellungen, Kenntnisse und Probleme der medizinischen Psychologie und Psychotherapie sind notwendigerweise zukünftig noch gründlicher und überzeugender in der Aus- und Weiterbildung der Ärzte und anderer medizinischer Kader zu vermitteln.

Bereits Erreichtes darf uns nicht zufriedenseinlassen; gerade gegenüber dem Problemkreis ethischer Fragen in der Medizin haben wir entsprechend der humanistischen Grundlage unserer Gesellschaftsordnung allergrößte Verpflichtungen. Bei diesen Überlegungen sollten wir auch nicht außer acht lassen, daß teilweise auch bei Ärzten negative Traditionen aus der Vergangenheit („wertes" und „unwertes" Leben) unbewußt noch nachwirken können und entsprechend unklare Haltungen und Einstellungen zum Behindertenproblem erzeugen. Auch wenn dies sicherlich für den größten Teil unserer Ärzte nicht zutrifft, so sollten wir doch – gewissermaßen als historische Verpflichtung – eine konsequente Bewußtmachung solcher Zusammenhänge erreichen.

Noch weitere Gedanken zu dem Anteil im Elternreport, der Unzufriedenheiten mit unserem Gesundheitswesen ausdrückt.

Diese betreffen ja vor allem auch Fragen der Diagnostik; und hierbei einerseits die Art und Weise der Diagnosenübermittlung (wie oben ausgeführt), zum anderen stellen sie Zweifel an der Rechtzeitigkeit der gestellten Diagnose dar.

In diesem Zusammenhang ist zu bedenken, daß auch die wissenschaftliche Forschung im Fluß ist und in den letzten Jahren neue Erkenntnisse und Möglichkeiten für die Praxis ergeben hat. Ein eindrucksvolles Beispiel hierfür ist die durch den bei uns generell eingeführten Siebtest rechtzeitig zu erfassende PKU = Phenylketonurie (Föllingsche Krankheit), die unbehandelt früher einen hochgradigen Intelligenzabbau des Kindes erzeugte (siehe R. GEPPERT, 9). Die DDR ist heute eines der wenigen Länder der Welt, die in der Lage sind, alle Kinder mit dieser angeborenen Stoffwechselstörung frühzeitig zu erfassen und durch eine Spezialdiät über mehrere Jahre erfolgreich zu behandeln, so daß dadurch die sonst eintretende schwere Störung der Gehirnentwicklung verhindert wird.

Wenn nach dem heutigen wissenschaftlichen Erkenntnisstand auch nicht alle entwicklungsgestörten Kinder so erfolgreich zu behandeln sind wie bei der PKU, so ist doch grundsätzlich eine Früherkennung aller geschädigten bzw. Risiko-Kinder anzustreben, um dadurch auch eine optimale Früherkennung und spezielle Betreuung und Förderung einleiten zu können. Wir sind berechtigt zu der Annahme, daß diese Forderung bei den heutigen Bedingungen unseres Gesundheitswesens für den wesentlichen Teil der geschädigten Kinder verwirklicht ist. Die bei uns vorhandene „Meldepflicht für Körperbehinderungen, geistige Störungen, Schädigungen des Seh- und Hörvermögens" wurde in den letzten Jahren zunehmend besser erfüllt. Es ist zu erwarten, daß das ab 1. Januar 1979 eingeführte „Standardprogramm zur periodischen gesundheitlichen Überwachung der Kinder und Jugendlichen im Alter bis zu 18 Jahren" als einheitliche Dokumentation Wesentliches zur lückenlosen Erfassung geschädigter Kinder beitragen wird. Weitere (qualitative und quantitative) Verbesserungen sind im jetzt gültigen 5-Jahr-Plan bis 1985 vorgesehen. Dazu gehört u.a. eine planmäßig gelenkte Facharzt-Weiterbildung von Neuropsychiatern und Kinderärzten zu Kinderneuropsychiatern.

Es ist anzustreben, daß grundsätzlich jeder Kreis der DDR eine Kinderneuropsychiatrische Fachambulanz hat, die dann auch in territorialer Zuständigkeit für alle Grundsatzfragen der Erfassung und Rehabilitation entwicklungsgestörter Kinder im Kreis verantwortlich ist.

Gegenwärtig gibt es in der medizinischen Versorgung bezüglich der fachlichen Kompetenz für Entwicklungsstörungen im Kindesalter bei den Ärzten noch zu große Unterschiede. Wir haben jedoch gerade in der Spezialistenausbildung für die Praxis insbesondere in den letzten fünf Jahren schon viel erreicht. Die Zentrale Fachgruppe für Kinderneuropsychiatrie (Leiter: Prof. Dr. sc. med. G. GÖLLNITZ) der Akademie für ärztliche Fortbildung der DDR wird ihre Bemühungen fortsetzen.

Die Mitteilungen im Elternreport beziehen sich ja – nach dem Alter der Kinder – häufig auf die Zeit vor 10 Jahren, so daß wir auch durch diese Differenz erfreuliche Fortschritte in der medizinischen Versorgung Geschädigter erkennen können.

Zwei Besonderheiten dieses Problemkreises, die immer bestehen bleiben werden, seien noch hervorgehoben:

– Ein Teil, insbesondere der leichteren Hirnschädigungen, entzieht sich einer Früherfassung dadurch, daß sie sich mit ihren Folgen und Auswirkungen auf die Entwicklung des Kindes erst nach Jahren, häufig nach der Einschulung (erhöhte Umweltanforderungen!) bemerkbar machen.

– Auch bei schwereren Hirnschädigungen gilt der Grundsatz: Vorsicht im Kleinkind- und Vorschulalter mit allen endgültigen prognostischen Festlegungen bezüglich der weiteren Entwicklung und insbesondere in bezug auf die Bildungsmöglichkeiten des Kindes! Es kann hier auch für den erfahrenen Fachmann erstaunliche individuelle Überraschungen geben, sowohl im Positiven als auch im Negativen. Im wesentlichen kommt es darauf an, eine Förderung entsprechend den aktuellen Möglichkeiten des Kindes ohne Über- und Unterforderung einzuleiten und bei den Eltern sowohl Resignation als auch illusionäre Erwartungen zu vermeiden. Im allgemeinen ist in der Zeit um das 5. bis 6. Lebensjahr herum dann eine individuell-realistische Entwicklungsprognose des Kindes zu stellen, die durch eine weitere Verlaufsdiagnostik in der Dispensaire-Betreuung abzusichern ist. Insbesondere hierbei sind unsere Diplompsychologen im Gesundheitswesen wertvolle und unentbehrliche Kooperationspartner, sowohl für den Facharzt und Rehabilitationspädagogen als auch direkt für die Familien mit behinderten Kindern.

Ich möchte mit diesen Ausführungen grundsätzlich klarstellen, daß es nicht unbedingt Unvermögen oder gar Gleichgültigkeit sein muß, wenn eine prognostisch verbindliche Diagnose (insbesondere in bezug auf die Bildungsfähigkeit des Kindes) nicht sehr früh, sondern erst nach einer angemessenen Behandlung bzw. Förderung und Verlaufsbeobachtung gestellt wird. Gerade ein junger und weniger erfahrener Arzt könnte – besonders wenn die Eltern ihn drängen – versucht sein, voreilige und nicht ausreichend fundierte Aussagen zu machen. Der Erfahrene übt Zurückhaltung, ohne dabei gleichgültig zu sein. Er weist die Eltern jedoch auf die verschiedenen Möglichkeiten hin, die im prognostischen Wahrscheinlichkeitsbereich liegen.

Für unsere geschädigten Kinder kommt es in der praktischen Arbeit hauptsächlich darauf an, geschützte Einrichtungen zu gründen, und inhaltlich weiter zu differenzieren, um diese Kinder und Jugendlichen optimal – entsprechend ihren Möglichkeiten – zu betreuen und zu fördern. Unter Großstadtbedingungen sind das im wesentlichen Sonderschulen und rehabilitationspädagogische Tagesstätten mit sonderpädagogischer Leitung und anteilmäßiger fachärztlicher und psychologischer Mitbetreuung (Visiten in den Kindergruppen, teilweise medikamentöse Verordnungen; Sprechstunden für die Eltern; Pädagogen- und Psychologenberatungen). Obwohl diese Einrichtungen die Familien mit einem geschädigten Kind in der äußeren Lebensbewältigung wesentlich entlasten, so verbleiben doch noch viele nicht zu unterschätzende Probleme der „inneren Lebensbewältigung". Der die Familie betreuende Neuropsychiater sollte sich diesem Konfliktbereich gegenüber keineswegs gleichgültig verhalten, sondern er wird anteilmäßig sozio- bzw. psychotherapeutisch orientierte Hilfen zu geben haben.

Hierzu ein Erfahrungsbericht aus unserem Arbeitskreis: Aus der Sicht der **Familientherapie** begannen wir 1972 mit der **Gruppenarbeit für Eltern** schwer hirngeschädigter Kinder. Die entsprechende Gruppendynamik war dialektisch bestimmt durch die Heterogenität der unterschiedlichen Elternpersönlichkeiten und durch die Homogenität des gemeinsam zu lösenden bzw. zu tragenden Problems: das geschädigte Kind in der Familie. Wie war der Anfang? 1972 verfügten wir in unserem Bezirk zunächst nur über eine Tagesstätte mit 40 Plätzen für nicht schulbildungsfähige, förderungsfähige Kinder (Gründung 1968). In unserer zentralen Kartei hatten wir darüber hinaus – entsprechend der in der DDR gültigen Meldepflicht – viele schwer geschädigte Kinder erfaßt, für deren Betreuung wir territorial verantwortlich waren. Aus Sprechstunden und Hausbesuchen, teilweise auch aus unserer ambulanten Kleingruppenförderung waren sie uns fast alle recht gut bekannt. Bei unseren Überlegungen zur optimalen Planung unserer Aktivitäten entstand die Überzeugung, daß es notwendig sei, den Rahmen unserer bisherigen Elternarbeit durch eine spezielle Form der Eltern-Gruppentherapie zu erweitern.

Wir luden zunächst mit einem ebenso freundlichen wie sachlich informierenden Schreiben 18 Familien zu einem ersten „Elternabend" ein. In der Erwartung, daß etwa 12 Personen erscheinen würden, hätten wir eine entsprechende Anzahl von Stühlen für eine Gruppe im Kreis aufgestellt. Wir erlebten jedoch eine Überraschung: Anstatt der erwarteten 12 waren 28 Personen erschienen! Diese Tatsache war zweifellos als Signal zu werten und rechtfertigte den von uns eingeschlagenen Weg einer gezielten Elternarbeit für diesen Personenkreis. Im weiteren Verlauf entwickelte sich dann eine vielschichtig-dynamische, vom Ergebnis her außerordentlich befriedigende, der Struktur nach offene homogene Eltern- bzw. Angehörigengruppe, da auch teilweise erwachsene Geschwister, Großeltern und andere Verwandte teilnahmen. Mit dem Einverständnis der Eltern, deren soziale Repräsentation vom Akademiker bis zum Hilfsarbeiter reichte, kamen nacheinander auch einige Hospitanten hinzu: Ärzte, Psychologen, Pädagogen, Theologen, Fürsorgerinnen. Obwohl sich die meisten Eltern – bedingt durch die Anonymität der Großstadt – am Anfang nicht kannten, zeigte sich von der ersten Gruppenstunde an eine hohe Kommunikationsdichte bei sehr großer Identifikationsbereitschaft, so daß ich mich als Gruppenleiterin weitgehend im Gesprächsverlauf zurückhalten konnte. Das Anliegen und Prinzip der Gruppenpsychotherapie „Einer ist der Therapeut des anderen" wurde voll wirksam. Die indirekte Lenkung der Auseinandersetzungsebene bewegte sich im wesentlichen um folgende Themen: Wie bewältige ich mein Problem (Leben mit dem geschädigten Kind) in mir selbst, in der Ehe, der Familie, der Verwandtschaft, im Bekanntenkreis, in der Hausgemeinschaft, in den öffentlichen Verkehrsmitteln, in der Gesellschaft.

Beispiele:
1. Ein Ehepaar mit einer 8jährigen mehrfach behinderten Tochter schildert unter hoher Affektspannung, wie die Ehe durch die unterschiedliche Einstellung der Partner zu dem geschädigten Kind zu zerbrechen droht (Ablehnung durch den Vater, Überbehütung durch die Mutter)... Demgegenüber berichtet ein anderes Paar, daß es durch die Konfrontation mit dem schweren Schicksalsschlag, ein behindertes Kind zu haben, durch das gemeinsame seelische Ringen in der Erlebnisverarbeitung und durch die Gemeinsamkeit des Problemtragens erst zu einer echten und tiefen Lebensgemeinschaft – auch im Sinne des sich gegenseitig Erkennens – gefunden habe.
2. Eine Mutter schildert, daß sie besonders darunter zu leiden habe, daß man ihrem Kind die Behinderung äußerlich sehr deutlich ansehen könne, was besonders in der Öffentlichkeit inadäquate Reaktionen fremder Menschen erzeuge (Mitleidsgebaren, teilweise auch noch verständnislos-diskriminierende Blicke oder Äußerungen).

Nachdem die Gruppe sich eine Weile mit diesem Problem beschäftigt hatte, schildert ein Vater, daß ihm eigentlich die gegenteilige Konstellation Schwierigkeiten bereite; sein imbezilles Kind sehe aus wie ein normales, so daß Außenstehende den Familienangehörigen gegenüber eine verständnislose und gar vorwurfsvolle Haltung einnehmen. Sie glauben, daß die Wissenslücken und auch die hirnorganischen Verhaltensstörungen des Kindes Ausdruck einer Vernachlässigung und Fehlerziehung durch die Eltern seien.

So erfolgte durch die unterschiedlichen Problemschilderungen in ähnlichen und doch wieder anderen Lebenskonstellationen bei den Gruppenteilnehmern allmählich eine deutliche affektive Entlastung bei zunehmender Realitätsnähe, nicht zuletzt auch durch die Relativierung der eigenen, bisher meist als allerschlimmste angesehenen Probleme. Aus der Sicht des Arztes zu dieser Form der Elterngruppenarbeit sollte auch eine Überlegung nicht unausgesprochen bleiben: In der Beratungssituation der traditionellen Einzelsprechstunde für Kinder in ausschließlicher Familienbetreuung haben viele Eltern folgende Empfindung (einige verbalisieren sie auch): „Frau/Herr Doktor, wir zweifeln nicht daran, daß Ihre Ratschläge absolut richtig und durchaus wohlgemeint sind, aber wo können wir andere Eltern kennenlernen, die auch so ein Kind haben?" Und gerade dieses Empfinden ist in der homogenen Elterngruppe die gemeinsame Bezugsebene der Teilnehmer, auf der es bei lebhaftester, tiefgreifend-emotionaler und vielschichtiger Gruppendynamik zur Identifikation und darüber hinaus meist auch zur Solidarisierung kommt. Der Arzt (oder Psychologe) als Gruppenleiter ist in diesem Rahmen in seiner Katalysator-

Funktion als Partner in den Bemühungen um eine adäquate Lebensbewältigung voll akzeptiert.

Da es im Gruppenverlauf – wie bei verschiedenen Formen der Gruppenpsychotherapie – zur Freisetzung heftigster Affekte kommen kann, sollte der Initiator dieser Methode möglichst über Kenntnisse und Erfahrungen in der Gruppendynamik verfügen. Wenn darüber hinaus persönliches Engagement am Problem vorhanden ist, ist diese Form der Elterngruppenarbeit im höchsten Maße effektiv. Es werden im Laufe der Zeit zur „elterlichen Konditionierung" emotionale Einstellungs- und Haltungsänderungen bzw. auch -stabilisierungen vollzogen, die im ursprünglichen Sinne Familientherapie sind.

Im Unterschied zu körperbehinderten Kindern mit normaler Intelligenz ist bei schwer Oligophrenen kaum ein subjektiver Leidensdruck vorhanden, dieser ist jedoch um so stärker bei ihren Angehörigen ausgeprägt. Die Wurzeln dafür kommen nicht nur aus der individuellen oder familiären Sorge um das Kind, sondern resultieren zum großen Teil aus der täglichen Konfrontation mit inadäquaten und dadurch frustrierenden Reaktionen der doch noch teilweise unaufgeklärten oder fehlinformierten Umwelt. Aus diesem Konfliktbereich heraus entwickelte die Elterngruppe neben der permanenten „Richtung nach innen" mit meiner Unterstützung auch regelmäßig „Aktionen nach außen": Wir luden Vertreter der staatlichen und gesellschaftlichen Öffentlichkeit entweder zu einer Elterngruppen-Zusammenkunft oder zu kleinen Veranstaltungen ein, die von unserem Mitarbeiterkollektiv für die behinderten Kinder organisiert wurden. Der unmittelbare Eindruck der schwer entwicklungsgestörten und dabei doch ursprünglich fröhlichen Kinder erzeugte jedes Mal (es wurden auch immer durch uns von fachlicher Seite Erklärungen über die Ursachen der Behinderung gegeben) bei unseren Gästen die von uns erhofften und erwünschten Reaktionen.

Selbstverständlich kam es erwartungsgemäß parallel zum Gruppenverlauf bei mehreren Familien, die vorher mit bzw. vor allem durch ihr behindertes Kind von Geselligkeiten isoliert und zurückgezogen lebten, zu Kontaktbildungen im privaten Bereich mit gegenseitigen Einladungen und Hilfen. Die Isolierung wurde durchbrochen, man kam zu Familienfeiern zusammen, manche Mütter lernten wieder lachen. In einigen Fällen wurde ein behindertes Kind vorübergehend von einer anderen Familie aufgenommen, damit die Eltern einmal einen absolut ungestörten und erholsamen Urlaub verleben konnten (s. Elternreport: Manuela). Es ist ohne Zweifel im Rahmen der Behindertenbetreuung sinnvoll, nicht nur den Kindern, sondern auch den Eltern differenzierte Hilfen anzubieten.

Diese Elterngruppe besteht jetzt 10 Jahre. Durch zwischenzeitlich in unserem Stadtbezirk entstandene Fördereinrichtungen befinden sich die meisten unserer schwer geschädigten Kinder und Jugendlichen in rehabilitationspädagogischen Tagesstätten, so daß sich für die Eltern auch dort Kontaktmöglichkeiten ergeben. Trotzdem blieb die von mir geschilderte Art der Elternbegegnungen weiterhin ein Bedürfnis, so daß diese Elterngruppe bestehen geblieben ist. Sie hat jetzt eine besondere Bedeutung für neu hinzukommende Eltern mit noch ganz kleinen geschädigten Kindern erhalten. Einige Eltern, deren geschädigte Kinder schon „aus dem Gröbsten heraus" sind (und – was die seelische Kondition betrifft – auch die Eltern) sind durch die Art ihrer Beteiligung am Gruppengeschehen in die Rolle von Kotherapeuten gekommen. Wenn auch in einer anderen organisatorischen Form, aber ähnlich in der Wirkung, ist ja auch die Mutter von Alexander tätig gewesen (im Elternreport Seite 77).

Es sei an dieser Stelle die Schrift „Ein Kind kann keine Schule besuchen – Hat es überhaupt eine Entwicklungschance?" von S. ESSBACH (7) zur eingehenden Lektüre empfohlen. Darin sind u. a. auch differenzierte Erziehungshinweise enthalten.

Außerdem: „Chancen für mein Kind" (Übungsprogramme für Eltern mit geistig behinderten Kindern) von A. NEUMANN (35).

Gerade **junge Eltern** haben es zunächst sehr schwer, insbesondere wenn es sich bei ihrem behinderten um das erste Kind handelt. Wenn nicht von vornherein eine völlig klare Diagnose vorliegt, sondern ein Verdacht, der erst – auch für die Fachleute – im Verlauf zur Gewißheit einer Schädigung wird, dann werden oft von seiten der Eltern psychische **Abwehrmechanismen** (Leugnung, Verdrängung) gegen diese Realität gebildet. Sie wollen dann die enttäuschende Diagnose nicht wahrhaben („Das kann doch nicht sein, doch nicht bei uns! – Die haben sich bestimmt geirrt, sicher ist er/sie ein Spätentwickler"). Häufig werden dann nacheinander mehrere Fachleute konsultiert. Dafür sollten wir Verständnis haben. Es ist aber bedauerlich und schädlich, wenn dadurch eine adäquate Förderung des Kindes zu lange aufgeschoben wird. Wenn die Realität, ein bleibend geschädigtes Kind zu haben, aber dann von den Eltern akzeptiert worden ist, sollten sie – möglichst aber schon vorher! – von der für sie zuständigen Fachambulanz bzw. Dispensairebetreuungsstelle kontinuierlich und vielschichtig in allen Fragen der Gegenwart und Zukunft beraten werden. Hier hat jetzt die meist erforderliche fachärztliche, psychologische, pädagogische und fürsorgerische Gemeinschaftsarbeit einzusetzen. In den meisten Fällen werden auch gezielte Nachuntersuchungen des Kindes in regelmäßigen Abständen notwendig sein, um in seinem Erziehungsprozeß sowohl eine Über- als auch eine Unterforderung zu vermeiden. Es kommt zum Beispiel nicht selten vor, daß Eltern ein debiles Kind mit einer Hilfsschulbedürftigkeit durch tägliches und langes Üben überfordern – in der Annahme, dadurch das „Unheil" abwenden zu können.

Zu diesem Thema entstand einmal in einer unserer Elterngruppen eine auf alle Beteiligten nachhaltig wirkende Diskussion mit folgenden Argumenten eines Vaters: Wenn das Kind eindeutig debil ist, dann kann ich doch nicht sagen: Nein, das gefällt mir nicht, das möchte ich nicht, ich werde das ändern. Denn da handelt es sich doch um eine objektive Tatsache, die akzeptiert werden muß. Wenn es mir übermorgen passieren sollte, daß ein Diabetes festgestellt wird oder daß mir beide Beine abgefahren werden, dann kann ich doch auch nicht sagen: Nein, das möchte ich nicht, damit bin ich nicht einverstanden, sondern dann habe ich mich auf die neuen Notwendigkeiten einzustellen. Anders geht es nicht. Genau so ist es mit der Tatsache, daß wir ein geschädigtes Kind haben. –

Die Frage: **Mut zu einem zweiten Kind, wenn das erste geschädigt ist?**, kam ja mit ihrer ganzen Vielseitigkeit, mit allem Für und Wider im Elternreport zum Ausdruck. Die Antwort wollte mehr zu einem „Ja" tendieren, jedoch nicht ohne eine genetische Untersuchung und Beratung.

Denken wir insbesondere an die Argumente und Erfahrungen von Hiltruds Mutter und Mirjams Vater (Mirjam II).

Eine absolute Sicherheit wird es jedoch für kein Kind geben. Die endgültige Entscheidung wird den Eltern niemand abnehmen können.

Wie wirkt sich im allgemeinen die Problematik eines geschädigten Kindes auf **die Partnerschaft, die Ehe der Eltern** aus? Auf jeden Fall unterschiedlich. Das ging ja auch ganz deutlich aus den Erlebnisberichten der Eltern hervor.

Die praktische Erfahrung zeigt, daß das geschädigte Kind im allgemeinen eine „Verstärkerfunktion" auf die Qualität der ehelichen bzw. partnerschaftlichen Bindungen der Eltern hat:

– Ist die zwischenmenschliche Beziehung schon vor der Geburt des Kindes – offen oder latent – gestört, so wird das labile Partnerverhältnis durch das geschädigte Kind oft noch brüchiger bzw. überhaupt erst offenbar.

Beispiele: die Eltern von Alexander und Martin

– Besteht schon vor der Geburt des Kindes eine glückliche Beziehung der Eltern auf der Basis einer gefestigten Bindung, so wird die Partnerschaft im allgemeinen durch die unerwartete Schicksalsbelastung mit dem geschädigten Kind und durch das gemeinsame Be-

wältigen und Tragen des Problems noch stabiler, tiefer und reifer. Jedenfalls besteht die Chance dazu.
Beispiele: die Eltern von Gabi, Annett, Hiltrud und von beiden Mirjams.
Sehr häufig sind jedoch die Mütter durch die kleinen und großen körperlichen und sozialen Belastungen, die die gestörte Entwicklung des Kindes mit sich bringt, stärker betroffen als die Väter. Die Männer scheinen jedoch im psychischen „Verkraften" mehr Probleme zu haben, insbesondere wenn – wie es scheint – das geschädigte Kind der einzige Sohn ist. Die Partnerbeziehung von Uwes Eltern ist ein Beispiel dafür, wie manchmal die Existenz des geschädigten Kindes von Außenstehenden als Alleinursache für eine nicht geglückte Ehe angesehen wird, wenn in Wirklichkeit ganz andere Faktoren dafür ursächlich verantwortlich sind. Ich kenne auch Beispiele, wo von den Eltern selbst – mehr oder weniger bewußt – die Ursachen für ihre unglückliche Beziehung auf das behinderte Kind (Sündenbockrolle!) projiziert werden, obwohl sie ganz woanders zu suchen wären.
Bei mancher Ehe (z. B. den Eltern von Manuela) ist aber mit Recht zu fragen, ob sie ohne das geschädigte Kind nicht doch erhalten geblieben wäre. Aber wie hätte diese Beziehung einen anderen Schicksalsschlag, eine andere schwere Lebensprüfung bestanden und getragen? An möglichen Belastungen gibt es ja nicht nur das Problem „geschädigtes Kind".
Internationale Erfahrungen besagen: **Das Optimum der Entwicklungsbedingungen für geschädigte Kinder** ist dann gegeben, wenn sie so lange wie möglich familiengebunden bleiben, dabei jedoch in einer Tagesstätte (bzw. Sonderschule oder Rehabilitationswerkstatt) betreut werden (in dünn besiedelten, ländlichen Kreisen teilweise Wocheneinrichtungen). Bei einer Dauerheimunterbringung ist aber immer die Möglichkeit eines zusätzlichen Hospitalismusschadens zu bedenken. So sollten in der zuständigen Rehabilitationskommission für jeden Einzelfall mit Heimantrag die elementaren Liebes- und Lebensbedürfnisse des geschädigten Kindes in der Relation zu den Bedingungen und Belastungen seiner Familie – und diese wiederum im Verhältnis zu vergleichbaren anderen Familien – sorgfältig untersucht und beraten werden. Unsere ethische Grundeinstellung zu dieser Frage beinhaltet, **daß auch das geschädigte Kind ein Recht auf ein Familienleben hat.** Für sozial hochgradig belastete Familien (Krankheiten; kinderreich; schwere Verhaltensstörungen des behinderten Kindes u. ä.) sollte eine – evtl. zeitweilige – (Wochen)-Heimunterbringung des behinderten Kindes erwogen und beraten werden. Für schwerstgeschädigte, nicht förderungsfähige Kinder sollten Pflege-

heimplätze entsprechend der Zahl der vorliegenden Anträge vorhanden sein (im Elternreport: Manuela).
Welche **unterschiedlichen Haltungen und auch Fehlentscheidungen** es gibt, sollen **einige Beispiele** zeigen:
1. Die Eltern eines neugeborenen Langdon-Down-Kindes sind Arzt und Krankenschwester. Der Mutter wurde bereits auf der Entbindungsstation (!) geraten, einen Heimantrag zu stellen. Dies war erfolgt. Der Vater schildert mir später: Und so kam ich in die Situation, daß mir ein Pfarrer einen Vortrag über ärztliche Ethik hielt! – nämlich in einer kirchlichen Institution, die auch Heime für behinderte Kinder hat. In diesem Gespräch war sicherlich die ethische Einstellung des Pfarrers mehr zu bejahen als die meiner ärztlichen Kollegen (auch der auf der Entbindungsstation).
2. In einer unserer Tagesstätten für nicht schulbildungsfähige Kinder ist ein kleines Mädchen, dessen Mutter alleinstehend mit sieben Kindern ist. Von einem Heimantrag haben wir bisher nichts gehört.
3. Eine Mutter weigert sich, ihr geschädigtes Kind aus der Entbindungsklinik mit nach Hause zu nehmen, weil sie sich ja mit einem „unnormalen" Kind schämen müßte.
4. Wir hatten für ein Gericht ein Gutachten zu erstatten, in dem bei einem Ehescheidungsverfahren sich beide Eltern um das Sorgerecht für ihre damals etwa 12 Jahre alte Langdon-Down-Tochter stritten bzw. bewarben. Für die jetzt alleinstehende Mutter ist die nun 20jährige Birgit keine Belastung, sondern eher eine freundliche Lebensgefährtin. B. besucht seit ihrem 4. Lebensjahr nach einer tagesklinischen Zeit regelmäßig eine Fördertagesstätte. Sie hat einen geschützten Arbeitsplatz, bewältigt den Weg allein und hilft der Mutter im Haushalt.

Für das geschädigte Kind und seine Lebensentwicklung kann es sehr bedeutsam sein, welche **Erstinformation** die Eltern von Außenstehenden, z. B. von Ärzten und Schwestern der Entbindungsstation, Kinderärzten und Fürsorgerinnen der Mütterberatungsstellen über das „Anderssein" ihres Kindes erhalten. Nicht weniger wesentlich ist in diesem Zusammenhang, in welcher Weise Freunde, Verwandte und Arbeitskollegen gleich zu Anfang den Eltern des geschädigten Kindes gegenüber reagieren.

Wenn es in den Betrieben auf Verständnis ankommt, dann wird „als Hilfe" manchmal recht schnell eine Befürwortung für eine Heimeinweisung des Kindes geschrieben. Natürlich ist das keine echte Hilfe! Bewußt und unbewußt fließen bei diesen Kontakten und Verhaltensweisen persönliche Einstellungen und Haltungen der Dialogpartner mit ein. Wenn im negativen Fall dann nicht bald eine Korrektur, z. B.

durch eine früh einsetzende Elternarbeit (möglichst auch Gruppenbetreuung) erfolgt, bleiben manchmal die „sozialen Weichen" für das ganze weitere Leben falsch gestellt.

Wir kennen jedoch aus unserer täglichen Praxis auch Familien, die folgendes mitteilen: Nach den ersten (falschen!) Ratschlägen haben wir gleich einen Heimantrag gestellt, aber wir haben inzwischen das Kind so lieb, daß wir es jetzt nicht mehr „weggeben" würden.

Übrigens sind es nicht die meisten, sondern die wenigsten Eltern, die ihre behinderten Kinder nicht annehmen und früh in ein Heim geben möchten. Die Mehrheit der Familien stellt sich positiv zu ihnen ein. Selbstverständlich ist es aber erforderlich, daß diese Familien durch eine Tagesstättenbetreuung des geschädigten Kindes eine wesentliche Entlastung erfahren, so daß die Mütter (bei vorliegendem Wunsch) wieder berufstätig sein können und ihre eigene Persönlichkeitsentwicklung nicht behindert wird (Rehabilitation der Familie!). Trotzdem verbleiben ja noch **viele zusätzliche Probleme:** länger notwendige oder ständig erforderliche Beaufsichtigung und Anleitungshilfe für das geschädigte Kind; im Schulalter, und häufig auch darüber hinaus (manchmal bleibend), ist das nicht schulbildungsfähige Kind auf dem täglichen Hin- und Rückweg zur Rehabilitationseinrichtung zu begleiten. Das bedeutet für die Eltern zeitliche Verbindlichkeiten und überhaupt weniger disponible Berufs- oder Freizeit, teilweise auch Verzicht auf berufliche Qualifizierungen. Häufig gibt es Probleme der Urlaubsgestaltung und vor allem Zukunftssorgen für das Kind.

Im Elternreport wurde deutlich, daß teilweise erhebliche seelische Belastungen für die Eltern geschädigter Kinder aus den verschiedenen Fehlreaktionen der Umwelt entstehen. Es ist gut, wenn es gelingt, sich davon allmählich unabhängiger zu machen. Denn Fehleinstellungen und Vorurteile werden nicht von heute auf morgen zu beseitigen sein. Selbstverständlich kann durch die gesetzlich verankerten sozialpolitischen Maßnahmen kein absoluter Ausgleich für alle Mühen der Eltern erreicht werden, aber sie stellen doch grundsätzlich eine Anerkennung und Würdigung für die Familien mit geschädigten Kindern dar. Die besonderen Lebensbedingungen der Eltern sollten auch bei Einschätzungen der Gesamtleistung und bei Auszeichnungen in den Betrieben berücksichtigt werden.

Bis etwa 1965/70 war das Behindertenproblem ganz allgemein in der DDR – wie auch in anderen Ländern – gesamtgesellschaftlich nicht ausreichend eingeschätzt und gewürdigt worden.

Um so mehr sind wir erfreut, daß in den letzten zehn Jahren in bezug auf **staatliche Grundsatzregelungen** (Beschlüsse und Verordnungen) und vor allem in der praktischen Rehabilitation, z. B. Schaffung von geschützten Einrichtungen, insbesondere was den Nachholbedarf für geistig Behinderte betrifft, ganz enorme Fortschritte zu verzeichnen sind. Durch weitere Initiativen müssen in allen Kreisen unseres Landes alle Grundrechte für unsere behinderten Bürger und ihre Angehörigen verwirklicht werden. Die vorliegenden Beschlüsse und Verordnungen, z. B. die konkret festgelegte Verantwortlichkeit der örtlichen Räte, bieten günstige Voraussetzungen dafür.

Wenden Sie sich als Eltern dort, wo es an Verständnis und notwendigen Aktivitäten für die Rehabilitation noch mangelt, an Ihre Kreis-Rehabilitationskommission (Auskunft: Kreisarzt), aber auch an die von Ihnen gewählten Abgeordneten. Erkundigen Sie sich im Abgeordnetenkabinett Ihres Rathauses, wo und wann die Sprechstunden abgehalten werden, falls Sie das nicht wissen sollten. Geben Sie Ihren Abgeordneten konkrete Informationen über das, was sein müßte, aber im Territorium (Kreis, Bezirk) nicht oder zuwenig vorhanden ist. Berufen Sie sich auf Ihre Rechte und gewinnen Sie Ihren oder Ihre Abgeordneten als Verbündete! Nutzen Sie die Möglichkeiten unserer sozialistischen Demokratie und wirken Sie als mündiger Bürger aktiv ein auf die kommunalpolitischen Entscheidungen in Ihrem Wohnbereich!

Neben diesen Bemühungen um organisatorische Belange der Rehabilitation Behinderter ist es aber weiterhin dringend erforderlich – und das hat wohl der Elternreport besonders deutlich gezeigt –, daß eine permanente **Öffentlichkeitsarbeit** mit vielfältigen Informationen über die Behindertenproblematik für breite Bevölkerungskreise erfolgt. Das muß ein kontinuierlicher Prozeß sein. Nur so werden sich allmählich noch weitere Vorurteile, falsche Denk- und Verhaltensweisen vermindern lassen. Ich meine auch, wie es in mehreren Elternberichten zum Ausdruck kam, daß hier unsere Schulen, unsere Lehrer eine besonders hohe Mitverantwortung tragen. Da haben wir noch enorme Reserven, deren Aktivierung nicht einmal Geld kosten muß. Mir scheint aber auch, daß in den Kreisen der Eltern (Angehörigen) behinderter Mitbürger noch **Möglichkeiten der gegenseitigen Hilfe und Entlastung** brachliegen. Welche Hemmungen spielen hier eine Rolle? Es könnte doch z. B. viel öfter geschehen, daß eine Familie mit einem behinderten Kind ein anderes, vielleicht sogar aus der gleichen Gruppe in der Tagesstätte, einmal für ein paar Tage oder länger bei sich zu Hause betreut, wenn die Eltern des anderen Kindes eine Dienstreise, eine Weiterbildungsprüfung oder auch eine andere Ausnahmesituation zu bewältigen haben. Und das Gefühl der Gegenseitigkeit bei solchen Hilfeleistungen ist doch auch eine gute Reserve für eigene Eventualitäten! Haben Sie im Elternaktiv einmal darüber gesprochen?

Selbstverständlich ist es auch gut und zum Abbau von Vorurteilen besonders wichtig, wenn **Familien, die selbst kein behindertes Kind haben,** ein solches gelegentlich bei sich aufnehmen. Dafür wurden ja auch Beispiele im Elternreport berichtet. Ein soziologische Studie (A. Seywald) weist darauf hin, daß **Kinder, insbesondere Vorschulkinder,** besonders offen für positive Prägungen im Sozialverhalten gegenüber Behinderten sind. Das ist ja auch durchaus einleuchtend. Anknüpfend an diese Überlegungen ergibt sich auch hier ein weites Betätigungsfeld für gezielte Kontakte zwischen nicht behinderten und behinderten Kindern (Schulklassen, Kindergartengruppen). Gegenseitige Besuche sollten immer gut vorbereitet sein und nicht etwa nur ein reines Mitleidsgebaren wecken und erhalten wollen.

Um eine **echte Hilfsbereitschaft aller** zu stimulieren, sollen nachfolgend einige konkrete Beispiele mit der alternativen Positiv- und Negativreaktion skizziert werden:

Es ist

nicht gut, wenn	gut, wenn
eine Mutter mit ihrem behinderten Kind in der Straßenbahn demonstrativ-mitleidige oder gar diskriminierende Blicke oder Äußerungen erfahren muß.	diese Mutter statt dessen echtes Verständnis, annehmendes Akzeptieren und eine natürliche (nicht demonstrative) Hilfsbereitschaft spürt.
ein Schulkind in einer POS-Klasse durch Hänseleien in eine Außenseiterposition gerät, weil es ein behindertes Geschwister hat („Die mit dem doofen Bruder", „Spast"!) und die Lehrerin dieser Situation gegenüber passiv bleibt.	die Lehrerin einer POS-Klasse eine solche Situation erkennt, positiv lenkt und vielleicht noch darüber hinaus Patenschaftsbeziehungen zu behinderten Kindern anstrebt.
sich eine Familie mit einem behinderten Kind in der Hausgemeinschaft völlig isoliert und alleingelassen fühlt.	sich Nachbarn und Mitbewohner hilfreich und selbstverständlich um das behinderte Kind und seine Familie kümmern und auch konkrete Hilfen anbieten, z. B. gelegentliche Abendaufsicht, gemeinsames Spielen der gesunden Kinder mit dem Behinderten.

nicht gut, wenn die Mutter, der Vater eines behinderten Kindes im Betrieb als einzige „Hilfe" lediglich Ratschläge (oder die schriftliche Befürwortung) für einen Heimeinweisungsantrag erhält.

gut, wenn die Kollegen im Betrieb die besondere Situation der Eltern und die Bedürfnisse des behinderten Kindes realistisch einschätzen (auch bei Auszeichnungen und Arbeitszeitplänen) und Problemverständnis mit persönlichen Hilfen anbieten.

---

unsere gesellschaftlichen Grundorganisationen in den Wohnbezirken, wie z. B. Volkssolidarität, FDJ, DFD, Sozialkommissionen, die Probleme der Behinderten in unserer Gesellschaft nicht ausreichend zur Kenntnis nehmen und dementsprechend ungenügende Aktivitäten entfalten.

unsere gesellschaftlichen Grundorganisationen in ihrem Verantwortungsbereich die Probleme (vor allem die Namen!) Behinderter kennen, positive Sozialaktivitäten entfalten und pflegen, z. B. Einbeziehung Behinderter in FDJ-Arbeit, organisatorische Hilfen für die Familien mit Behinderten.

Zusammenfassend werden **negative** Haltungen gegenüber Behinderten und ihren Angehörigen analysiert:

1. **Demonstratives Mitleid,** z. B.
   - gönnerhaft-herablassendes Hilfeangebot, wie „von oben herab"; oder
   - überflüssiges Verbalisieren oder Lamentieren über die nachteilige Lebenssituation des Behinderten oder seiner Angehörigen (Beispiel: Manuela im Elternreport);
   - die Erwartungshaltung mit einem **„Zwang zur Trauer"** (SEYWALD, A.) ist in dieser Art der Kommunikation häufig unbewußt mit eingeschlossen. Um sich selbst sozial zu erhöhen, wird von dem Behinderten bzw. den Angehörigen eine permanente Grundhaltung der Traurigkeit erwartet. Eine freudige Lebensbejahung wird von den Betroffenen teilweise sogar übelgenommen (Beispiel: Gabi im Elternreport).

2. **Diskriminierung**
   - nonverbal: durch Blick, Mimik, Gebärden
   - verbal: kränkende und beleidigende Worte, teilweise auch ins Lächerliche ziehend
   - auf direkte Weise
   - auf indirekte Weise.

3. Sogenannte **Irrelevanzregel** (SEYWALD) mit dem Phänomen der **Scheinakzeptierung**
Man tut so, als ob am Behinderten nichts anders, nichts auffällig sei. Diese Art der Kommunikation ist häufig Ausdruck einer ambivalenten bzw. unsicheren Haltung. Es können jedoch gerade bei dieser Art der zwischenmenschlichen Begegnung starke emotionale Interaktionsspannungen auftreten, weil der Betroffene möglicherweise erlebt, daß sein Anderssein (bzw. das seines Kindes) als Peinlichkeit empfunden wird. Durch dieses Vermeidungsverhalten soll also Peinlichkeit unterdrückt werden. Wegen dieses Unbehagens entsteht häufig nachfolgend der Wunsch nach Kontaktvermeidung auf beiden Seiten.
So ergibt sich nun die Frage: Wenn nicht so, wie dann? Durch welche innere und äußere Haltung ist ein **positiver Interaktionsstil** in der Begegnung mit dem Behinderten und ihren Angehörigen möglich?
Ganz konkret zeigen das für einige wichtige Alltagssituationen die vorangestellten Alternativbeispiele.
Einstellungen, die dieses Verhalten aber überhaupt erst ermöglichen, möchte ich beschreiben als die Haltung
- einer **natürlichen Selbstverständlichkeit** oder (wenn diese nicht spontan vorhanden ist) als
- **wertneutrales Akzeptieren** des Behinderten auf der Basis der bewußten und sachlichen Wahrnehmung seiner Schädigung, seines Andersseins, aber auch seiner individuellen Persönlichkeit.

Also: an dem Behinderten nicht nur seine Schädigung, sondern den ganzen Menschen sehen! Die Kommunikation sollte sich auf der Ebene der auch sonst zu fordernden achtungsvollen Mitmenschlichkeit bewegen, ohne Zugaben und ohne Abstriche. Notwendige Hilfen sollten mit der Gestik echter Selbstverständlichkeit angeboten und nicht aufgedrängt werden. Auf dieser Basis kann sich der Behinderte (ebenso seine Angehörigen) als eine gleichberechtigte Persönlichkeit erleben, ohne durch eine permanente Dankesschuld seinen „Wohltätern" gegenüber bedrückt zu sein.
Aus der Hypothese, daß negative Verhaltensstile gegenüber Behinderten nicht angeboren, sondern erworben (erlernt) sind, entsteht für uns die Verpflichtung, in unserer sozialistischen Gesellschaft alle Voraussetzungen für eine bewußt und systematisch zu lenkende Umorientierung, vor allem in der Erziehung, zu schaffen und zu nutzen. Da sich aber soziales Lernen nicht nur über theoretische Informationen, sondern vor allem über konkret-praktisches Erleben vollzieht, sollte für ein echtes Akzeptieren von Behinderten unbedingt eine frühzeitige Konfrontation bzw. Integration Behinderter mit nicht behinderten

Kindern (möglichst schon im Vorschulalter) mit einer Förderung realitätsgerechter Einstellungen und Verhaltensweisen auf breiter Basis schrittweise verwirklicht werden.

Nutzen wir in diesem Sinne alle Möglichkeiten, die in unserer sozialistischen Gesellschaft gegeben sind. Es gibt hierzu bereits viele positive Initiativen.

3. Gesetzliche Grundlagen

12. 5. 1954: Anordnung über **Meldung** von Körperbehinderungen, geistigen Störungen, Schädigungen des Sehvermögens und Schädigungen des Hörvermögens / ZBl. S. 194.
15. 5. 1954: Anordnung über die Durchführung der **psychiatrischen Betreuung von Kindern und Jugendlichen** / ZBl. S. 216.
5. 4. 1961: Arbeitsrichtlinie über die Bildung und Tätigkeit der **Rehabilitationskommissionen** V. u. M. des MfG Nr. 4.
17. 11. 1961: 1. DB zur Verordnung über die **Kraftfahrzeugsteuer** GBl. II/Nr. 78/61. Es kann auf Antrag für ein Kfz (bis 1 000 cm^3) die Kfz-Steuer für Schwerbeschädigte erlassen werden, wenn das Fahrzeug nicht zu gewerblichen Zwecken genutzt wird und eine fachärztliche Bescheinigung die Notwendigkeit bzw. Dringlichkeit des Fahrzeuges für den Behinderten bestätigt.
1968: Untersuchungen und Empfehlungen der *Volkskammer* zur Problematik der hirngeschädigten Kinder; Erklärung zum gesamtgesellschaftlichen Problem (humanitas 20, 1968).
20. 12. 1968: 5. DB zum Gesetz über das einheitliche sozialistische Bildungssystem − **Sonderschulwesen** − / GBl. II/ Nr. 3/69.
Sonderschulen für: debile, gehörlose, schwerhörige, sprachgestörte, blinde, sehschwache, körperbehinderte und langfristig stationär behandlungsbedürftige sowie chronisch erkrankte Kinder.
20. 8. 1969: *Ministerratsbeschluß* über „Maßnahmen zur Förderung, Beschulung und Betreuung geschädigter Kinder und Jugendlicher sowie psychisch behinderter Erwachsener".
26. 8. 1969: Anordnung zur Sicherung des **Rechts auf Arbeit für Rehabilitanden** / GBl. II/Nr. 75/69. Danach waren zu schaffen:
− geschützte Einzelarbeitsplätze,

- geschützte Betriebsabteilungen,
- selbständige geschützte Werkstätten,
- Heimarbeit für Rehabilitanden.

10. 6. 1971: Anordnung über die Anerkennung als Beschädigte und Ausgabe von Beschädigtenausweisen / GBl. II/ Nr. 56.
Der leitende ärztliche Gutachter des Kreises entscheidet über eine Anerkennung nach 4 Stufen: I, II, III, IV. Auf Antrag können Beschädigtenausweise auch für Kinder unter 14 Jahren ausgegeben werden, wenn sie zum Zwecke der Rehabilitation und aufgrund ihrer Behinderung regelmäßig auf die Benutzung öffentlicher Verkehrsmittel angewiesen sind.

25. 9. 1973: *Gemeinsamer Beschluß* des Politbüros des Zentralkomitees der SED, des Ministerrates der DDR und des Bundesvorstandes des FDGB; darin enthalten: weitere Maßnahmen zur Durchführung des sozialpolitischen Programms des VIII. Parteitages der SED. Darin enthalten: wichtige Impulse zur weiteren Verbesserung der Rehabilitation, z. B. Förderung hirngeschädigter Kinder und Jugendlicher, Bereitstellung geschützter Arbeitsplätze u. a.

27. 5. 1976: *Gemeinsamer Beschluß* des Zentralkomitees der SED, des Bundesvorstandes des FDGB und des Ministerrates der DDR über die weitere planmäßige Verbesserung der Arbeits- und Lebensbedingungen der Werktätigen im Zeitraum 1976–1980;
darin u. a. enthalten: Erhöhung der Mindestrente und der Pflegegelder.

29. 7. 1976: Verordnung über die weitere schrittweise Einführung der **40-Stunden-Arbeitswoche**; darin: die verkürzte Arbeitszeit (40 Wochenstunden) gilt auch für vollbeschäftigte werktätige Mütter, die in ihrem Haushalt ein schwergeschädigtes Kind mit Anspruch auf Pflegegeld der Stufen III und IV (bzw. höher) haben. / AGB § 160 Abs. 3.

29. 7. 1976: Verordnung zur weiteren Verbesserung der gesellschaftlichen Unterstützung schwerst- und schwergeschädigter Bürger / GBl. I/33/9. 9. 1976. Darin u. a. enthalten:
- die grundsätzliche **Verantwortlichkeit der örtlichen Räte** für alle Fragen der Rehabilitation;
- **Einbeziehung** schwer- und schwerstgeschädigter Jugendlicher in das kulturelle Leben (§ 4);
- **Verbesserung** der beruflichen Rehabilitation (§ 5);
- **Verbesserung** der **Wohnverhältnisse** (§ 6);

- Gewährung von **Mietzuschüssen** und sonstigen finanziellen Zuwendungen (§ 7/8);
- gesundheitliche Betreuung und Erholung (§ 9);
- für Angehörige **vorrangig Ferienplätze** (§ 10);
- **Ferienlager für geschädigte Kinder** (§ 11);
- Erleichterung durch **Dienstleistungen** und sonstige Maßnahmen (§ 13), darin enthalten: (2) bei besonderer Dringlichkeit bevorzugter **Fernsprechanschluß:**

1. 1. 1977: Die **Rundfunk- und Fernsehgebühr** wird für Schwerbeschädigte der Stufe IV bzw. deren Erziehungspflichtige erlassen; Rundfunkordnung vom 1. 1. 1977, Anlage − Punkt 11. GBl. I/Nr. 3/77.

1. 1. 1977: Wirksamwerden der Verordnung über die Einführung eines **Zusatzurlaubes** für Schichtarbeiter, die Erweiterung des Anspruchs auf Hausarbeitstag und auf Mindesturlaub (vom 30. 9. 1976); darin: § 3 − Für vollbeschäftigte werktätige Mütter, die in ihrem Haushalt ein schwerstgeschädigtes Kind mit Anspruch auf Pflegegeld der Stufen II oder IV, auf Sonderpflege- und Blindengeld ... zu versorgen haben, beträgt ab 1977 der Mindesturlaub 21 Werktage, wenn sie im Mehrschichtsystem arbeiten, 24 Werktage.

11. 10. 1979: Verordnung zur weiteren Verbesserung der Leistungen der Sozialfürsorge, § 6: Pflegegeld, Blindengeld und Sonderpflegegeld für Kinder, (2): Das **Pflegegeld** der Stufen III und IV, das Blindengeld der Stufen IV bis VI sowie das Sonderpflegegeld wird für Kinder bereits **ab Vollendung des 1. Lebensjahres** gewährt, wenn die dafür erforderlichen Voraussetzungen vorliegen.

23. 11. 1979: Rentenverordnung (enthalten im GBl. I/43/19. 12. 1979); § 11 (1) Personen, die wegen Invalidität keine Berufstätigkeit aufnehmen konnten, erhalten ab Vollendung des 18. Lebensjahres für die Dauer der Invalidität eine Invalidenrente in Höhe der Mindestrente. Sie wird gezahlt, wenn
a) eine berufliche Rehabilitation ständig oder vorübergehend nicht möglich ist oder
b) die angebotene Möglichkeit einer beruflichen Rehabilitation genutzt wird und der dabei erzielte Verdienst den monatlichen Mindestbruttolohn nicht übersteigt.

Hierfür gilt seit **1. 12. 1984** die 2. Vo über die Gewährung und Berechnung von Renten der Sozialpflichtversicherung − 2. Rentenverordnung vom 26. 7. 1984 (GBl. I, Nr. 23), § 1/c. Diese Mindestrente beträgt seit 1. 12. 1984 300 M und wird mit

Wirkung vom 1. 12. 1989 auf 330 M erhöht.
23. 11. 1979: Sozialfürsorgeverordnung (enthalten im GBl. I/43/19. 12. 1979).

§ 9: **Einmalige Beihilfen;**

§ 11:	**Pflegegeld:**	**monatlich:**
Stufe I:	Pflegebedürftigkeit bis zu 5 Stunden am Tage, ab Vollendung des 6. Lebensjahres	20 Mark
Stufe II:	Pflegebedürftigkeit von mehr als 5 Stunden am Tage, ab Vollendung des 6. Lebensjahres	40 Mark
Stufe III:	Pflegebedürftigkeit tagsüber, jedoch nicht nachts,	
	– ab Vollendung des 1. Lebensjahres bis zur Vollendung des 18. Lebensjahres	90 Mark
	– ab Vollendung des 18. Lebensjahres	60 Mark
Stufe IV:	Pflegebedürftigkeit tagsüber und nachts	
	– ab Vollendung des 1. Lebensjahres bis zur Vollendung des 18. Lebensjahres	120 Mark
	– ab Vollendung des 18. Lebensjahres	80 Mark

Nähere Einzelheiten, auch Blinden- und Sonderpflegegeld siehe dort.

26. 9. 1979: V. u. M. des MfG Nr. 5/1979. Darin enthalten:
– Anordnung über die **gesundheitliche Überwachung** von Kindern und Jugendlichen vom 11. 4. 1979; darin: Koordination und Überwachung der Maßnahmen zur Prophylaxe, Diagnostik, Therapie und Metaphylaxe einschließlich Rehabilitation;
– Richtlinie für die **Mütterberatung** vom 26. 4. 1979; darin: besondere Richtlinien für die Dispensairebetreuung von Kindern mit gesundheitlichen Gefährdungen und Schädigungen;
– Richtlinie für den **Kinder- und Jugendgesundheitsschutz** vom 26. 4. 1979; darin: Richtlinien zur Überwachung und Dispensairebetreuung entwicklungsgestörter Kinder einschließlich Dokumentation und Berichterstattung.

24. 4. 1986: Verordnung über die besondere Unterstützung der

Familien mit schwerstgeschädigten Kindern (GBl. I Nr. 15):
§ 1: Als schwerstgeschädigte Kinder im Sinne dieser Verordnung gelten die zum Haushalt gehörenden Kinder ab Vollendung des 1. Lebensjahres bis zur Vollendung des 18. Lebensjahres, für die Anspruch auf Pflegegeld der Stufe III oder IV, auf Blindengeld oder Sonderpflegegeld besteht, sowie schulbildungsunfähige förderungsfähige Kinder.
§ 2: Vollbeschäftigten Müttern, zu deren Haushalt ein schwerstgeschädigtes Kind gehört, wird die 40-Stunden-Arbeitswoche ohne Lohnminderung und der erhöhte Grundurlaub bereits ab Vollendung des 1. Lebensjahres dieses Kindes gewährt.
§ 3: Anspruch auf den erhöhten Grundurlaub und einen Hausarbeitstag haben auch Mütter, die wegen der Pflege und Betreuung ihres schwerstgeschädigten Kindes weniger als 40 Stunden, jedoch mindestens 20 Stunden wöchentlich arbeiten.
§ 4: (1) Werktätige Mütter, die wegen einer Erkrankung ihres schwerstgeschädigten Kindes zu dessen Pflege von der Arbeit freigestellt werden, erhalten bei jeder Freistellung von der Sozialversicherung eine Unterstützung. ...
(5) Die bezahlte Freistellung können anstelle der **Mutter** auch der **Ehegatte** oder die **Großmutter** in Anspruch nehmen. Die Höhe der Unterstützung für den Ehegatten oder die Großmutter richtet sich nach dem Anspruch auf Krankengeld, den sie bei eigener Arbeitsunfähigkeit wegen Krankheit haben.
§ 5: Die für werktätige **Mütter** geltenden Bestimmungen der Paragraphen 2 bis 4 finden auch für alleinstehende **Väter** Anwendung, wenn die geforderten Voraussetzungen vorliegen.
§ 7 (1): Für hochgradig sehschwache, praktisch blind und blinde Kinder wird bereits ab Vollendung des 1. Lebensjahres Blindengeld nach den Stufen I bis III bezahlt.
(2): Das Blindengeld der Stufen IV bis VI und das Sonderpflegegeld wird auch für Kinder bis zur Vollendung des 16. Lebensjahres in voller Höhe gezahlt.
§ 8: Für schwerstgeschädigte Kinder wird ab Vollendung des 16. Lebensjahres bis zum Beginn des Anspruchs auf Invalidenrente durch die Sozialversicherung eine monatliche Unterstützung in Höhe von 130 M gezahlt, wenn sie auf Grund ihrer Schädigung kein Lehr- oder Arbeitsrechtsverhältnis bzw. kein Studium aufnehmen oder nicht die erweiterte Oberschule besuchen können. Voraussetzung ist, daß die bestehende Mög-

lichkeit einer Rehabilitation genutzt wird oder eine Rehabilitation ständig oder vorübergehend nicht möglich ist.
8. 7. 1986: Zweite Durchführungsbestimmung zur Verordnung vom 24. 4. 1986. Nach § 1 und 2 werden die Vergünstigungen auch Müttern mit einem **volljährigen** schwerstgeschädigten Kind gewährt, wenn das Kind bereits vor Vollendung des 18. Lebensjahres schwerstgeschädigt war und weiter zum Haushalt der Mutter gehört. Teilbeschäftigte Mütter können nur dann den erhöhten Grundurlaub und den Hausarbeitstag erhalten, wenn die Teilbeschäftigung zur Pflege und Betreuung auch des inzwischen volljährigen schwerstgeschädigten Kindes weiter notwendig ist.
Nähere Auskünfte zu den gesetzlichen Grundlagen für Familien mit schwer- und schwerstgeschädigten Angehörigen können eingeholt werden bei den zwischenzeitlich gegründeten **Abteilungen für Rehabilitation der örtlichen Räte** (Gesundheits- und Sozialwesen).
VERFASSUNG der Deutschen Demokratischen Republik:
— Artikel 19
(3) ... Die Beziehungen der Bürger werden durch gegenseitige Achtung und Hilfe, durch die Grundsätze sozialistischer Moral geprägt.
— Artikel 86
Die sozialistische Gesellschaft, die politische Macht des werktätigen Volkes, ihre Staats- und Rechtsorgane sind die grundlegende Garantie für die Einhaltung und die Verwirklichung der Verfassung im Geiste der Gerechtigkeit, Gleichheit, Brüderlichkeit und Menschlichkeit.

Literatur

1. Autorenkollektiv der Akademie der Pädagogischen Wissenschaften der UdSSR – Institut für Defektologie: Grundlagen der Bildung und Erziehung anormaler Kinder. Volk und Wissen, Volkseigener Verlag, Berlin 1977.
2. Bach, O. / Scholz, M.: Familientherapie und Familenforschung. S. Hirzel Verlag, Leipzig 1980.
3. Behr, H.: Dein behindertes Kind. 2. Aufl., Evangelische Verlagsanstalt, Berlin 1970.
4. Brückner, Ch.: Eine gesamtgesellschaftliche Aufgabe – zur Problematik „hirngeschädigtes Kind". humanitas 20 (1968).
5. Burkhardt, G.: Förderungsanleitung zur Rehabilitation schwer-schwachsinniger Jugendlicher. Band 1 und 2, Verlag Volk und Gesundheit, Berlin 1977.
6. Degen, R.: Anfallskrankheiten – Ein Ratgeber für Anfallskranke und ihre Angehörigen. Johann Ambrosius Barth, Leipzig 1971.
7. Eßbach, S.: Ein Kind kann keine Schule besuchen – Hat es überhaupt eine Entwicklungschance? Verlag Volk und Gesundheit, Berlin 1981.
8. Gebelt, H.: Psychische und soziale Prognose der Epilepsie im Kindes- und Jugendalter. Johann Ambrosius Barth, Leipzig 1971.
9. Geppert, R.: Die Last, die du nicht trägst. Mitteldeutscher Verlag, Halle–Leipzig 1979.
10. Göllnitz, G.: Neuropsychiatrie des Kindes- und Jugendalters. 4., überarbeitete und erw. Auflage, Gustav-Fischer-Verlag, Jena 1981.
11. Göllnitz, G. / Rösler, H.-D.: Psychologische Untersuchungen zur Entwicklung hirngeschädigter Kinder. Deutscher Verlag der Wissenschaften, Berlin 1978.
12. Grauert, R.: Aufgaben und Arbeitsweise der Rehabilitationskommissionen in Kreis und Bezirk. humanitas 10 (1967).
13. Grossmann, G. / Fitzner, D. / Gerth, A.: Das verhaltensgestörte Kind in der Familie, Schule und Beratungsstelle. Verlag Volk und Gesundheit, Berlin 1980.
14. Hagemann, P.: Was sind Tagesstätten und geschützte Einrichtungen? Neues Deutschland vom 10. 7. 1971.
15. Häusler, I.: Kein Kind zum Vorzeigen? Bericht über eine Behinderung. rororo 480/4524, Rowohlt-Taschenbuch-Verlag, 1979.
16. Höck, K.: Gruppenpsychotherapie. Deutscher Verlag der Wissenschaften, Berlin 1981.
17. Honecker, M.: Der gesellschaftliche Auftrag unserer Schule. Referat des

Ministers für Volksbildung auf dem VIII. Pädagogischen Kongreß am 18. 10. 1978. Dietz Verlag, Berlin 1978.
18. Immendorf, R.: Ich sage ja. – Körperbehinderte in der Bewältigung ihres Lebens. Evangelische Verlagsanstalt, Berlin 1980.
19. Jansen, D. A.: Die Persönlichkeitsstruktur von Körperbehinderten. Beltz Verlag, Weinheim und Basel 1976.
20. Jun, G.: Geschützte Einrichtungen in der Kinder- und Jugendpsychiatrie. Ztschr. „Das stationäre und ambulante Gesundheitswesen", Bd. 22 (1973), S. 40–47.
21. Jun, G.: Wir und das hirngeschädigte Kind. Ztschr. „Für Dich", Nr. 15/72.
22. Katzenstein, U. P.: Geschützte Werkstätten zur Förderung geistig schwer behinderter Jugendlicher. In: Konzeptionen und Modelle der langfristigen Betreuung in der Nervenheilkunde. Hirzel-Verlag, Leipzig 1979.
23. Kaul, F. K.: Nazimordaktion T4. Verlag Volk und Gesundheit, Berlin 1973.
24. Keßling, V.: Tagebuch eines Erziehers. Verlag Neues Leben, Berlin 1981.
25. Klee, E.: Behinderten-Report. Fischer-Taschenbuch-Verlag, 1974.
26. Kleinpeter, U. / Rösler, H.-D.: Ergebnisse interdisziplinärer Forschungen zum geschädigten Kind. Hirzel-Verlag, Leipzig 1979.
27. Klotzbücher, E. / Presber, W.: Rehabilitationseinrichtungen. Verlag Volk und Gesundheit, Berlin 1969.
28. Kressin, W. / Rautenbach, M.: Zerebrale Bewegungsstörungen im Kindesalter. Frühdiagnose – Grundzüge der Behandlung – Dispensairebetreuung. 2., überarbeitete Auflage. VEB Verlag Volk und Gesundheit, Berlin 1979.
29. Legrix, D.: Und doch als Mensch geboren. Evangelische Verlagsanstalt, Berlin 1977.
30. Lohfeld, K.-H.: Mein Kind ist bewegungsbehindert. – Psychologisch-pädagogischer Ratgeber für Eltern und Betreuer spastischer Kinder – Verlag Volk und Gesundheit, Berlin 1973.
31. Löther, R. / Presber, W.: Sozialistischer Humanismus und Betreuung Geschädigter. Verlag Volk und Gesundheit, Berlin 1981.
32. Mannschatz, E.: Zur Entwicklung des Sonderschulwesens unter der Sicht des VIII. Parteitages. In: Die Sonderschule, 16. Jg., 1971, H. 4.
33. Mentschinskaja, N. A.: Besonderheiten des Lernens zurückbleibender Schüler. Volk und Wissen, Volkseigener Verlag, Berlin 1974.
34. Mitteilungen über Praxis und Probleme der Rehabilitation. Herausgegeben von der Gesellschaft für Rehabilitation in der DDR unter Mitwirkung des Rehabilitationszentrums (Leiteinrichtung) Berlin-Buch. I/80 Soziale Rehabilitation.
35. Neumann, A.: Chancen für mein Kind – Übungsprogramme für Eltern mit geistig behinderten Kindern. Evangelische Verlagsanstalt, Berlin 1979.
36. Polewoi, B.: Der wahre Mensch. Verlag Volk und Welt.
37. Presber, W. / Walter, J. / Katzenstein, U. P.: Organisation der Geschützten Arbeit in der DDR. Verlag Volk und Gesundheit, Berlin 1975.
38. Rabending, G., Jährig, K., Fischer, W.: Epilepsien – Leitfaden für die Praxis. VEB Georg Thieme, Leipzig 1981.

39. Renker, K.: Grundlagen der Rehabilitation der Deutschen Demokratischen Republik. 4., überarbeitete Auflage. Verlag Volk und Gesundheit, Berlin 1975.
40. Richter, H.-E.: Patient Familie – Entstehung, Struktur und Therapie von Konflikten in Ehe und Familie. Rowohlt Verlag, 1979.
41. Schmidt-Kolmer, E. / Neubert, R.: Kinder- und Jugendgesundheitsschutz. 2., überarbeitete Auflage. Verlag Volk und Gesundheit, Berlin 1975.
42. Schwarzbach, B. / Walter, U.: Das Kind mit cerebralen Bewegungsstörungen in der Familie. 2., UN. Verlag Volk und Gesundheit, Berlin 1977.
43. Seywald, A.: Physische Abweichung und soziale Stigmatisierung. Schindele-Verlag Rheinstetten, 2. Auflage 1978.
44. Siek, K. / Jäger, G.: Zur Entwicklungsförderung junger Kinder in der Familie. VEB Verlag Volk und Gesundheit, Berlin 1979.
45. Suhrweiler, H.: Beurteilung geschädigter Kinder. Volk und Wissen, Volkseigener Verlag, Berlin 1974.
46. Theiner, Ch. / Künne, E. / Becker, K.-P.: Zur Theorie und Praxis der Erziehung und Bildung Geschädigter in sozialistischen Ländern. 2., erweiterte Auflage, Verlag Volk und Gesundheit, Berlin 1981.
47. Thom, A.: Sozialistischer Humanismus und geschädigtes Leben. Ztschr. humanitas 17 (1977), H. 14, S. 9.
48. Thom, A. / Weise, K.: Medizin und Weltanschauung, Urania-Verlag, Leipzig–Jena–Berlin 1973.
49. Thom, W. / Thom, E.: Rückkehr ins Leben. Verlag Neues Leben, Berlin 1979.
50. Wagner, K.-D.: Schulschwierigkeiten in der Beratungspraxis. Johann Ambrosius Barth, Leipzig 1970.
51. Werner, R.: Das verhaltensgestörte Kind. 9. Auflage, VEB Deutscher Verlag der Wissenschaften, Berlin 1980.
52. Wunderlich, H. / Lange, E.: Epilepsie und Antiepileptika. Verlag Theodor Steinkopf, Dresden 1973.

Beiträge zum Sonderschulwesen und zur
Rehabilitationspädagogik, Band 24

Ursula Walter

Das Kind
mit cerebralen Bewegungsstörungen
in der Familie

4., überarbeitete Auflage 1987
128 Seiten, 8,– M
Bestellnummer: 534 464 0
(Bestellung nur über den Buchhandel)

Eltern und Betreuern cerebral bewegungsgestörter Kinder werden Richtlinien und praktische Hinweise für den täglichen Umgang mit diesen Kindern unter häuslichen Bedingungen gegeben. Es kann sich dabei nur um allgemeine Ratschläge handeln, die individuell der besonderen Situation des einzelnen behinderten Kindes angepaßt werden müssen und die eine Ergänzung zum speziellen Übungsprogramm darstellen. Weiterhin sollen Grundkenntnisse über mögliche Schädigungsursachen, deren Auswirkungen und Folgen vermittelt werden, um eine frühzeitige Behandlung sowohl der Bewegungsstörung als auch aller Begleiterscheinungen zur erleichtern.

VEB VERLAG VOLK UND GESUNDHEIT BERLIN

Beiträge zum Sonderschulwesen und zur
Rehabilitationspädagogik, Band 34

Volker Steinbicker, Jürgen Gedschold,
Irene Göhler

Das Kind mit Down-Syndrom

Ein Ratgeber für Eltern und Erzieher

2., überarbeitete Auflage 1987
192 Seiten, 9,20 M
Bestellnummer: 534 356 8
(Bestellung nur über den Buchhandel)

Die Autoren betonen die Notwendigkeit der Frühförderung geistiger und körperlicher Entwicklung bei Patienten mit Down-Syndrom. Dabei wird besonders die Bedeutung von Fördereinrichtungen hervorgehoben. Es wird auf Fragen der Ernährung, Physiotherapie, Sexualität, Lebenserwartung u. a. eingegangen.
Fragen der Chromosomendiagnostik, genetischen Beratung und pränatalen Diagnostik finden ebenfalls Berücksichtigung.
Auszüge aus Gesetzen, die die Betreuung behinderter Bürger betreffen, komplettieren das Buch.

VEB VERLAG VOLK UND GESUNDHEIT BERLIN

Beiträge zum Sonderschulwesen und zur
Rehabilitationspädagogik, Band 47

Erich Kurth u. a.

Untersuchungen zur Entwicklung intellektuell geschädigter Kinder

1. Auflage 1987
124 Seiten, 17,– M
Bestellnummer: 534 353 3
(Bestellung nur über den Buchhandel)

Dieser Titel informiert über die neuesten Ergebnisse einer Forschungsgruppe an der Wilhelm-Pieck-Universität Rostock. Die Autoren – Psychologen und Rehabilitationspädagogen – behandeln die Entwicklung des Niveaus kognitiver Leistungsvoraussetzungen bei Hilfsschülern. Darüber hinaus enthält das Buch u. a. eine Analyse der gesellschaftlichen Integration von Hilfsschülern im Erwachsenenalter in einem Landkreis.

VEB VERLAG VOLK UND GESUNDHEIT BERLIN